中央大学学術シンポジウム研究叢書　4

グローバリゼーションと東アジア

シンポジウム研究叢書編集委員会
川崎嘉元・滝田賢治・園田茂人 編著

中央大学出版部

まえがき

　本研究叢書は，2002年12月に「東アジアとグローバリゼーション」という統一テーマで開催された第19回中央大学学術シンポジウムにおける報告と討論ならびにシンポジウムに至るまでの研究活動の成果を取りまとめたものである。

　シンポジウムのプログラムに掲載された統一テーマの趣旨は以下のとおりである。「グローバリゼーションは現在のカレント・トピックスであり，それをどう読み解くかは，時代の要請です。今回のシンポジウムは，われわれが住む日本やアジアの隣国にグローバリゼーションがどのような影響をもたらしているのかに焦点をあてて，日本を含む東アジアの視座からグローバリゼーションの光と影を描き出そうというこころみです」。

　今回のシンポジウムは，準備段階において二つの研究集会を設け，そこでの研究成果を本シンポジウムに生かそうという通例とは異なる試みがあった。ひとつは，2001年9月に韓国ハンリン大学で開催された，日本，韓国，台湾および中国の社会科学者を中心とした国際会議であり，中央大学からは6名が参加した。もうひとつは2001年12月に開催された「プレ・シンポジウム」であり，本書に執筆して頂いた東京大学の山本教授，ドイツのパク教授および台湾の蕭教授が内外から報告者として招聘された。本書にはこの二つの研究集会での成果も収録されている。

　中央大学の学術シンポジウムは，9つの研究所の共催で隔年に開催されるが，第19回のシンポジウムの開催準備と運営には社会科学研究所が責任を

もった．この場を借りて，本シンポジウムの開催にご協力を頂いた関係各位に感謝したい．

なお参考までに，シンポジウム当日のプログラムを下記に掲載する．

2004年3月

第19回学術シンポジウム　担当研究所長

川　崎　嘉　元

シンポジウムのプログラム

日　　時：　2002年12月6日(金)　13時～17時30分
場　　所：　多摩キャンパス1号館4階1406号室
テ　ー　マ：　東アジアとグローバリゼーション
開会の辞（13時～13時10分）：　社会科学研究所　所長　川崎嘉元
報告テーマおよび報告者
第一セッション：　政治・経済（13時10分～14時50分）
　　司　　会：　鶴田満彦(中大商学部)
　　報告（1）：　滝田賢治(中大法学部)「グローバリゼーションと東アジアの国際関係」
　　報告（2）：　高橋由明(中大商学部)「グローバリゼーション・東アジア通貨圏・経営方式の移転」
　　討論者：　星野智(中大法学部)，バーノ・サイーダ(ニュージーランド)
第二セッション：　社会・文化（15時40分～17時20分）
　　司　　会：　川崎嘉元(中大文学部)
　　報告（1）：　石井健一(筑波大学社会工学系)「アジアの大衆文化」
　　報告（2）：　園田茂人(中大文学部)「経済交流と文化摩擦」
　　討論者：　酒井正三郎(中大商学部)，サドリア・モジュタバ(中大総合政策学部)
閉会の辞（17時20分～17時30分）：　政策文化総合研究所　所長　滝田賢治

グローバリゼーションと東アジア

目　次

まえがき

序章　グローバリゼーションが問いかけるもの
　　　……………………………………………川崎　嘉元… 1

第Ⅰ部　グローバリゼーションの理論的課題

第1章　グローバリゼーション――理論的な諸問題
　　　……………………………………………山本　吉宣… 13

第2章　グローバリゼーションの経済学問題 ……鶴田　満彦… 51

第3章　グローバリゼーションと東アジア
　　　国際関係の変容 ………………………滝田　賢治… 67

第Ⅱ部　東アジアの経済発展と経済問題

第4章　アジア通貨危機と経済発展への影響 ……栗林　世… 91

第5章　東アジアのグローバリゼーションと日本の
　　　共生の方向
　　　――東アジア経済・通貨圏と経営管理方式の
　　　移転の視点から――……………………高橋　由明… 121

第6章　グローバリゼーションと国際貿易
　　　――アジアの視点 ………………Bano Sayeeda… 151
　　　　　　　　　　　　　　　　　　　　（鄭炳武訳）

第 7 章　グローバリゼーション理解の類似性と多様性
　　　　　——グローバリゼーション戦略のヨーロッパ事情
　　　　　—東アジアへの教訓？—　………　PARK Sung-Jo … 205
　　　　　　　　　　　　　　　　　　　（鄭炳武，高橋由明訳）

第 III 部　アジアのリージョナリズム

第 8 章　東アジアの経験
　　　　　——地域化・その過程，構想，成果——
　　　　　………………………………… SADRIA Modjtaba … 229
　　　　　　　　　　　　　　　　　　　　（中田麻美子訳）

第 9 章　アジア太平洋地域の環境ガバナンス ……　星野　　智 … 265

第 IV 部　文化：接触・対立・融合・共存

第 10 章　グローバリゼーションと企業内文化摩擦
　　　　　——日系企業における「文化的媒介者」の
　　　　　存在を中心に——　………………　園田　茂人 … 289

第 11 章　グローバリゼーションと文化変動
　　　　　——現代台湾の事例——　………　蕭　　新煌 … 313
　　　　　　　　　　　　　　　　　　　　（園田茂人訳）

第 12 章　東アジアにおけるジャパナイゼーション
　　　　　——ポピュラー文化流通の政策科学
　　　　　をめざして——　………………　石井　健一 … 325

序章　グローバリゼーションが問いかけるもの

　　　　　　　　　　　　　　　　　　　　　　　　川　崎　嘉　元

はじめに

　グローバリゼーション（地球化，地球規模化）という言葉は1990年代にアカデミズムの世界とりわけ社会科学の世界を急激に席巻してきた。近年ではアカデミズムだけでなく，マスメディアを通して巷でも重要なトピックスになっている。ではなぜ90年代になって突如大きな物語としてその言葉は登場してきたのであろうか。時代を画した大きな要因の一つが1980年代後半の「中・東欧諸国の社会主義の崩壊とそれにともなう冷戦の終結」にあったことは確かであろう。冷戦の崩壊と計画経済の破綻が政治のグローバル化と市場経済の遍在化に拍車をかけた。本書中の滝田論文が指摘するように，グローバリゼーションを加速する通信技術の発展は冷戦の崩壊による軍需技術の民間への開放なくしては語れない。

　しかし，グローバリゼーションが重要なカレントトピックスになっているわりには，グローバリゼーションという言葉が何を指しているのか，またその定義の内包と外延は何かという点では必ずしも論者のあいだに共通の了解があるとはいえない。その一つの理由は，その言葉が登場してからの期間の短さと言葉の伝播の広さと速さに，論点の整理が追いつかないことにあろう。さらにグローバリゼーションの切り口が多様であることもその理由の一つで

あろう。本書の山本論文が明らかにしているように，グローバリゼーションはさまざまな次元で議論されている。彼が指摘するのは，① システムや構造か問題解決かあるいは行為者志向かにかかわる次元，② グローバリゼーションの効果に関する次元，③ 倫理・道徳か実証かという次元の三つであるが，それぞれの次元ごとにグローバリゼーションのイメージが異なり，したがって，グローバリゼーションを一義的に捉えることが難しくなっている。

そこでこの序章では，グローバリゼーションが問いかけるもの，あるいはグローバリゼーションにまつわる問題群とりわけ社会科学にかかわる問題群は何かを整理してみたい。そしてその交通整理の文脈のなかにできるだけ本書の各論文の意義を位置づけ，本書のいわゆる「イントロダクション」の役割も果たしたい。

1. グローバリゼーションとはなにか

グローバリゼーションにまつわる問題群のなかで，まず登場しなければならないのが以下の基本的問題である。① グローバリゼーションはどのように定義されるのか，② その定義とのかかわりではあるが，グローバリゼーションは最近になって現れた現在進行形の現象なのか，それとも過去から連綿と続く国際化過程の単なる通過点に過ぎないのか，③ グローバリゼーションがもし進行しているとすれば，それは人間の社会生活にとってプラスの価値を与えるものなのかどうかという三つの大文字の問いである。

① に関しては，グローバリゼーションにまつわる諸現象を象徴するキーワードがいかに多様であるかを思い起こせば，グローバリゼーションにはさまざまな定義づけが可能であることが理解されよう。たとえば，そのキーワードとは以下に列挙されるようなものである。(a)「時空の圧縮」(Harvey

1989），(b)「ネットワーキング」(Castells 1998)，(c)「相互依存の加速」(Ohmae 1990)，(d)「地球的近接性」(Tomlinson 1999)，(e)「遠隔地域間への社会関係の広がり」(Giddens 1990)，(f)「われわれの地球村」(国連)，(g)「コミュニケーションの同時性と即時性」，(h)「サイバースペース」(電脳空間)，(i)「文化的異種交配」(Cultural Hybrid) 等。

　グローバリゼーションの定義にかんしては，本書に収録されている論文の多くが多かれ少なかれ触れているが，ここでも扱う分野ごとに少しずつニュアンスの差がある。したがって本書で共有されているグローバリゼーションのコンセプトを提示することは不可能であり，またあえてそうする必要もない。しかし，各論者のイメージにそれほど大きな開きがあるわけでもない。ここでは，おそらくこの本の論者の多数が反対はしないであろう二名の論者の定義を紹介しておこう。その一つはグローバリゼーションの概念整理に正面から取り組んでいる滝田論文が提示する，共通に括れるグローバリゼーションのコンセプトであり，それは「冷戦終結を一大契機として民生用に開放された IT 技術を基礎に実現した情報通信・運輸手段の高速化・大容量化が経済過程(生産・流通・金融)の同時化・即時化を引き起こしたため，主権国家の主権性と国民経済が急激な再編成を余儀なくされている過程」という定義である。もう一つは経済学の分野での栗林論文の，「グローバル化は，経済的には財貨・サービス市場，金融市場および労働市場のグローバル化」を指すと言う指摘である。

　②の論点に関しては，グローバリゼーションは近年に限った現象ではなく，過去から連綿と続く国際化の歴史過程の一局面にすぎず，ヨーロッパに限ってみれば，人の国境超え移動という点で過去にはいまよりも規模の大きい時期もあったという説もあるが，本書のほとんどすべての論文は「現在のグローバリゼーションは過去とは時代を画する 1990 年代以降の新しい現象である」という見方を共有している。その理由については前掲滝田論文に詳しい。

しかし，前述の論点 ③ については，周知のように世上の議論は分かれている。パク論文はこの点に関してヨーロッパにおける「グローバリズム」と「反グローバリズム」の論争を紹介している。それとのかかわりで彼は，グローバリゼーションをめぐるヨーロッパとアメリカの歴史と文化と経済をめぐる微妙な関係に留意することを促している。

一般的には，近年のグローバリゼーションが地球上の人々の生活の向上に役立ち，プラスの価値をもたらすものであるという主張の代表はネオリベラルと呼ばれる経済学者たちであろう。その主張の要点は「市場経済の地球規模化がもたらす経済効果は，ゼロ・サム原理で理解されるものではなく，コストあたりの利益はますます増大し，インプット自身が底上げされ，その波及効果により発展途上国や貧しい民も多くの恩恵を受けるようになる」ということであろう。たしかに近年のアジア経済の発展は，バーノ論文，高橋論文が述べるようにグローバリゼーションの影響抜きには考えられないし，さらにその結果としての国際分業体制の段階的発展も理解できないであろう。

しかし本書では，山本論文のようにプラス・マイナス両方を認める冷静な主張もあるが，多くの論者はグローバリゼーションに懐疑的である。懐疑的とまではいわないにしても，グローバリゼーションのもたらす負の効果にたいして何らかの制御や防衛のシステムが必要であるという点では共通している。本書中の経済学の論文も例外ではない。たとえば鶴田論文は，古典派経済学者リカルドの理論を参照しながら，現在のグローバリゼーションの矛盾を抉り出し，「商品，資本，人口の国際移動」が「もしなんらの規制もなしに行われるならば，さまざまな国・地域における多様な資源の賦存という経済活動の前提事態を掘り崩し，不平等の拡大，通貨・金融危機の頻発，無権利の地球市民の増大などをもたらすおそれがある」と警告を発している。また栗林論文は，1990年代後半のアジア諸国における通貨危機の原因をグローバリゼーションにともなう「短期資本の急激な移動」に求め，その規制が急務

であることを主張している。

2. グローバリゼーションをめぐる問題群

　前掲 ①，②，③ のグローバリゼーションをめぐる基本的問いかけにたいしてはさまざまな切り口からの解答がありうるが，グローバリゼーションをめぐる問題群の多くは，多かれ少なかれ問い ③ のグローバリゼーションをどう評価するかという問題と関連している。そのいくつかを例示してみよう。
　本書山本論文が指摘するように，グローバリゼーションの進行はよくも悪しくも既存の国民国家を超える問題を提起し，その解決のために新しい統治システム(グローバル・ガバナンス)を必要とするが，この点をめぐっても考慮しなければいけない論点が少なくとも二つはある。一つは，既存の国民国家の役割である。グローバリゼーションが作り出す国民国家の統治能力が及ばない諸問題を解決するには，国民国家を超えた新しい統治システムが必要となるのかあるいは既存の国民国家間の連携のあり方を変えることで対処できるのか。そのとき「国連」の役割はどうなるのかという問題である。忘れてならないのは現在のグローバリゼーションはナショナルな意識を誘発する契機を内包していることで，新しい統治システムはこの問題にどう対処していくのかも重要な課題となる。もう一つの問題は，経済分野を中心にすでに存在する既存国家を超える機構，たとえば IMF, WTO, OECD, G8 などは地球的規模での経済活動を十分に調整する権能を備えているのか，それとも加盟国の利益を代表するための，とりわけ経済大国のための「クラブ」か「おしゃべり機関」に過ぎないのかという問題である。
　文化の問題も経済・政治と並んで重要である。多くの「反グローバル派」の論点は文化の問題にかかわっている。文化問題の文脈は一言で言えば次の

ようになる。文化は「マクドナリゼーション」あるいは「ハリウッディゼーション」という標語に代表されるように，アメリカのヘゲモニーのもとに地球規模で画一化，平準化されるのか，あるいはフランスで代表的な反グローバリズムにみられるように，各地の個性的文化を守り抜くためのリアクションを喚起し，情報技術のグローバル化によって，自らの身近でローカルな文化を地球社会に発信し，文化の多様化と異種混合に拍車をかけるのかという問題である。本書の蕭論文は，グローバリゼーションの進行とともに台湾の民衆のローカルな文化が自らのアイデンティティに覚醒していく過程を見事に解き明かしている。文化の画一化と差異化の葛藤のなかで，「文化多元主義」あるいは「多元的文化の共存」のあり方を考えることは現代的課題であるとともに永遠のアポリアでもあろう。本書の園田論文は多国籍企業の経営文化をめぐる現地と本国の文化摩擦と文化媒介者を通しての共存可能性からこの問題にアプローチしており，石井論文は台湾における日本文化の浸透を事例に，異なる文化の受容と変容の過程を明らかにしている。高橋論文もアジアの共通通貨と経営管理の移転の必要性を提示するなかで，経営文化の共存を見通している。

　リージョナリズムあるいはリージョナリゼーションとグローバリゼーションがどのように関係しているのかも重要な問題であろう。グローバリゼーションと並行して，政治や経済の分野でたとえば EU や北米自由貿易協定などのブロック化も進展しているが，このリージョナリズムは，グローバリゼーションの一環と理解して良いのか，あるいはグローバリゼーションの無政府性がもたらす危機への対応策なのかという問題も重要になる。東アジアにおけるリージョナリズムについては，サドリア論文，星野論文が詳しく取り扱っている。サドリア論文はアジアの地域的機構の特徴を，informal, consensus, openness の三つのキーワードで解き明かし，星野論文は「アジア太平洋の環境ガバナンス」をめぐるリージョナリズムの進展をレビューしな

がら，その過程をグローバリゼーションを補完する過程として捉えている。

　以上述べてきた問題群の他にも，本書では必ずしも取り上げられていないが，取り上げるべき価値のある問題をさらに二つあげておこう。その一つは東・中欧の社会主義ブロックの崩壊とグローバリゼーションの関連である。それは中東欧圏の社会主義ブロックと社会主義国の崩壊はグローバリゼーションの結果なのか，それとも崩壊に伴う冷戦終結の結果としてグローバリゼーションが始まったのか，という問題である。答えはおそらくその両方ということになろうが，それにまつわる論点を整理しておく必要はあろう。もう一つは，次のような問題である。グローバリゼーションの進行とともにカネ，モノ，ヒト，サービスの移動が加速し，長距離化するとしても，これら4つの移動は同時並行的に進展するのではなく，時差があり，とりわけ人の移動は国民国家の規制もあって後れがちになる。また移動のパターンも地域によっては異なるであろう。とすればそのことによって生じる矛盾や問題はどのようなものであり，そのための政策的対処はどのようにあるべきなのかという問題である。これは予想される以上に重大な問題である。

3. グローバリゼーションとアイデンティティ・クライシス

　本書では直截に論じられてはいないが，論者に共通する地下水脈として，グローバリゼーションの進行にともなうアイデンティティ・クライシスの問題があり，これはとりわけ（筆者を含む）社会学者が好んで取り上げてきたテーマである。グローバリゼーションにまつわるすべての問題がアイデンティティの問題と切り離せない。したがってここで簡単に問題の文脈を整理しておくことも無意味ではなかろう。

　グローバリゼーションの進行は，今まで世界中の人々を安住させていた政治

的・経済的・文化的・社会的生活基盤を揺り動かし，日々の生活様式に変容を迫る。そして生活基盤の変容が生む人々の不安の基礎には，アイデンティティ・クライシスが横たわっている。もちろん，この地球上に住む人々が置かれている条件は，歴史的にも経済的にもまた地政学的にも異なるが，アイデンティティ・クライシスの進展は強弱の差こそあれ世界各地に共通して見られる現象である。

ではグローバリゼーションとの関係でアイデンティティ・クライシスはどのように生み出されるのであろうか。ひとまず次のようにいえそうである。(a) 政治的には，国民国家の弱体化あるいは脱国民国家化による「国民」というアイデンティティの希薄化，(b) 経済的には，経済活動の地球規模化と多国籍化による国内の経済的再編が，従来の企業や労働組合にたいするアイデンティティの根拠を奪い，また階級・階層の国際的再編は国内における従来の階級的アイデンティティを流動化させる。(c) 文化的には，「多文化の共存」や「文化的異種配合」あるいは「アメリカニゼーション」の進行によって，今まで自分たちを囲っていた固有の文化が見失われ，ときにアイデンティティ・クライシスは文化的アノミーの様相を示す。(d) 社会的にアイデンティティ・クライシスと深く関連するのは人々の「移動」であろう。たとえば一例をあげれば，世界中の大都市で，新たに流入する人々と在来の民が，ありうる共生の姿を模索しながら，どのようなエスニック・コミュニティを新たに作ろうかと試みているが，そこにアイデンティティの再編と構築過程を見ることはたやすい。

アイデンティティ・クライシスはかならずアイデンティティの再編と再構築(時には旧来への回帰)をともなう。ヨーロッパでは，通例，人々が新しく選択していくアイデンティティの基盤として，エスニシティ，ジェンダー，階級の三つがあげられる。グローバリゼーションの進行とともにエスニック・アイデンティティにまつわる泥沼の政治的紛争がいたるところで起こっ

たことは記憶に新しい。ジェンダーの覚醒もグローバリゼーションによる旧来の「ジェンダー秩序」の弛緩，再編，崩壊と深く関係している。最後の階級はヨーロッパ特有の文脈なのかも知れず，われわれには若干の違和感を禁じえないが，階級をめぐるあらたなアイデンティティの構築はヨーロッパでは重要なこととして議論されることが多い。すなわちその文脈は，グローバリゼーションを引っ張る経済活動は「消費」である。同一の消費パターンの波及によって世界中の人々の経済的生活様式はグローバル化のもとで斉一化していく。それは同時に生産の場を軸にした「階級」意識の風化を招き，階級的アイデンティティの再編を促す。世界中の人々のあいだに芽生えるあらたな階級・階層意識は，消費のパターンをめぐって構築される。

　しかし，グローバリゼーションとアイデンティティの関連を考えるときのキーワードは，この三つ，すなわちエスニシティ，ジェンダー，階級で十分なのであろうか。少なくとも宗教を加えることは絶対に必要であろう。社会主義崩壊後の中・東欧諸国において，「市場経済化」と「民主化」という名によるグローバリゼーションへの参入過程で，人々はアノミックなアイデンティティ・クライシスに見舞われ，その結果社会主義の公式イデオロギーが禁じてきた宗教意識の再生と宗教活動の興隆があったことを思い起こせば，宗教が人々のアイデンティティ形成の重要な要素であることが分かる。また宗教がボスニア・ヘルツエゴビナのエスニック紛争を泥沼化した原因の一つであることはいうまでもない。

　ヨーロッパという舞台を離れても宗教意識のあり方はアイデンティティの再建あるいは旧来への回帰と深く関係している。ギデンズの言葉を借りれば「グローバリゼーションは，文明ないし伝統を包囲」し，「宗教的原理主義の台頭」を招くからである。いいかえれば「グローバリゼーションは，それによって排除された文明を原理主義へと走らせる」（佐和隆光）からである。この考え方を敷衍すれば，グローバリゼーションとテロリズムの関連に関して

のハンチントンの言説すなわち,「文明の衝突である」という主張は空虚な一般論に過ぎず,それは囲い込まれた「イスラム原理主義とアメリカのキリスト教原理主義の対立である」(佐和隆光)という主張にまで行き着く。

いずれにしても宗教意識の覚醒,再生,変容を抜きにしてはグローバル化のもとでのアイデンティティの変容過程は語れない。おそらく前掲ギデンズの主張は,宗教だけではなく,文化にもあてはまる。とすれば,グローバリゼーションの下でのローカルな文化のアイデンティティの覚醒は,囲い込まれようとされるローカルな文化の必死の自己主張であろう。

本書は,東アジアを舞台としてはいるが,その問題意識はグローバリゼーションにまつわる上記問題群に解答を与えようとする議論の積み重ねから生まれた。読者の期待に応えられれば幸いである。

参考文献

Castells, M. (1996–8) *The Information Age: Economy, Society and Culture, 3Vols.* Blackwell Oxford.
Giddens, A. (1990) *The Consequences of Modernity,* Polity Press, Cambridge
Harvey, D. (1989) *The Condition of Post-Modernity; an Inquiry into Origin of Cultural Change,* Basil-Blackwell, London.
Martinelli, A. (2001) *Problems and Prospects of World Governance at the Beginning of the XXI Century.* 2001年開催の日本社会学会大会(一橋大学)講演時のペーパー。
Ohmae, K. (1990) *The Borderless World,* Collins, London.
佐和隆光 (2002) 法政大学社会学部50年祭における A. ギデンズ講演会でのコメントペーパー。
Tomlinson, J. (1999) *Globalization and Culture,* Blackwell, Oxford.

第Ⅰ部

グローバリゼーションの理論的課題

第1章　グローバリゼーション——理論的な諸問題

山　本　吉　宣

はじめに

　グローバリゼーションは，冷戦以後，それも90年代の後半から，国際関係の，あるいは世界を語るときの一つのキー・コンセプトとなっている。そして，それは，客観的な分析をする際の学問的な用語としてだけではなく，政策の方向性を示すものであったり(たとえば，韓国は世界化，中国は全球化とよび，対外的な政策の基本の一つとした)，あるいは，そこに良し悪しについての高度の価値判断を含んだものであったりする。客観的な分析を行う際の概念に限っても，グローバリゼーションは，きわめて多様な分野や内容を含み，かつその取り扱う事象の多くはすぐれて現在進行中のものである。
　したがって，さまざまな人がグローバリゼーション(の一部)を語り，分析しようとしているが，「群盲象をなでる」という感を持たざるを得ない。ただ，グローバリゼーションを論ずる場合，(相互に交叉する)いくつかの次元が存在するように見える。一つの次元は，グローバリゼーションを論ずるとき，システムや構造に注目して議論するのか(システム・アプローチ)，グローバリゼーションにおいて生起する問題，また問題の解決に着目して論ずるのか(問題志向・解決型アプローチ)，あるいは，グローバリゼーションの

なかで国家などの行為者に着目して研究を進めるのか(行為者志向アプローチ)、という次元である。二つ目の次元は、グローバリゼーションの評価に関するものであり、グローバリゼーションはプラスの効果をもたらすものであると考えるのか(これはリベラリズムにおいて説かれる考え方である)、マイナスの効果をもたらすものであると考えるのか(これは、たとえば、ネオ・マルクス主義などによってもたれる考え方である)、あるいはまた、グローバリゼーションは中立的なものであり、国際関係の基本構造を変化させるものではない、と考えるのか(リアリストと呼ばれる人々がこの範疇に属そう)、という次元である(もちろん、グローバリゼーションは、プラスとマイナスの両方の効果をもたらす、という考えもある——そして、それが通常の考え方といってよい)。三つ目の次元は、グローバリゼーションを倫理や道徳という観点から論ずるのか、あるいは、実証に重点を置いて論ずるのか、という次元である[1]。

　本章の目的は、グローバリゼーションの定義からはじめて、以上の三つの次元を念頭に入れ、若干でも読者のグローバリゼーションに関しての理解に資そうとするものである[2]。第1節では、グローバリゼーションの諸定義を検討し、グローバリゼーションの具体的なイメージを示すために、相互依存とグローバリゼーションの差異を紹介する。第2節から第5節までは、グローバリゼーションをシステム志向で見るもの、階層構造として見るもの、問題志向で見るもの、そして行為者志向で見るもの、という順序で議論を展開する。すなわち、第2節は、グローバル・システムの諸類型を紹介、検討し、第3節では、グローバリゼーションを階層構造という視点から検討する。そして、この第3節では、いわゆるグローバリゼーションの影の側面を示すことになる。第4節は、問題解決志向のグローバリゼーション論として、グローバル・ガヴァナンス論を取り上げる。第5節では、行為者(特に国家)志向 (actor-oriented) のグローバリゼーションの研究を取り上げる。この第

5節では、グローバリゼーションがグローバル・システムを形成し、それが国家の制度や政策の一様化、均質化をもたらすという仮説(これを逆第2イメージという—後述)に対して、国家はグローバリゼーションに対応して、ときにきわめて異なる制度や政策をとったり、維持したり、さらにグローバリゼーションそのものへ影響を与えることが示される(これを第2イメージという)。

1. グローバリゼーションとは？[3]

(1) グローバリゼーションの定義

グローバリゼーションにはさまざまな定義が存在する。グローバリゼーションは、たとえば、「世界の人々が一つの世界社会、グローバル社会に組み込まれていくすべてのプロセス」(Martin Albrow)、「グローバリゼーションは、ある地におきることが、きわめて遠くの地におきたことに規定され、それが相互的なものである、というように離れた地域を結びつける世界全体の社会関係の変化」(Anthony Giddens)と定義されたりする[4]。また、コヘインとナイは、グローバリゼーションを大陸をまたがるネットワークの成立、ネットワークの密度や速度の高速化、そしてそのようなネットワークへのトランズナショナルな行為体の参加と定義している[5]。

さらに、もう少し大局的な議論として、ショルテ[6]は、グローバリゼーションを、次の5つのことを意味していると論ずる。すなわち、一つは、国際化(internationalization)であり、それは国境を越えた国家間の交流、相互依存の増大を意味する。二つには、自由化(liberalization)であり、それは国境を越えての交流に対する政府の規制を撤廃していくことを意味する。三つには普遍化(universalization)であり、それは人道とか人間性という価

値が地球的に共有されていくことなどを意味する。四つには，西欧化（westernization）であり，それは資本主義，合理主義などの（西欧に発した）近代性が世界的に広がることである［これは，現在のグローバリゼーションをアメリカニゼーションと見る見方に通じよう］。五つには，非領土化（deterritorialization）であり，それは地理，社会空間の再編成を意味する。これら5つのことは，グローバリゼーションの幾つかの側面を述べており，また，それらの諸側面は，相互に関連するものである。たとえば，国際化（相互依存の増大）は自由化（国境を越えての規制緩和）と密接な関係を持っているし，またそれは，資本主義の深化によってもたらされ，また逆に資本主義の深化をもたらす。そして，それらの現象は当然，非領土化をもたらす。もちろん，ショルテは，単に経済だけではなく，人道，合理主義の地球的な広がりをグローバリゼーションの重要な側面としており，グローバリゼーションが，規範，意識，文化などを含む多様なものであることが示されている[7]。

（2）相互依存からグローバリゼーションへ[8]——一つの具体的なイメージ

このようにグローバリゼーションはさまざまに定義されるのであるが，ここで若干具体的なイメージを得るために，筆者の専門である国際政治学，国際政治経済学と呼ばれる分野から，グローバリゼーションを考えてみよう。

従来の国際関係の捉え方は，(1) 国家が単位であり，(2) 経済，文化，価値，社会は国家の内部に閉じ込められている，ということを特徴としていた。すなわち，国家は文化とか価値の最終的な判断者であり，経済，社会は基本的に国家内で自己完結的であり，国際関係は，国家と国家の相互作用と考えればよかった。しかしながら，現在では，(1) 国際関係に活動する行為者は国家だけではなく，企業，非政府行為体（NGO）などさまざまなものがあり（これを脱国家化——トランスナショナル——といおう），それらが国境を越えて（これを越境的——トランステリトリアル——といおう），あるいは国

境に関係なく活動し(これを超国境的といおう)、またネットワークを構成している。さらに、(2)国境を越えて、また国境に関係なく展開する事象は、経済だけではなく、政治、文化、価値(規範)、社会にまで広く及んでいる。国家に閉じ込められていた文化、価値(規範)、社会が広く越境的に、また超国境的に接触し、混ざり合ってきているのである。このようなことは、さまざまな分野で、グローバル・システム(後で詳述)が、また世界全体でグローバル社会とも言うべきものが成立しつつある、ということを示唆する。このようななかで、国家、非政府行為体、さらに個人は、そのようなグローバル・システムを相手に活動し、それから影響を受け、また集団としてグローバル・システムを形作っている。

　国際政治経済学的観点から、第2次世界大戦後に関して、この辺の変化を模式的にいえばおおよそ次のようになろう。まず、すでに述べたように、国際関係においては、主要な行為者は国家であり、それも国家は独立とか領土保全を中心的な目的として相互作用をするものと捉えられていた(これは、冷戦の影響が強いであろう)。そして、経済は、自律的な国民経済から成り立っており、それは貿易関係などで結びついているが、自律性が脅かされるほどではなく、また資本、労働などに関しては、国境を越えて移動するものではないと仮定された(これは、第2次世界大戦後、固定相場制がとられており、資本の国境を越えた移動は制限されていたことに由来しよう)。

　しかしながら、国家自身が、あるいは国際的な制度を通して、国家間の経済交流の規制制度を自由化していくと、国家間の貿易関係が増大し、それぞれの国家は自律的にその経済的な目的(たとえば、経済成長、雇用、物価)を達成するのが困難となり、国家間の政策を調整したり、また国家間関係のルールを設定したりすることが必要となった。これが70年代の相互依存論[9]の骨子である。が、それは、いまだ国家を中心とするものであり、狭い政治・安全保障の領域を越えたものであるとはいえ、経済の分野に限定される(越境

的な）ものであった。

　ところが，70年代から，80年代にかけて，国際的な制度が自由化され（たとえば，固定相場制から変動相場制へ），また主要先進国をはじめとして国家の制度が自由化されていき，資本の国境を越えた移動が大きく増大していく。また，通信，運輸などの技術の急速な発展もあり，金融システム，生産システムが超国境的なものとなっていく。ここに，まさに超国境的なグローバル・システムとも呼ぶべきものが出現するのである。そのグローバル・システムにおいて，企業は国境を越えて，生産，販売に従事し，またマーケット・メカニズムがより貫徹するようになっていく。そして，そのようなグローバル・システムを統御するために国際的な制度も構築され，また修正されていく。国家もまた，経済に関して，単に他の国を相手にするだけではなく，グローバル・システムを相手に行動をすることになる。たとえば，海外からの資本を調達しやすいように税制その他の規則・規制を改革したりする（これは，グローバル・システムが国内制度に大きな影響を与えることであり，アウトサイド・インあるいは，逆第2イメージと呼ばれる現象である）。また国家は，グローバル・システムに対応して，自己の制度を改革し，あるいは自己の利益を実現しようとして，国際的な制度の構築に影響を与えようとして活動する（第2イメージ——国家の行動が国内的な要因によって決まり，それが国際システムに影響を与えるというパターンを第2イメージ，あるいはインサイド・アウトという）。

　このようなグローバリゼーションの進んだ世界においては，特に90年代以降，経済の分野に限定した上でも，国家だけではない，さまざまな行為者がグローバル・システムのなかで国境を越えて活動するようになる。たとえば，企業とか労働組合（あるいは，農業組合）は，国境の垣根が高い時代においては，自国の政府に圧力をかける圧力団体であった。あるいは，環境団体とか消費者団体などの公益集団も，その政治活動（あるいはその他の活動——たと

えば，現在で言う advocacy）は，主として国内に限られるものであった。しかし，これらの集団も，グローバリゼーションの進んだ世界においては，単に自国の政府を相手にするだけではなく，グローバル・システムを相手に活動することになる。たとえば，多国籍企業の経営者たちは，単に自国政府を動かそうとするだけではなく，国際的なネットワークをつくり，グローバリゼーションをさらに進めようとして行動する。他方，最近，WTO の閣僚会議なり経済サミットの場で，多くの NGO が集会を開き，サミットとは別に「並行サミット parallel summit」と呼ばれる現象が広く見られる。そのような NGO のなかには，（経済の）グローバリゼーションの進展によって，職を失う，環境の悪化がもたらされる，格差が拡大する，国際経済が不安定化する，などさまざまな危惧あるいは倫理的な立場から参集してくる（反グローバリゼーション）[10]。そして，このような動きはときに政府の行動を動かし，政府の目論見を挫折せしめる。

このように，グローバル・システムの形成，成立は，企業，NGO，国家という主体が活動する場を与えるだけではなく，国内政治とは別の，また，国家間の政治とも別の，「グローバル・ポリティックス」[11]とでも言うべきものを展開せしめる。すなわち，国際場裏において（たとえば，サミットをめぐって，また環境という問題領域で），国家だけではなく，NGO，企業などが直接に利害，規範に基づいた相互作用を行い，政治を展開する。このような構図は，従来の（60年代の）国際政治の枠組みを大きく変容させようとしている。すなわち，従来の国際政治学は，国家の対外政策（foreign policy）と国家間の相互作用としての国際政治（international politics）を中心とするものであった[12]。相互依存が進むと，国家間関係を考えるとき，国家間に相互浸透が起き，国家間の政治も，政府間の政治とそれぞれの国内の集団の交叉を取り込んだ「2レヴェル・ゲーム」というようなモデルが提示されるようになった[13]。しかしながら，現在の国際政治は，それだけでは理解するこ

とはできない。国内政治と「グローバル・ポリティックス」(内政と外交ではない)とが相互浸透している場面が多くなっているのである。

以上からわかるように，相互依存は国家と国家との関係に焦点が置かれるのに対して，グローバリゼーションは，グローバル・システムと国家(あるいは，他の行為体)との関係(相互的，あるいは一方的影響)によって特徴付けられる。もちろん，グローバリゼーションのもとにおいても，グローバリゼーションの進展ゆえに，国家間の相互依存も進む。また，国家の国際化 (internationalization) も進む。60年代，70年代，国家間の経済的相互依存は進んだが，たとえば，日米の相互依存が進んだといっても，それはグローバリゼーションとは言われなかった[14]。なぜなら，そこではいまだグローバル・システムは形成されていなかったし(あるいは薄かったし)，問題を国家間関係に限定して論じても差し支えなかった[15]。

しかし，相互依存の進展は，グローバリゼーションをもたらす一つの契機となった。現在，グローバリゼーションが進展し，グローバル・システムが形成されているが，そこでは，国家間の相互依存は，ますます亢進しているといってよい。相互依存はグローバリゼーションなくして存在するが，グローバリゼーションがあるところ必ず相互依存は存在するのである。

2. グローバリゼーションのシステム的アプローチ

(1) グローバル・システム

グローバリゼーションの大きな特徴はグローバル・システムの成立であると述べた。グローバリゼーションの一つの(抽象的な)定義は，世界のある場所で何かが起きた場合，それが世界の他の場所に大きなインパクトを与え，その逆も真である，ということである。このような状況がどこまで現実に存

在するかは別として，そのようなシステムはどのようなものか定義し，同定することは容易ではない。筆者は，グローバル・システムには(相互に排他的ではないが)いくつかのタイプが存在すると考える(以下で論ずるいくつかのシステムは，4.で述べるグローバル・ガヴァナンスの背景要因となったり，あるいは，グローバル・ガバナンスを通して構成されるものである――後述)。一般に人間の社会を考えるとき，そこでは，① 環境(自然環境，人間が作り出した環境)はどのようなものか，② そのなかで，いかに共通の問題を設定し，それを如何に解決していくか(政治の問題)，③ 共通のルールを如何に設定し，役割を分担していくか(制度の問題)，④ ①―③ の基底に存在する価値体系はどのようなものであるか，ということが問題になる。グローバリゼーションは，「グローバル社会」とも言うべきものを形成しつつあると考えられる。しかし，その姿はいまだ明らかではない。以下で述べる ① のグローバル・ネットワークは，(人間の作り出した)環境に，② のグローバル公共財は，グローバル社会の共通の問題，③ の国際制度は，グローバルなルール，④ の価値体系は，グローバル社会に形成されるであろう価値体系，に対応するものである(もちろん，それぞれ試論の域を出ない)。

① **ネットワークとしてのグローバル・システム**　一つは，ネットワークとしてのグローバル・システムである。ネットワークとは，ある要素がお互いに結びついており，その結びつきが恒常的に存在し，その結びつきがさまざまな内容，形態をとるものである。その要素の一つは，人間なり人間の集団である(行為者中心のネットワーク)。国家間には貿易，投資などで結びついたネットワークが存在し，企業の間にもネットワークが形成される。また，NGOが国境を越えて織り成すネットワークもネットワーク型のグローバル・システムと呼んでよいであろう。そして，NGOが展開するネットワークは，広くまた密になり，グローバル市民社会を構成する，といわれるまでになっている。また，ネットワーク型のグローバル・システムには，同じタイプの

国際的な行為者(たとえば，NGO)が織り成すユニセクトラルなネットワークもあるし，国家とNGOが国境を越えて織り成すマルティセクトラルなネットワークも存在する。インターネットのネットワークなどの通信網は，国境を越えて，さまざまな行為者を結びつける。

ネットワークは，経済的な変数の間にも成立する。たとえば，市場メカニズムは，モノの価格が世界の需要と供給で決まるとか，為替がグローバルな資金の需要と供給で決まるというシステムを作り出す。また，環境問題のいくつかは，グローバルな複雑な環境生態系のネットワークから生ずるものである。

このようなネットワークが世界的なものとなれば，そしてそれが密なるものとなれば，(ネットワークが結ばれている分野において)世界のある場所で何か起きれば，そのネットワークを通して，世界の他の場所に直接，間接のインパクトを与えることになろう。

② **公共財としてのグローバル・システム**　二つには，公共財型のグローバル・システムが存在する。公共財とは，もしそれが存在すれば，すべての人が排除されずにそれを消費することができ，また，それを誰かが消費しても他の人がそれを消費することを妨げるものではない，という特徴を持ったものである。たとえば，国内で言えば，灯台とか治安である。灯台は，それがいったん建設(供給)されれば，それが発する光をその周辺を航行する船はどの船でも使うことができ(排除されない)，また他の船が灯台の光を利用したからといって他の船がその光を利用することを妨げるものではない(これを消費における競争性がない，という)。もし，世界のすべての国や人が誰でも排除されないで利用(消費)でき，また誰かが利用したからといって，他の人がそれを利用することを妨げるものではない財，サービスが存在するとき，それはグローバルな公共財と呼べる[16]。すなわち，グローバルな公共財とは世界のすべての行為者(個人を含む)に利益(あるいは損害)をもたらすものであ

る。たとえば，地球温暖化は，さまざまな形で，国家，個人等に損害(時に利益)を与えよう。さらにいえば，世界の平和や経済的な安定は，グローバルな公共財であるということができよう。

もちろん公共財の供給には生産コストがかかる。そして，公共財は，もしそれが生産(供給)されたら，誰でも排除されずに使えるため，コストを払わないで誰かほかの人が作った公共財をただで使おうとするインセンティブが働く。したがって，グローバルな公共財を作ろうとするとき，コストの負担をめぐって，国家間，企業間，あるいは NGO の間にときに厳しい対立が起きる。また，グローバルな公共財は，誰も排除しないが，逆にそれから誰も逃れられない。そして，ときにグローバルな公共財は，さまざまな行為者に異なる便益や被害を与えるものである(たとえば，地球温暖化は，海面の上昇によって，水没するかもしれない国がある一方，シベリアが暖かくなり，農産物を生産できるようになるかもしれない)。そして，グローバルな公共財であるかどうか，その判断，認識は，行為者によって異なることもある。そしてこのことは，多国間において，共通の規範の存在を必要とすることを示している。

③ **制度としてのグローバル・システム**　三つには，グローバルな制度である。これは，国家間の，そして，私的行為者間の，国境をまたいでの交流に，一定のルールのセット(あるいは権利と義務の体系)を提供するものである。たとえば，経済活動を律する制度を考えてみよう。貿易を考えてみると，グローバルな貿易活動を律するルールは，世界貿易機関(WTO)に包摂されていよう。そこでは，貿易関係を律する原則や細かいルール，さらに紛争処理システムが含まれている[17]。そこには，知的所有権など，世界の国が従わなければならないルールも含まれている。また，環境問題に関しても，野生生物などの保護のためにワシントン条約などが存在し，その取引にさまざまなルールを作っており，加盟国はそれを守らなければならない。国際標準化

機構（ISO）は，環境，工業製品，経営などさまざまな分野において，国際標準を作っており，この標準が WTO にも取り込まれている。これは，いわゆるグローバル・スタンダードと呼ばれているものである。

さらに，安全保障の分野においては，地域的にもさまざまな国際的な組織が存在するが，グローバルに，国連はその憲章により，国家の安全保障の行動にさまざまなルールを示している。また，核拡散防止条約，化学兵器禁止条約，対人地雷禁止条約など，グローバルに，国家の行動（そして，私的行為体の行動）を律する制度が成立している。

国家，企業，NGO などさまざまな行為者は，このようなグローバルな制度を相手に行動をしなければならない。

④ **価値規範の体系としてのグローバル・システム**　ある価値・規範体系あるいはそれに基づいた制度（主として国家のそれ）が，広く望ましいものとして認められ，一つの国際的な規範となることがある（③の制度との違いは，ここで言う規範とは国家間の関係ではなく，国内の規範や制度に関するものである）。これも一つのグローバル・システムと考えることができよう。たとえば，民主主義，人権，自由経済，などがその例である。それらの価値・規範が優勢となり，それらの価値や成果が広く認められるようになると，それらの規範に反するような制度，行動をとることが難しくなる。これらの制度や規範は，最初は，幾つかの国に発生し，定着し，それが，各国の模倣，国際制度や国際機関の活動（従って，この④は③で述べた国際制度と密接な関係を持つ），NGO の活動，それぞれの国の学習など，さまざまなメカニズムを通して，世界的に広がり，グローバルな，普遍的なものとして，定着し，世界的に広がっていく。

そこでは，個々の国家の制度が，それぞれの国の内的な要因とか，合理的な判断だけで変化するとは考えられてはおらず，雛型とその受容というシステム・レヴェルの要因が強く働く。このようなメカニズムを通して，各国の

制度が似たようなものになっていく，という仮説が提示される。そうすると，グローバル・システムとは，同じような価値，制度を持つ国々からなる世界，ということになる。このような制度や価値規範は，いわば世界文化（world culture），あるいは世界政体（world polity）とも呼べるものである[18]。すなわち，民主主義，人権規範，さらには教育制度など，一つの雛型が存在し，それが世界的に伝播し，受け入れられていく，というモデル（あるいは，着想）である。

　規範が如何に受容されていくかは，コンストラクティビズムの大きな課題である（コンストラクティビズムとは，物質的な力とか利益ではなく，アイディアとか規範に着目して国際政治を分析する考え方である）。たとえば，人権規範は，まずそれが提起され作られ（たとえば，世界人権宣言），それを国際的に広げようとする規範企業家が現れ，また NGO を通して，国境を越えて，拡散，受容のプロセスをとる。そして，ある国で人権規範がときにカスケード現象とよばれるような急激な拡散現象を見せることがある。そうするとその国においては，法制化が行われ，人権規範が守られる制度が出来上がる。もちろん，人権規範を他の国に拡散しようとするとき，相手の国を説得したり，経済的な圧力をかけることもあろう（相手は，当然，内政不干渉の原則を掲げてそれに対抗しよう）。そうした場合，相手の国は，そのような圧力を回避するために，仮に人権規範を認めるとしよう。そうすると，その国がいまだ人権規範を内面化していないとしても，人権規範に関する議論を拒否することはできなくなるであろう。そうすると，そのプロセスを通して，徐々に，人権規範を内面化していくことになる可能性が出てくる。これを，規範の受容が，行ったり来たりするプロセスの中で行われる，という意味で，螺旋的なモデルという[19]。

　リベラルな規範が受け入れられていくプロセス（規範と各国の利益の葛藤）は，研究の対象としてはきわめて興味のあるものとしても，その結果として，

世界の一様化，は否定できないものである[20]。これは，グローバリゼーションが，近代化過程の一環として捉えられる一つの理由となっている。また，グローバリゼーションを自由主義的な価値のグローバル化として捉える所以となっている[21]。

(2) 多層的なシステム——国境，越境，超境

　グローバリゼーションは，グローバル・システムの形成ということにその特徴を持つとしても，それはすべての分野，すべての地域で一律に起きているものではない。また，グローバル・システムがすべてを律し，そこに活動する行為者の行動をすべて規定するわけではない。

　ここで，現在の国際システムを多層的に考えることが必要になる。そこでは，国内における共同体，(国境に仕切られた)国家の内部，(国境を越えた交流なりつながりを基にした)越境的な世界，そして，国境とは関係なく成立する超境的世界(グローバル・システム)が存在する。そして，これらの層は，それぞれ異なるシステムを形成するとともに，相互に干渉しあっている。たとえば，環境問題の領域を考えて見よう。そこには，地球温暖化というグローバル・システムといえるものが存在し，それは地球全体をおおうものとなっている。それとともに，酸性雨などの越境的な問題も存在する(それは，必ずしも，グローバル・システムを形成するものではない)。もちろん，それぞれの国家の内部に限定された環境問題も存在しようし，また，ローカルな環境問題も存在しよう。

　経済分野を考えても，金融やカネの流れのように，すでにグローバル・システムと呼べるものが形成されている分野が存在するとともに，地域統合に象徴されるように，越境的で地域限定的なシステムも形成され，また，二国間の越境的な相互依存関係も存在する。当然，各国は，国民経済というシステムをもち，他国との相互依存，地域のシステム，そしてグローバル・シス

テムの中で活動している。さらに，国内に，国内の地域経済システムを抱えており，ときに地方はそれが属する国家とは異なるルールで活動することが許されるのである(典型的には，経済特区)[22]。

　国家間の相互依存が進むと，地域なり，グローバルなルールや制度が作られ，また強化され，そのカヴァーする範囲も広くなっていく。そうすると，全体としては，重層的なシステムとなっているが，一般的には，グローバルなルールは，(それが形成されている分野で)世界すべての国の(そして，企業の)行動を律することになり，地域システム(あるいは，二国間)では，グローバルなルールと整合的な形で，自己のルールを作り，また，グローバルなルールでカヴァーされていない分野で，さまざまなルールを作ることになる。そして，各国それぞれを考えると，それぞれグローバル，地域，二国間のルールに従って行動することになる。もちろん，各国は，それらのルールに違反しない限りで，また，それらのルールがカヴァーしない分野で，各国独自のルールや制度を持つ。そして，それは，広範な領域にわたる。このことは，グローバリゼーションが進むなかでも，国家間の差異が残る大きな理由となっている。

3. 階層構造としてのグローバル・システム

3層構造——経済　グローバル・システムを，ネットワーク，公共財，制度，価値規範と捉えた場合，いずれの場合も，非対称性を含むものであり，またそれらは価値の配分機能をもち，その結果としての階層構造が現れる(あるいはそれを亢進させる)。

　たとえば，市場メカニズム(資本主義)がグローバルに作動すると，(他の要因にも影響されて)国家間，国内，さらには，世界的に，所得などで，階層化

がおき，それが再生産される(もちろん，これは実証されるべき仮説ではある[23])。ネオ・マルクス主義的な世界システム論は，国家を単位として，中心(先進国群)，準周辺(新興工業国群)，周辺(開発途上国群)という三つの層を想定する。すなわち，世界資本主義は，利潤を求め，資本の蓄積を軸に展開する。そこでは，資本が蓄積され，技術も先端的なものを持つ中心(先進国)，そして資本も蓄積されておらず，技術も時代遅れのものしか持たない周辺(開発国)が存在する。そして，中心と周辺の間には，経済的に格差が存在するだけではなく，貿易，投資などを通して中心に有利なようになっており，また政治的にもそれを再生産させるシステムが作られている。このようななかで，周辺にある国は経済発展が困難であり，ときにそれは不可能であるように見えることがある。しかし，周辺の中にも工業化し，経済発展をする国々も存在する。これを準周辺(新興工業国群)という。このような世界システムは，古くから存在するものであり，グローバリゼーションは，世界資本主義体制の拡大と深化と捉えられる。そして，グローバリゼーションは，世界資本主義体制に内在する中心と周辺の格差を前提とし，かつ格差の拡大をもたらすものである。このように見て，ネオ・マルクス主義は，基本的にはグローバリゼーションを否定的に評価する。

フラクタル現象 階層化は，国家を単位としてではなく，「個人」を単位として世界全体でも見られよう。すなわち，最上層には，技術，ノウハウ，行動規範，言語(たとえば英語)などを共有する国境を跨いだビジネス・エリートが存在し，それはニューヨーク，ロンドン，フランクフルト，などに存在して，ネットワークで結ばれ，また国境を越えて行きかっている。それに対して，それらのビジネス・エリートを補佐し，ある程度の技量を持って，いわば，ホワイトカラーあるいはブルーカラー的な仕事をしているが，国境を越えて自立的な活動はしない層が存在する。さらに，三つ目の層には，技量もない，また土地にはりつけられた未熟練の労働者たちであり，周辺に属す

るといえる人々がいる。そして，富，威信等の価値は，中心部のビジネス・エリートに集中配分され，周辺に行くほど少なくなる。スーザン・ストレンジは，このようなシステムをビジネス文明（business civilization）と呼んだ[24]。

　また，このような個人をベースにした三層構造は，世界全体，国家内，さらに都市にも見られる。また，個別のビルにさえ見られる。すなわち，都会にある，あるビルを見ると，そこには，世界と結ばれ，世界的に活動している人々のセクションがあり，それをサポートするホワイトカラーが存在する。それと同時に，未熟練の労働者も働いているのである（そのなかには，外国人も多い）[25]。このように，個人をベースとした三層構造は，いたるところに見られるものであり，いわば，グローバル・システムをいかに区画してもそれが現れる，というフラクタル現象（日本語で言えば，金太郎飴）を示している。

　国家は，国内にそれら3つの層の人々を抱えているが，先進国は，比較的に，第1の層の人々が多く，新興工業国には，第2の層，そして開発途上国は，第3の層の人々が多いということになろう。そして，このような配置状況は，技術，ノウハウをもつ層が厚い先進国が，高度の設計などを行い，それを第2の層が厚い国々で実際に製作させる，という構造を作り出す。ローズクランスは，アメリカなどの先進国を「頭脳国家」とよび，製造を旨とする国家を「身体国家」とよび，国際的な分業の一つのあり方として論じている[26]。

　文化　さらに，グローバリゼーションは，中心圏の価値とか政治的な影響力がグローバル・システムの中でますます強まっていく現象と捉えることができよう。このような階層化は，文化の領域でも見られる。それは，文化帝国とかメディア帝国などという用語に見られる。すでにのべたように，政治的な価値の分野で，民主主義とか人権などのリベラルな政治的な価値が，世界全体に広がる。しかし，すべての国がそれらの価値に帰依しているわけで

はない。したがって，そこには，たとえば，民主主義や人権の達成度などに関して，国家間の階層化が出現する。加えるに，文化の領域（これはきわめて定義が難しいものであるが）でも，たとえば，ハリウッドの映画が世界を席巻したり，ニューヨークやパリのファッションや風俗が世界的に大きな影響力を持つ。そこでは，各地の独自の文化や価値と衝突し，融合し，再解釈され，また換骨奪胎される，というプロセスを展開している。もちろん，他の文化がアメリカを始めとする西欧諸国に逆流していくという現象もみられないことはないが，流れの方向は，きわめて非対称的である。

軍事 軍事領域においても，階層化が顕著である。コヘインとナイは，安全保障のグローバリゼーションをまず，世界のある場所で起きたことが他の場所に大きな影響を与える，ということに注目して，次のように論ずる。冷戦期には，たとえばソ連（アメリカ）で起きたことがアメリカ（ソ連）に大きな影響を与え，また，世界で安全保障を脅かす戦争や内戦が起きた場合には，それは，冷戦構造を通して，アメリカやソ連を始め世界各地に大きな影響を与えた。したがって，冷戦期には安全保障はグローバライズしていた。しかし，冷戦後は，そのような構造はなくなり，安全保障のグローバリゼーションは退化したと論ずる[27]。しかし，それとは逆に，アリソン[28]は，大陸を越えたネットワークという観点から，冷戦後アメリカは，きわめて非対称的なものではあるが安全保障上大陸をまたぐネットワークを持っており，したがって，それは安全保障のグローバリゼーションを示すものであると論ずる[29]。これは，アメリカの安全保障のグローバリゼーションとも呼べるものであるが，世界の安全保障のグローバリゼーションがきわめて非対称的なネットワークであることを示すものであり，そこでの階層化が著しいものであることを意味する。また，軍事能力・技術を見ても，アメリカを頂点としてきわめて階層的なシステムが成立しており，そこでは，超近代的な軍事力を持つ国，タンクなどの近代的な兵器を持つ国，時代遅れの兵器に依存する

国や民族まで広く分布している(後述)。

ポストモダン，モダン，プレモダン 以上から明らかなように，経済，文化，安全保障など，いずれも階層的な構造を示している。加えるに，世界システム論でいう三層構造において，中心の国々は，情報化の時代に入り相互に国家を超えて著しい交流を高め，国家を中心とした近代をこえ，ポストモダンの世界に入っている。準周辺にある新興工業諸国は，国家主導の経済発展をしており，モダンの世界にある。そして，周辺の諸国のなかには，いまだ伝統的な，前近代(プレモダン)の経済にいるものがある[30]。このような階層化は，軍事にも見られるし，また文化にも見られよう。ポストモダン，モダン，プレモダンという時代の混交(mixed times)は，先進国，開発途上国の区分というように空間を別にして現れることもあり，一つの空間に集中して現れることもある。たとえば，開発途上国においても，そのなかにポストモダン，モダン，プレモダンという要素が混在していよう。それは，経済にも見られようし，文化にも見られよう。たとえば，ラテンアメリカにおいて，ポストモダン的な文化，ナショナル(モダン)な文化，そしてプレモダンの伝統的な文化が共存し，相互に影響しあっていることはつとに指摘されている[31]。また，冷戦後の内戦・民族紛争とか戦争を見ると，そこにもポストモダン，モダン，プレモダンの時間の混交が見られる。すなわち，トマホークというポストモダンを象徴する兵器が使われるとともに，タンクとかカラシニコフ銃などの近代的な兵器が使われる。そして，時に斧とか鎌という前近代的なものが使われる[32]。グローバリゼーションは，このような時間の混交を空間的に分けつつ，あるいはある空間の中で，強めていく。そして，時間の混交は，生産的なこともあり(たとえば，文化における時代の混交は，文化をより豊かなものとするかもしれない)，悲劇をよぶこともある(たとえば，文化の衝突とか，ポストモダンの国々が人権などの価値をプレモダンの国々に強制的に持ち込もうとするなど)。

カオス(混沌)——グローバリゼーションの悪夢 このように，グローバリゼーションは，一方で，経済，政治，文化などの分野で，先進国の圧倒的な力，格差・階層性の拡大・再生産の過程と考えられる側面がある。他方，それと同時に，グローバル化された国際システムにおいては，先進国は，開発途上国から大きな脅威を受け，ときに混沌状態に陥る，という可能性を指摘する者も存在する[33]。冷戦後，ユーゴスラビア，アフリカなどで内戦が頻発し，国際政治上大きな問題となった。これらの内戦は，必ずしもグローバリゼーションの結果ではない。しかしながら，それは，二つの意味でグローバリゼーションと結びつくこととなる。一つは，内戦そのもの，そして内戦が引き起こした人道的な問題が，人道・人権規範のグローバル化を媒介として，内戦に対応するグローバル・ガヴァナンスの装置を作り出したことである(次節参照)。いま一つは，このような途上国(あるいは周辺)の混乱が近隣だけではなくグローバル・システムを通して，先進国に伝播し，先進国を含めて，混沌の世界を作り出すのではないか，ということである。たとえば，ジャーナリストのロバート・カプランは，90年代前半，ユーゴスラビアやアフリカの混乱を取材し，「無秩序がやってくる」という論文を著した[34]。そこで彼は，貧困や HIV などの疾病が，ヒトやモノが自由に動く国際システムにおいては，世界的に拡大し，世界的な無秩序をもたらし，将来はニューヨークも HIV が蔓延し，移民等によって，貧困層が増え，アフリカの状況に近いものが現れる可能性があると論じた。また，ポール・ケネディたち[35]は，将来のアメリカの安全保障のもっとも大きな課題の一つは，混沌に陥った開発途上国からの難民がとうとうとアメリカなどに流入し，社会を不安定にすることであると論じた。ドイツの社会学者，ベック[36]は，グローバリゼーションの結果，ドイツの都市にも，貧富の差が激しく，豊かな人々は高い壁で仕切られ，私的な警備員を雇って安全をはかる住居に暮らし，その外には貧しい人たちやストリート・チルドレンが暮らすという現在ブラジルに見ら

れる形態が現れるのではないか(ブラジル化),と述べている[37]。もちろん,これらの議論は,先進国から見たものであるが,開発途上国から見れば,そのいくつかの国において,「混沌」,「無秩序」は,すでに現実のものなのである。

　　自由と安全―新しい安全保障　9.11事件で顕在化した国際テロリズムは,グローバリゼーションがひきおこした側面が強い。すなわち,ヒト,カネ,情報が国境を越えて自由に行き交うグローバル・システムにおいて,非合法的な,悪意のある非政府行為体の問題がときに大きな問題となることをしめした。国際テロリスト,麻薬集団,ヒトの売買,等々である。

4. グローバル・イッシューとグローバル・ガヴァナンス
　　――問題解決志向型のアプローチ

　グローバル・システムは,このように,さまざまな問題を引き起こす。グローバリゼーションのいま一つの取り扱い方は,特定の問題に注目し,(2.で述べたさまざまなシステム(たとえば,制度,公共財など)を前提とし,また,システムを作っていくことを含めて)その問題の解決(政策)に関心を寄せるものである。このようなアプローチが,グローバル・ガヴァナンスと呼ばれるものである[38]。グローバル・システムを階層的に捉えるアプローチが決定論的な色彩をもつのに対して,そのような要素を取り込んだ上でも,人間および人間の集団の意志とか選択という要素を強く押し出したのがこのアプローチである。

　　グローバル・イッシュー　ここで取り上げられる問題は,環境,疾病,開発・貧困,人権,人道,内戦,民族紛争,さらには国際テロなど多岐にわたる。そして,これらの問題は通常グローバル・イッシューと呼ばれる[39]。グ

ローバル・イッシューとは，(a) それがグローバルなシステムに由来して生起するものか(あるいは，それ自身一つのグローバル・システムを形成するものか)，あるいは(そして) (b) それを解決するためには，グローバルな協力(国家，国際組織，NGO，企業)が必要とされるものである——事実としてあるいは(そして)認識として。これら (a) と (b) 二つの要因を組み合わせると，グローバル・イッシューのなかには，3つのタイプのものが存在する(グローバリゼーションに由来するものでもなく，グローバル・ガヴァナンスも必要でないものは除く)。

① グローバリゼーションに由来して生起し(あるいは問題自身がグローバルなシステムを成し)，その解決にグローバルな協力が必要な問題。たとえば，地球温暖化の問題は，すでに述べたように，二酸化炭素等の温室効果をもつ物質の排出に由来するものであり，地球全体の人間の活動の結果が，物理的なメカニズムを介して地球の温度を上昇させ，そのことが，濃淡はあるが，地球のすべての人々に大きな影響を与える，というものである。すなわち，地球温暖化は，グローバル・システムを形成している。さらに，地球温暖化を解決したり，コントロールしたりするためには，国際組織，国家，NGO，企業などの協力が必要となる。そして，そこでは，温暖化のメカニズム，二酸化炭素排出抑制の技術，また炭素排出権の売買などの社会的な装置などさまざまな手段が構築される。そして，南北問題など多様な国家間の利害対立を伴いながらも，国家，企業，NGO などの間で協力の制度が作られていく。

問題がグローバリゼーションそのものによって助長されるものも存在する。疾病(SARS，HIV など)は，国境を越えて伝染するものであり，可能性としては，地球全体を覆うものである。そして，その解決としては，疾病に対する対策，治療等，国際的な，グローバルな協力を必要とするものである[40]。もちろん，そのような疾病は，古くから存在するものであるが，グローバリ

ゼーションの進展によって，ヒト，モノが自由に国境を越えるようになると，その危険性は増幅される。また，すでに述べたように，国際テロ，麻薬集団，human trafficking（国境を越えた人身売買）などの（違法な）非国家行為体が引き起こす問題は，これまた古くから存在するものであるが，グローバリゼーションが進み，ヒト，モノ，カネが国境を越えて自由になってくると，その活動は加速される可能性がでてくる。これらに対応するには，各国家，国際組織が，広く対応しなければならなくなる。

② グローバリゼーションに由来するものではない（その確たる証拠がない）が，その解決にグローバルな協力が必要な問題。たとえば，貧困という問題は，そのこと自体，グローバリゼーションの結果ではないかもしれない。しかしながら，貧困自体が規範として解決しなければならない問題として認識され（もちろん，貧困がなくなれば，経済的に需要が増大する，あるいは，貧困は，政治的な不安定やテロの温床になる，という認識も存在する），貧困を解決するためには，国家（当事国，先進国），国際組織，NGO などさまざまな行為体がグローバルなスケールで協力しなければならなくなる。内戦・民族紛争も，それ自体は，グローバリゼーションとどこまで関係があるかわからない。個別のケースによって，その原因は異なるであろう。しかし，内戦・民族紛争は，そのこと自体，また内戦・民族紛争から生起する人道上の問題や大量虐殺は，グローバルな（規範的な）問題とされ，紛争の予防，平和の回復，維持など国際社会全体の問題として意識され，国際組織，国家，NGO などさまざまな行為体が対処する。

③ グローバリゼーションに起因し（あるいはグローバル・システムを構成し）ているが，それに対応するにグローバル・ガヴァナンスは形成されない問題。ここで，グローバル・ガヴァナンスは，すぐあとで論ずるように，問題解決のために，国家（そして，国家によって作られる国際組織）だけではなく，企業とか NGO など非国家主体がさまざまな形で参画するものであるとす

る。そうすると，あるグローバルな問題に対して，主として国家が対応する，というのはグローバル・ガヴァナンスの範疇には入れにくい。たとえば，国際的な通貨，金融の問題は，すぐれてグローバルな問題であるが，それは主として国家間，またIMFなどによって取り扱われる[41]。これは，たとえば，通貨一つ一つの国に一つであり，また通貨(為替)問題は，NGOが関与して解決に資するという類のものではないからである(たとえば，環境問題や貧困の問題は，NGOがその解決に直接寄与できる)。

　さて，以上の議論から明らかなように，グローバルなイッシューと認識されるには，(具体的な被害などの)「道具的な」要素と規範的な「道徳的な」要素が存在し，それら二つの要素の組み合わせが問題によって異なる[42]。たとえば，疾病を考えると，それは道徳というよりも，その被害を防ぐという道具的な要素が強い。しかし，貧困とか内戦・民族問題など，それ自体の被害は，グローバルに見れば，限定的である場合が多い。にもかかわらずグローバルな問題として取り扱われるのは，規範的な要素が強く効くからである。この規範的な要素からグローバル・イッシューと認識される極端な例が，人権とか民主主義という問題であろう。人権とか民主主義は，その様な規範の拡散，受容そのものがグローバリゼーションの一部を構成すると考えられる。そして，そこでは，人権とか民主主義という規範が，広く受け入れられ促進されるように，国家，国際機関，NGOなどによるさまざまな仕組みが作られているのである(前述，第2節(1)の③と④)。

　グローバル・ガヴァナンス　このように，共通の解決するべき問題に対して，国家，国際組織，企業，さまざまなNGOが，協力し，分業し，公的，私的な(そして，公的，私的混交の)レジーム(ルールのセット)やネットワークを形成し，具体的なプログラムを作り，政策を調整し，また実行していく，という形態が見られる。これが，いわゆるグローバル・ガヴァナンスと呼ばれるものである。そこでは，「共通の解決すべき問題」であるとの認識を作り

出すために，現実に関する認識・知識をたかめ，また規範の周流と一致がはかられる活動が展開される。そのような活動においては，政府ももちろんであるが，NGO は，advocacy 活動を展開する。共通の解決するべき問題が明らかになるにつれて，それを解決するためにさまざまな手段が模索される。それは，国家が従うべきルールのセットを定めたり(国家間のレジーム――公的レジーム)，また，企業間や，NGO を含めて，一定のルールが設定されたりすることもある(私的レジームあるいは，公私混交レジーム)[43]。さらに，単にルールを設定するだけではなく，政策の協調やさまざまな政策手段の開発を行ったり，具体的なプログラムを形作ったりする。このように，グローバル・ガヴァナンスはマルティセクトラルなもの(国家をはじめ，さまざまな主体が参加する)でありマルティ手段的なものである(問題解決のためのさまざまな手段を考える)[44]。

　このようなグローバル・ガヴァナンスの実態や構想は，たんに政策志向，イッシュー志向であるだけではなく，さまざまな主体の協働，平等，非強制，等を前提とするものであり，グローバリゼーションにおいて現れる諸問題に対する方策の一つの類型を表す。またグローバル・ガヴァナンスは，一方では，グローバリゼーションが，環境，貧困，格差の拡大，疾病などが蔓延する，という可能性(認識)から，グローバリゼーションそのものに強く反対するという反グローバリゼーションに対抗するものとなっている。しかし他方では，グローバル・イッシュー／グローバル・ガヴァナンスの視点は，グローバリゼーションを経済の効率性を高め，それを推し進めることを旨とするグローバリスト(あるいは，ネオ・リベラリズム neoliberalism――自由市場至上主義)に対しても，グローバリゼーションの負の側面を明示的に認め，それを解決していこうとすることが必要であることを示す。いわば，グローバル・ガヴァナンスは，フォーク[45]のいうところの「上からのグローバリゼーション」(自由市場至上をかかげ，グローバリゼーションを推し進めるこ

と)と「下からのグローバリゼーション」（NGO, グローバル市民社会を作り出すことによって，グローバリゼーションをより人間的なものにしようとするもの）の混合形態と考えられる。またグローバル・ガヴァナンスは，政策という観点から考えれば，一国ごとの政策というよりも，グローバル・イッシューに対するグローバル公共政策といってよいものである[46]。

5. 行為者志向のアプローチ

前節まで，システム的アプローチ，階層的アプローチ，そして問題志向型のアプローチを検討してきた。グローバリゼーションを見るときのいま一つの視角は，個々のアクターを中心に据えて考えていこうとするものである。この場合グローバリゼーションの過程で現れた（現れつつある）グローバルなシステムは，個々のアクターの環境[47]となり，彼らはその中で行動し，環境に働きかけ，さらに新しい環境を作ろうとして行動する。

アクターとは，すでに述べてきたように，国家，国際組織，NGO, 企業，テロリスト／麻薬集団，さらに個人などさまざまであるが，ここでは主として国家を考えることにしよう。グローバリゼーションは，国家の「溶解」をもたらし，あるいは，グローバリゼーションの圧力により，国内の体制も均一化し，主権も何らかの修正を迫られるものと論ぜられる。しかし，グローバリゼーションのもとにおいても，国家は，いまだ最重要な行為者であり，国際関係における主たる行為者，大きな研究対象であるという考え方も強い。このような考えを極端に出すのがリアリズムであろう。リアリズムとは，国際関係を国家の相互作用とする場と考え，国家の目的は，独立，領土保全，さらには国益の保全と増進であり，国家はそれらの目的を達成すべく合理的に行動する，という前提に立つ。グローバリゼーションの進展のもとにおい

ても，国益——力と富——を求め，合理的な行動をするという，国家の行動原理は不変であり，グローバリゼーションは，そのような国家行動の背景の変化に過ぎない，と考えるのである。たとえば，グローバリゼーションが進んだ世界においても，最先端の情報技術を軍事に応用し，さらに国家の安全保障を求めての同盟政策，抑止等を展開するという行動パターンは変わらないであろうとする[48]。

　また，経済分野においても，グローバリゼーションが進む中で，如何にグローバリゼーションを利用して，国家の経済を成長させ，富を増大させるか，という行動原理は変わらないであろう，と論ずる。たとえば，中国は，経済発展を最大の目標とし，グローバリゼーションが進行する中で，先進諸国から膨大な資本を取り入れ，また，WTOに加盟した。WTOに加盟するため，国内の制度を整え，自由化を図っている。そして，WTOへの加盟は，国内の自由化反対勢力を押さえ込むための一つの手段であったといわれる。また，ウルグアイ・ラウンド（1986年–1994年）において，アメリカは自国の利益を増進するために，農業分野の自由化を強く求めた。そして，より一般的に言えば，国際的な制度は，さまざまな利益を持つ国家が，その利益を促進するために，合意により作ったものと考えられる。そして，国際制度は，国家の，それも主要国の利益に合致しなければ形成されないし，またつくられても主要国の利益に一致しないようになれば，機能しなくなると論ぜられる。グローバリゼーションなりグローバル・システムの議論が，グローバルなシステムが国家の行動を規律する側面に焦点を合わせるのに対して，国家を焦点にした議論は，むしろ国家の利益によって，グローバル・システムが左右されるという視点を示す。とはいえ，現実そのものは，国家とグローバル・システムが交叉する場と考えられる。たとえば，国家は，自己の利益を実現しようとするが，それは国際的な制度やシステムの制約の中で行う（自国の利益を，国際的な規範やルールで正当化する，等），ということである。

グローバリゼーションと国家との関係を考える場合のいま一つの論点は，すでにふれたように，グローバリゼーションは，国家の一様化，均質性をもたらす，という考え方である。いくつかの例を挙げよう。トーマス・フリードマンの『レクサスとオリーブの木』[49]は，グローバリゼーションの典型的な見方の一つを示すものである。周知のように，レクサスとは，トヨタの自動車レクサスであり，それは世界をまたにかけて販売されているものであり，グローバリゼーションの象徴的なものである。オリーブの木は，土地に根付き動かない。そして，アラブ・イスラエル紛争を見ると，当事者は動かないオリーブの木を争っている。グローバリゼーションのアンチ・テーゼである。フリードマンは，いまや世の主流は，グローバリゼーションであり，そこに生きていき，成功するためには，自由にすばやく動くことが必要である。そして，国家レヴェルで考えると，アメリカとかイギリスのように自由主義的な政治制度と経済制度を持つことが必要であり，高度の自由な政治制度と経済制度は，グローバリゼーションの中で生きていくための「黄金の拘束衣」（絶対に身につけなければならないもの）であるとする。そこでは，民主主義（そこには当然人権も含まれよう）とか市場経済が，たんに普遍的な価値であるだけではなく，グローバリゼーションの中で生きていくための，そして成功するための必須の要素と考えられている。普遍的な価値の受容は，規範の内面化ではなく，競争と物質的な利益に基づいて行われる。ある意味で，社会的なダーウィン主義とでも言うべきものであり[50]，またその結果，国家の政治，経済体制の収斂を予想するものである[51]。

より具体的に言えば，グローバリゼーションは，国家をして国際的な競争をし，それを勝ちぬかなければならず，そのためには，制度の自由化，民営化，を進めなければならず，市場なり企業活動にフレンドリーな制度を作っていく（いかなければならない），という仮説である（これを「競争国家」という[52]）。しかし，グローバリゼーションが進むにしたがって，本当に国家の政

治的，経済的な体制が収斂するのか(たとえば，フリードマンのいう「黄金の拘束衣」)，また収斂するとしたらどのようなメカニズムで収斂していくのか，また，収斂しない領域が存在するとすれば，どのような領域であるのか，その理由を含めて明らかにしていく必要がある。たとえば，グローバリゼーションが進むと，国家の「軽量化」が求められ，福祉政策などが縮小されるという仮説が存在する一方，国家がグローバリゼーションに組み込まれていくと外部からの影響をもろに受けるようになり，国家の福祉に対する支出が増大する，という仮説も存在する(現実の例でいえば，たとえば，カナダは，グローバリゼーションの中で，福祉政策を維持することを，(アメリカに対する)カナダのアイデンティティと捉えている[53])。

では，実態面から言って，たとえば，経済分野で言えば，各国の経済体制は，はたして，収斂しているのであろうか[54]。あるいは，経済政策の展開において，国家の自律性は失われているのであろうか，ということが実証的な分析の対象となる。たとえば，Garrett[55]は，西欧諸国を比較検討し，福祉政策等をみると，収斂はしていない，と論ずる。また，ワイス[56]は，最近の議論によれば，国家による経済・産業政策は，有効ではなく，国家は，自由な市場を重視し産業政策は過去のものとなったと論ぜられる。が，彼女は，北欧，日本，東南アジアの国々を実証的に研究し，その結果，国家は国内の政治構造や制度を変化させ，競争上の優位性を作り出す。そして，外からの圧力にいかに対応するかは，国家の変換能力に依存することを示している。このことをより一般的に言えば，国際環境(経済等のグローバル・システムなど)は，国家の内部の政治，経済構造に影響を与え，その国の選好を決め，そしてそれが政策となって国際環境に投射され，国際環境に影響を与える。そして，その国際環境がふたたび国家への圧力となってくる，というフィードバック・プロセスがみられるのである[57]。その際，重点は，各国は，その国内の政治構造や制度が異なり，グローバリゼーションから同じような圧力が

あっても，対外的な反応(政策)，また国内政策，制度変革が異なる様態をとる，ということである[58]。

とはいえ，以上のことは，国家が，すべての分野において独自の行動をすることを意味するものではない。WTO に入れば，各国はそのルールに従わざるを得ず，人権規範を破るような行動をとれば，国際社会から大きな圧力がかかり，人権を守っていく行動に収斂していくのである。

おわりに——「実証的なグローバリゼーションの理論」の必要性

本稿では，グローバリゼーションの定義から始めて，グローバリゼーションへのシステム的アプローチ，階層構造としてのグローバル・システム，問題志向のアプローチ，そして，行為者志向のアプローチを紹介し，検討してきた。そこでは，グローバリゼーションは確実に進行し，いくつかの重要な分野で，国境にかかわらないグローバル・システムを形成するようになってきていること，しかしそのなかで，多くの問題が出てきていることが示された。それは，とくにグローバリゼーションが階層的な構造を保持しつつ進行していることに由来することが大きい。問題志向のアプローチは，このような問題(グローバル・イッシュー)を国家，国際機関，NGO などさまざまな行為者がさまざまな手段で協力して解決しようとする視角を与える。グローバリゼーションは，世界を覆い，強い圧力を国家にかけ，主権を溶解させ，自律性を奪い，国家を一様化していく，と観念されることが多い。しかしながら，国家は，グローバリゼーションに対応して，国内の政治構造，経済構造をとおして，またそれを変容させつつ，自己の利益を追求し，国家によって異なる政策を展開するのである。

グローバリゼーションは，いまだきわめて多様な概念であり，またその効

果がどのようなものであるか明らかでないことが多い。たとえば、グローバリゼーションそのものを如何に測定するか、大きな問題である[59]。それは、貿易や投資の量で測られるのであろうか。投資は本当にグローバライズしているのであろうか[60]。あるいは、コヘイン達のように、グローバリゼーションを大陸をまたがるネットワークの成立、と定義しても、それを如何に測るのであろうか。また、経済のグローバリゼーション（たとえば、国境を越えた資本の移動）ははたして成長とか経済厚生を増大させるものであろうか、またそうだとすると、どのような条件が必要なのであろうか[61]。グローバリゼーションは、本当に貧困とか格差を増大させるものなのであろうか[62]。グローバリゼーションを議論するときの基本的な仮説は、いまだ理論的にも、実証的にも検討を要するものが多い。したがって、「グローバリゼーションの実証的理論——a positive theory of globalization」を構築していくことが必要であり[63]、そのことによって、グローバリゼーションに由来する道徳的、倫理的な問題にも有効にアプローチすることができると考えられる。

1) 今ひとつの次元を挙げれば、それは、問題領域であろう。後に本文でも述べるように、グローバリゼーションは、経済、政治、文化、社会等あらゆるといってもよい多くの分野をふくむ。そして、どのような分野でグローバリゼーションを論ずるか、ということはグローバリゼーションの論じ方に大きな影響を与える。本稿では、なるべく広い分野でのグローバリゼーションに触れることにしたいが、筆者の専門が国際政治学、国際政治経済学であることに由来する制約は大きい。グローバリゼーションを最も包括的に取り扱ったのは、Roland Robertson and Kathleen White, eds., *Globalization*. (8 Volumes). London: Routlege, 2003. であろう。そこで取り上げられている分野は、政治、経済、市民、芸術、文化、人権、デアスポラ（離散民族）、ジェンダー、オリエンタリズム、宗教、自然と環境、都市、健康・保健、言語とコミュニケーション、教育、スポーツ、反グローバリゼーション等であり、グローバリゼーションの広がりに驚く。

2) グローバリゼーションは、既存の学問領域を越えることに一つの特徴を持つものである。グローバリゼーションの議論に参画している学問領域は、経済学、政治

44　第Ⅰ部　グローバリゼーションの理論的課題

　　　学，法律学，社会学，文化人類学，宗教学，文学，工学(環境科学)，など極めて広範なものである。
3) この辺，拙稿，「国際システムの変容——グローバリゼーションの進展」『国際問題』489号（2000年12月），2–21ページ参照。
4) グローバリゼーションのさまざまな定義に関しては，Jan Aart Sholte, "The Globalization of World Politics," in John Baylis and Steve Smith, eds., *The Globalization of World Politics*. Oxford: Oxford University Press, 1997, chapter 1, p. 15.
5) Robert Keohane and Joseph Nye, Jr. "Globalization: What's New? What's Not New? (And What Not?)' *Foreign Policy*. No. 118, Spring 2000, pp. 104–119. Robert Keohane and Joseph Nye, Jr. 'Introduction,' in Joseph Nye and John Donahue, eds., *Governance in a Globalizing World*. Washington, D.C.: Brookings Institution, 2000.
6) Jan Aart Sholte, *Globalization: A Critical Introduction*. London: Macmillan, 2000, pp. 15–17.
7) ショルテのグローバリゼーションの定義を見ると，たとえば，資本主義とか西欧的な合理性など，グローバリゼーションの起源が極めて歴史的なものであることが含意されている。そして，グローバリゼーション論においては，グローバリゼーションはいつから始まったかは，大きな論争点である。しかし，本稿ではこの問題は取り扱わない。現在言われているグローバリゼーションは，冷戦の崩壊と，情報・通信技術の発展に駆動されたものであり，インターネットが本格化したのは90年代の半ば以降である。したがって，本稿の念頭にあるのは，90年代以降のグローバリゼーションである。
8) 相互依存論からグローバリゼーションに関しては，たとえば，ここで述べることと若干違う視点からではあるが，Michael Zürun, 'From Interdependence to Globalization,' in Walter Carlsnaes, Thomas Risse, and Beth Simmons, eds., *Handbook of International Relations*. London: Sage, 2002. chap. 12.
9) たとえば，拙著『国際的相互依存』東京大学出版会，1989年。
10) 反グローバリズムに参加するグループの具体的な議論については，たとえば，Eddie Yuen, et al eds. *The Battle of Seattle*. New York: Soft Skull Press, 2001.
11) あるいは，「グローバル内政治」。
12) たとえば，James Rosenau, *International Politics and Foreign Policy*. (Revised Edition), New York: Free Press, 1969.

13) Peter Evans, Harold Jacobson and Robert Putnam, eds. *Double-Edged Diplomacy,* Berkeley: University of California Press, 1993.
14) もちろん，グローバリゼーションとは言われなかったが，たとえば，国家が協力して，共通の問題を解決していこうとする，国際レジームなどの概念は，60年代末からすでに提示されていた(拙稿「国際レジーム論」『国際法外交雑誌』95巻1号，1996年，1-53ページ，参照)。
15) もちろん，60年代末から70年にかけて，多国籍企業や非政府行為体が研究されていた。たとえば，Robert Keohane and Joseph Nye, *Transnational Relations and World Politics.* Cambridge: Harvard University Press, 1971.
16) たとえば，Inge Kaul, et al, eds. *Global Public Goods.* New York: UNDP, 1999.
17) 国際場裏におけるルールとか制度の発展にはさまざまな段階がある。それは単なる宣言や，枠組み合意であったり，詳細なルールを含む条約であったりする。そのもっとも発達した段階は，詳細な，明確なルールのセットであり，遵守義務が強く，かつルール違反などの紛争があった場合，その判断を第3者に委ねる，というものである。たとえば，WTOの紛争処理がその例である。これを法律化(legalization)という(Judith Goldstein, et al eds., *Legalization and World Politics.* Cambridge: MIT Press, 2001.)。
18) この辺，濱田顕介「構成主義・世界政体論の台頭」河野勝・竹中治堅編『アクセス国際政治経済論』日本経済評論社，2003年，第2章。
19) この辺，たとえば，Thomas Risse, Stephen Ropp and Kathryn Sikkink, *The Power of Human Rights: International Norms and Domestic Change.* Cambridge: Cambridge University Press, 1999.
20) このようにリベラルな価値(もちろんそれにはさまざまなものが存在しようが)がグローバル・システムを構成するという考え方は，フランシス・フクヤマの「歴史の終焉」論に通ずるものがある(Francis Fukuyama, *The End of History and the Last Man,* New York: Free Press, 1992)。リベラルな価値と伝統的な価値をいかに調整するか，という問題は存在するが，リベラルな価値に対抗する体系的な価値体系は今や(いまだ)存在しない，というのが，冷戦後の状況であろう。そして，コンストラクティビスト的な規範の受容のプロセスは，いわばそれらの規範や制度を平和裏に拡散，受容させていく，「和平演変」の理論といえなくもない。

もちろん，ハンチントンの言う文明の衝突という議論もあり(サミュエル・ハンチントン(鈴木主税訳)『文明の衝突』集英社，1998年)，また9.11以後，ア

メリカの論者の中には，イスラム過激派との闘争を自由を守るためのイデオロギー闘争，第4次世界大戦である，と論ずるものも存在する(たとえば，Norman Podhoretz, 'How to Win World War IV,' *Commentary Magazine,* February 2002)。が，その当否は将来を待って判断するしかない。

21) グローバル・システムをネットワーク，公共財，制度，価値規範の体系などと捉えると，それらが進展したり，退化したりするという現象が見られよう。そうすると，グローバル・システムは，状態と変化の二つの視点から見なければならない。グローバリゼーションは，グローバル・システムという観点から言えば，あるグローバル・システムが存在しているという状態とそれが拡大，深化している(あるいは退化する)，という方向，の二つを言っているといえる(この点，コヘインとナイは，グローバル・システムの状態をグローバリズム，拡大，深化の方向をグローバリゼーションと呼んで区別している。Keohane and Nye, *op. cit.* 'Globalization')。

22) 国内にさまざまな独自の区画ができることのグローバリゼーションへのインプリケーションを論じた最近のものとして，たとえば，Aihwa Ong, 'The Chinese Axis: Zoning Technologies and the Logic of Exception in Variegated Sovereignty,' International Conference on Peace, Development and Regionalization in East Asia, September 2–3, 2003, Seoul.

23) グローバリゼーションが所得の格差を広げるのかどうか，多くの経済学者が明らかにしようとしているが，結論は「わからない」ということのようである(たとえば，Jeffrey Sacks, 'International Economics: Unlocking the Mysteries of Globalization,' *Foreign Policy,* (Spring 1998), 97–111)。

24) Susan Strange, 'The Name of the Game,' in Nicholas X. Rizopoulos, ed., *Sea-Changes,* New York: Council on Foreign Relations Press, 1990, pp. 238–273.

25) たとえば，Saskia Sassen, *The Global City.* (2nd ed.) Princeton: Princeton University Press, 2001.

26) リチャード・ローズクランス(鈴木主税訳)『バーチャル国家の時代』日本経済新聞社，2000年。

27) Keohane and Nye, *op. cit.* 'Globalization,' 2000.

28) Graham Allison, 'The Impact of Globalization on National and International Security,' in Joseph Nye and John Donahue, eds., *Governance in a Gobalizing World.* Washington, D.C.: Brookings Institution, 2000. chap. 3.

29) Robert Keohane and Joseph Nye, 'Introduction,' Joseph Nye and John Donahue, eds., *Governance in a Globalizing World*. Washington, D.C.: Brookings Institution, 2000.

30) Robert Cooper, 'Is There a New World Order?' in Seizaburo Sato and Trevor Taylor, eds. *Prospects for Global Order*. London: Royal Institute of International Affairs, 1993, chap. 1. 田中明彦『新しい中世』日本経済新聞社, 1996年。

31) ポストモダン，モダン，プレモダンの時代の混交は，文化の領域において，1980年代，ラテンアメリカにおいてよく議論されていたようである（See, Jan Nederveen Pieterse, 'Globalization as Hybridization,' in Roland Robertson and Kathleen White, eds. *Globalization,* Vol. 1, London: Routledge, 2003, chap. 11, p. 272)。

32) この辺，Michael Howard, *The Invention of Peace*. New Haven: Yale University Press, 2000, chap. V. Mary Kaldore, *Global Civil Society: An Answer to War*. Cambridge: Polity, 2003, chap. 5.

33) 次を参照。Yahya Sadowski, *The Myth of Global Chaos*. Washington, D.C.: Brookings, 1998.

34) Robert Kaplan, 'The Coming Anarchy,' *Atlantic Monthly,* February 1994, pp. 44–76. また，Robert Kaplan, *The Coming Anarchy*. New York: Vintage Books, 2000.

35) Matthew Connelly and Paul Kennedy, "Must It Be the Rest Against the West?", *Atlantic Monthly,* 274: 6 (December 1994), pp. 61–83.

36) Ulrich Beck, *What is Globalization?* Cambridge: Polity Press, 2000.

37) 冷戦後の安全保障に関して，アメリカにおいては，もっとも可能性があるのは，先進国の間の平和と開発途上国の間，あるいは開発途上国の内部の戦争という対比が行われた。このことについては，次を参照。James Goldgeier and Michael McFaul, 'Tale of Two Worlds: Core and Periphery in the Post-Cold War Era,' *International Organization*. 46: 2 (Spring 1992), pp. 467–491.

38) グローバル・ガヴァナンスに関しては，たとえば，渡辺昭夫，土山實男（編）『グローバル・ガヴァナンス』東京大学出版会, 2001年。グローバル・ガヴァナンスは，グローバリゼーションと同じくらい多様である。グローバル・ガヴァナンスについての諸論考を集成したものとして，Timothy Sinclair, ed., *Global Governance* (4 Volumes), London: Routledge, 2004.

39) もちろんここで，貿易や通貨などもグローバル・イッシューとしてあげることも

可能であろう。しかしながら，現在貿易や通貨に関して作られているWTOやIMFは，公的なレジームであり，NGOのインプットはきわめて限定されたものである。したがって，それらは，(狭く定義された)グローバル・ガヴァナンスと若干異なる(後述)。

40) 疾病についての国際的な協力に関しては，たとえば，『国際問題』2003年12月号(疾病に関する国際協力の特集)。

41) すでにのべたように，国家間で形成されるレジームは，公的なレジームである(IMF, WTO など)。しかしながら，公的なレジームへ NGO がいかにその要求をインプットし，また，公的なレジームがいかにそれに対応するのか一つの課題である(これを，公的レジームのグローバルグローバル・ガヴァナンス化とでも呼ぶことができよう)。国家間のレジームと NGO が相互作用する多角的な枠組みを複合的な多角主義(complex multilateralism)ということがある。これは，「上からのグローバリゼーション」と「下からのグローバリゼーション」の複合体であると考えられる(この点，たとえば，Robert O'Brien, *et al*, *Contesting Global Governance*. Cambridge: Cambridge University Press, 2000)。

42) この点，拙稿「国際法と国際政治――国際政治学の観点から」『法学教室』No. 281, (2004年2月), 43–48。

43) 私的レジームに関しては，拙稿「プライベート・レジーム試論」国際法学会編『日本と国際法の100年 7 国際取引』三省堂, 2001年, 第1章。

44) もちろん，すでに述べたように，国家が主体となるガヴァナンス(たとえば，通貨)もあり，また，ガヴァナンスは，単にグローバルなレヴェルだけではなく，地域においても，あるいは二国間でも形成される。

45) Richard Falk, *Predatory Globalization*. Cambridge: Polity. 1999.

46) Wolfgang Reinicke, *Global Public Policy*. Washington, D.C.: Brookings. 1998. また，より細かく言えば，分野別に，グローバル社会福祉政策，グローバル保健政策，などとなろう。

47) ここでいう環境とは自然環境とか地球温暖化などの環境ではなく，国家などを取り巻く国際的な政治的，経済的，その他の環境である。

48) もちろん，すでに述べたように，安全保障の分野でも，内戦・民族紛争などに関しては，グローバル・ガヴァナンス的な様態があらわれる。この点，たとえば，拙稿「安全保障――グローバル・ガヴァナンスの境界領域」渡辺・土山編，前掲書所収，第9章。

49) トーマス・フリードマン(東江一紀・服部清美訳)『レクサスとオリーブの木』草

思社，2000 年。
50) この点をフォークは，「肉食的グローバリゼーション」と呼んでいる。Richard Falk, *Predatory Globalization*. Cambridge: Polity, 1999.
51) フリードマンは，このような「競争」からの落ちこぼれをも考えており，たとえば，ビンラーデンなどを「超怒った人」と呼んでいる。
52) 競争国家とそれが織り成す諸問題に関して，Philip Cerny, 'Paradoxes of the Competition State: The Dynamics of Political Globalization,' *Government and Opposition*, 32: 2 (Spring 1997), pp. 251–274.
53) たとえば，Paul Bowles, 'Canada and Globalization: Catching a Wave or Being Swept Aside?'『アメリカ太平洋研究』Vol. 1 (March 2001), pp. 45–60 ページ。
54) ここで収斂 (convergence) というとき，制度とか政策の収斂を言う。ただ，グローバリゼーションの文脈で収斂というとき，生活水準の収斂をさすことがある。See, for example, Jeffrey Williamson, 'Globalization, Convergence, and History,' *Journal of Economic History*, 56: 2 (June 1996), pp. 277–306.
55) Geoffrey Garrett, *Partisan Politics and in the Global Economy*. Cambridge: Cambridge University Press, 1998. また，Suzanne Berger and Ronald Dore, eds. *National Diversity and Global Capitalism*. Ithaca: Cornell University Press, 1996.
56) Linda Weiss, *The Myth of the Powerless State*. Ithaca: Cornell University Press., 1998.
57) この辺，Andrew Sobel, *State Institutions, Private Incentives, Global Capital*. Ann Arbor: The University of Michigan Press, 2002. また，Robert O, Keohane and Helen Milner, eds. *Internationalization and Domestic Politics*. Cambridge: Cambridge University Press, 1996.
58) グローバリゼーションに各国がいかに対応しているかは，グローバリゼーションの研究で重要な分野となっている。たとえば，前掲，『アメリカ太平洋研究』Vol. 1 (March 2001) などを参照。また，グローバリゼーションのなかで，各国がそれぞれの問題 (たとえば，開発) を解決しようとするとき，まずは国内からはじめなければならない，という最近の論調は，グローバリゼーションのなかでの各国の「独自性」「独立性」の認識，また必要性を表している (たとえば，World Commission on the Social Dimension of Globalization, *A Fair Globalization—Creating Opportunities for All*. Geneva: International Labor Organization, 2004)。

59) たとえば，'Measuring Globalization,' *Foreign Policy*. (January / February 2001), 56–65.
60) Paul Hirst and Graham Thompson, *Globalization in Question*. Polity, 1996.
61) この辺，たとえば，Barry Eichengreen, *Capital Flows and Crisis*. Cambridge: MIT Press, 2003. また，Ross Burkhart, 'Globalization, Regimes, and Development,' Steve Chan and James Scarritt, eds., *Coping with Globalization*. London: Cass, 2002, chap. 2.
62) この辺，たとえば，ロバート・ギルピン(古城佳子訳)『グローバル資本主義』(東洋経済新報社，2001年)などを参照。
63) 最近では，実証的な研究がかなり行われるようになってきている。たとえば，Steven Chan and James Scarritt, eds. *Coping with Globalization: Cross-National Patterns in Domestic Governance and Policy Performance*. London: Cass, 2002. また，グローバリゼーションの実証的な分析と政策を結びつけようとした最近のものとして World Commission on the Social Dimension of Globalization, *op. cit*.

第2章　グローバリゼーションの経済学問題

鶴　田　満　彦

はじめに

　現代の世界を特徴づけている最も重要なキーワードは，グローバリゼーションであるが，歴史学者ハロルド・ジェイムズによると，現代のグローバリゼーションは，16世紀，19世紀末に次ぐ3回目のものだとのことである（ジェイムズ『グローバリゼーションの終焉』第1章）。

　たしかに，16世紀の地理上の諸発見にもとづく世界商業と世界市場の成立は，資本の時代の開幕を予告するものであった。しかし，16世紀グローバリゼーションは，スムーズには進行せず，国民国家の形成を基礎とする絶対主義＝重商主義体制のなかに消失してゆく。

　ジェイムズが第1期グローバリゼーションと名づける19世紀末グローバリゼーションは，イギリスが主導する自由貿易帝国主義を前提とし，大西洋横断の蒸気船の定期運行や海底ケーブルの敷設など交通・通信手段の革新を契機とするものであった。第1期グローバリゼーションの重要な特質は，ジェイムズによれば，商品や資本とともに大規模な人の移動を伴っていたことにあった。すなわち，「1871年から1915年の間にヨーロッパを離れた人は，3600万人にのぼる。移民国家では，移民の流入によって高い経済成長を示した。同じ時期，移民が流出した国では，生産性の低い余剰人口がなくなった

ことから，生産性が著しく向上した」（ジェイムズ，同上書，18 ページ）。しかし，第 1 期グローバリゼーションも，第 1 次世界大戦とその帰結という性格を多分にもっている 1929 年大恐慌によって崩壊する。第 2 期というかたちでグローバリゼーションが復活したのは，ジェイムズによれば，とくに 1970 年代以降だとされており，この点については，私も首肯できるところである。ところが，歴史学者ジェイムズは，過去の 2 度のグローバリゼーションが破綻したと同じく，現代のグローバリゼーションも破綻せざるをえないとするのである。

ジェイムズによれば，グローバリゼーションが行き詰まらざるをえないことを説明する考え方には，三つのタイプがあるという。第一は，グローバリゼーションの生み出した産物そのものが，グローバリゼーションを崩壊させるという説で，たとえば，金融グローバル化の結果である短期資本移動の額の大きさと変動の激しさが，現行システムを不可能にするというものである。第二は，グローバリゼーションに対する社会的・政治的反動が危機をもたらすと主張するもので，1998 年 11 月にシアトルで開催された WTO 閣僚会議への反対運動，1999 年 4 月にワシントンで開催された IMF・世界銀行総会などが念頭におかれている。そしてジェイムズ自身が支持する第三の説は，「グローバリズムが失敗するのは，人間や人間の作り出す制度が，世界の統合が進むことによって生じる心理的・制度的変化に十分適応できないからだと考える」（ジェイムズ，同上書，10 ページ）ものである。

私の理解では，これらの三つの考え方は，必ずしも相互に択一的なものではなく，それぞれ異なった次元においてグローバリゼーションの矛盾を把握しているように思われる。そしてこれらの三つの考え方に対応する三つの要因のなかでは，第一の要因が根本的であり，それが運動面に反映されたものが第二の要因であり，制度・政策面に反映されたものが第三の要因であるように思われるのである。

そうだとすれば，グローバリゼーションの進行そのものが，グローバリゼーションを不可能にするメカニズムが，たんなる事実分析的ではなく，経済理論的に明らかにされねばならない。とくに，現代グローバリゼーションは，経済グローバリゼーションというかたちで表出しているのだから，グローバリゼーションを合理化し，正当化している経済理論が，再検討されなければならない。さらに，現代グローバリゼーションが現代資本主義のなかでもつ意義ないし位置を明らかにすることも必要であろう。

私は，さきに「グローバル経済の矛盾」（徳重昌志・日高克平編著『グローバリゼーションと多国籍企業』，所収）において，主としてグローバル経済の進行そのもののなかから，グローバリゼーションを不可能にする要因が生まれていることを事実分析的に明らかにすることを試みたが，ここでは，グローバリゼーションにかかわる経済問題をいくつか取り上げて理論的に再考してみようと思う。標題を「グローバリゼーションの経済学問題」としたゆえんである。

1. 商品移動

現代グローバリゼーションを推進し，正当化している重要な経済理論の一つが，リカードの比較生産費説にもとづく自由貿易論（リカード『経済学および課税の原理』第7章）であることは，疑いない。現行のWTOを主導している基本的イデオロギーも，比較生産費説にもとづく国際分業論である。

リカードの比較生産費は，周知のように，労働のみが生産要素で，かつ労働の国際移動がないことを前提にしたうえで，2国（イギリスとポルトガル）がそれぞれ2財（ぶどう酒とラシャ）を生産しうるものとし，かりに一国（リカードの例ではポルトガル）が，両財いずれの生産においても安い生産費で生

産できたとしても，他国（イギリス）に対して生産費の安い程度のいちじるしい比較優位の財（ぶどう酒）の生産に特化し，他方でイギリスが特化して生産する比較優位財（ラシャ）を輸入する方が，両国全体としての財の生産量が増大することを証明したものであって，貿易の必然性を明らかにした理論として，経済学史上，不滅の意義をもっている。これは，20世紀になってから，ヘクシャーとオーリンによって複数の生産要素を含むモデルに拡充され，「ヘクシャー＝オーリンの定理」として定式化されたが，その基本的骨格は変わっていない。

　リカードの比較生産費説は，ある意味では社会的分業の利益一般を証明した理論ともいえるのであって，一定の時点における所与の生産資源の効率的利用という点では，自明の正しさをもっている。この理論が，さまざまな学説が対立・並存することの多い経済学の世界でもっとも反対を受けることの少ないものといわれるのも，このためである。

　しかし，この比較生産費説も，立ち入って考えると，次のような問題を含んでいるように思われる。

　第一に，比較生産費説は，たしかに貿易をしない場合に比べて貿易をした場合の方が，全体としての生産＝消費の総量が増大することを証明してはいるが，当事者のそれぞれが，必ず消費量を増やすことができるとは，証明していないのである。これは，輸出品と輸入品，リカードの設例でいえば，ラシャとぶどう酒との交換比率，いわゆる交易条件にかかわる。リカードは，それぞれの国の生産費に反比例して，ラシャとぶどう酒との交換比率は，イギリスにとっては，1.2:1，ポルトガルにとっては，1:9/8だから，生産増大分の相互交換によって，両国ともに利益を得るものとしているが，国際分業形成後は，単一の交換比率（交易条件）が成立するはずであって，そこでは必ずしも両国ともに利益を得るとは限らないのである。純理論的には，国際分業形成後の交易条件は，形成前の生産費比率の範囲内に決まるとすべきであ

ろうが，実際には輸出価格決定における交渉力に依存するところが大であろう。そうだとすれば，強い交渉力をもち，交易条件を有利にした国だけが利益を得る場合が生じても不思議はないのである。

　第二に，よく指摘されるように，比較生産費説は，一定の時点における資源の最適配分を問題にする静学理論であって，時間の経過につれた動学的変化を考慮していないことが，注意されなければならない。リカードの設例において，もしラシャ需要が年10％，ぶどう酒需要が年5％の速度で成長し，需要の増大に対応する資本を各国が入手できるものとすれば，所得あるいは富の増大という点では，ラシャ生産に特化したイギリスが，ぶどう酒生産に特化したポルトガルより有利なことはいうまでもない。さらに，比較生産費を動学的に把え，生産量の増大につれて生産物単位当たりの生産費が低下するという規模の経済が産業によって不均等に作用することを考慮するならば，リカードの設例においても，両国の生産量がそれぞれ不均等に増大した場合には，比較生産費がまったく違った構造をもつ可能性がある。したがって，現行の比較生産費にもとづいてただちに特化するのではなく，成長可能性が高く，かつ規模の経済も作用する戦略産業をターゲットとして，戦略産業が成長・確立するまでの一定期間は保護・育成をするという産業政策は，ある種の根拠を有するといわねばならない。

　以上のように，リカード比較生産費説の静学的限界を考慮するならば，その妥当性はかなり限定されたものとして把握しなければならず，ましてやその理論を現実の貿易のあり方に直接的に適用しようとするWTOのイデオロギーは，あまりにも単純である。

　現在のWTOが新ラウンド交渉における重点項目の一つにしている農産物の自由化についていえば，農産物の例外なき自由化を極限にまで押し進め，世界のかなりの部分に農業をもたない国をつくり出すことがリカードの真意であったかどうかは，疑わしい。リカードは，穀物への輸入関税によって穀

物価格と地代を政策的に引き上げる穀物条例には反対したが，スミス理論の正統な継承者として，自然的自由の体系がゆきわたった状態においても，工業と商業と農業とが並存する経済を想定していたのではないであろうか。リカードの重要な長期理論というべき利潤率低下論(リカード，同上書，第6章)は，農業の限界生産性の低下にもとづく穀物価格と地代と賃金率の上昇とを根拠としていたことが，想起されねばならない。

しかも，リカードは，現代のグローバル主義者とは違って，比較優位産業に特化する国際分業への移行にともなって生ずるのは，国内における資本と労働の移動だけであって，その他の条件については，変化しないと考えていたように思われる。その他の条件のなかには，リカード自身は明言していないものの，当然，環境も含まれるであろう。ところが，農業は，自然環境と密接な関わりをもち，あるいは人間社会にとっては自然環境の一部をなし，温暖化ガスの吸収や治水等の点で無償の社会的効用をもたらしている。このような社会的効用を可能なかぎり客観的・数量的に測定して，それに相当する補助金を農業に給付し，その規模はともかく国民経済の一部に農業を保全することが，スミス，リカードなどの古典派経済学を生かす道である。

2. 資本移動

前節で述べたように，リカードを頂点とする古典派経済学は，国内における資本と労働の自由移動をつうじて比較優位産業への特化が行われ，このような国際分業によって自由貿易が展開されることを説明した。いいかえれば，古典派経済学は，資本と労働の国際移動をまったく考慮の外においたのである。

言語的あるいは文化的その他の理由で，労働の移動を捨象したのはともか

くとして，なぜリカードは，資本の移動を捨象したのであろうか。リカードは，次のようにいっている。「経験は，その所有者の直接的統制下にないときの資本の想像上または真実の不安定と，あらゆる人がみずから生れ，かつ諸関係をもっている国を棄てて，かれらの固定した習慣の一切をもちながら，異なる政府と新しい法律とに身をゆだねることを嫌う自然的心情は，資本の移動を妨げるものであることを示している。かかる感情は，私はそれが弱められるのは遺憾なことだと思うが，大部分の財産家をして，外国でかれらの富に対する有利な用途を求めるよりもむしろ，自国内で低い利潤率に満足させるのである」（リカード，同上書，第7章，146ページ）。

ここから，リカードは，労働にとってと同じく資本にとっても国民的・制度的障壁は比較的に大きく，国際移動は不自由で，かつこの状態を肯定的に評価していたことが分かる。リカードは，けっして資本の国際移動を当然視していたわけではなかったのである。

ところが，現代のグローバル主義者は違う。かれらは，比較生産費説にもとづく国際分業による自由貿易の当然の帰結であるかのように，自由な資本移動を主張しているように思われる。

比較生産費説にもとづく自由貿易論とグローバルな資本自由移動論とのギャップを鋭く突いているのが，ジョン・グレイである。かれは，上掲のリカードの一節を引用したのちに，次のようにいう。「制約なきグローバル自由市場の理論的要求と20世紀後期世界の現実の間のコントラストについてはコメントの必要もない。資本が流動的な時，資本は環境および社会的コストが最低で利益が最高であるような国に移動することで絶対的な優位を得ようとする。理論においても実際においても，グローバルな資本移動は，リカード流の比較優位論を無効にする結果になる。ところが，規制なきグローバルな自由貿易という大建築物が立っているのは，この頼りない基礎の上なのである」（ジョン・グレイ『グローバリズムという妄想』，116ページ）。

ここでグレイが「グローバルな資本移動は，リカード流の比較優位論を無効にする」といっているのは，どのような意味であろうか。先述のとおり，リカードは，国民的・制度的障壁のために資本の国際移動は当然にも不自由であると考え，資本は国内において比較優位産業に移動するとしたのである。しかし，20世紀後半以降の現実世界においては，多国籍資本は，単なる比較優位に甘んじるのではなく，多くの国民的・制度的障壁を乗り越えてグローバルに展開し，絶対優位を追求しているかにみえる。リカードの比較生産費説においては，どのように絶対的な劣位にある国でも比較優位産業をもち，国際分業の一環を形成するものとされていた。しかし，現実の多国籍企業による自由な資本移動が行われるところでは，リカードの比較生産費説の前提そのものが崩壊している，というのがグレイのいわんとしたところではないかと思われる。

　リカードは，現代的にいえば，対外直接投資の場合でさえ，「異なる政府と新しい法律とに身をゆだねることを嫌う自然的心情」のために，当然に慎重であるべきだとしたのであるが，現代グローバリゼーションのもとにおいて，直接投資の場合はまだ問題は少ないといってよい。外国から進出してきた資本は，当分の間は現地に定着し，雇用効果をもたらすとともに，かなりな程度まで受入れ国の法律・習慣・文化に順応しなければならないからである。大きな問題を含むのは，為替相場，利子率，証券価格等の変動の組合わせを利用して投機的な利益を得ようとする国際短期資本である。もともと為替相場をはじめ，国際金融市場の諸価格の変動が予想される場合にはリスクを相殺するためのヘッジ取引が不可欠なのであるが，リスクを避けるための手段が現実には投機の手段に転化しているのであり，1997–98年通貨・金融危機にみられるように，巨大なヘッジ・ファンドの投機活動とその相乗作用は，中小規模の国民経済を容易に翻弄することになる。これに対して一国ないし数か国で国際短期資本の流出入を規制しようとすると，それらの国が国際金

融市場から事実上排除される結果になりやすい。国際資本移動，とくに短期の資本移動の規制は現代における焦眉の課題である。

　もともと第2次世界大戦後の通貨・金融秩序を定めたブレトン・ウッズ体制においては，経常勘定における為替管理の撤廃・為替の自由化は謳われていたが，資本の自由化は一切問題にされていなかった。ブレトン・ウッズ会議においては，世界中央銀行の設立を主張するケインズ案と金＝ドル本位にもとづく IMF の設立を主張するホワイト案とが対立したといわれているが，国際資本移動を規制すべきだとする点では，ケインズもホワイトも一致していた。ケインズ案とホワイト案の角逐については，ロバート・カトナー『新ケインズ主義の時代──国際経済システムの再構築』第1章に詳しいが，そこでカトナーは，次のようにいっている。「ホワイトは国際資本の移動を管理することに反対する意見を『19世紀の経済的通念の遺物』と決めつけ，『加盟国政府の許可なしに，他の加盟諸国からの預金や投資を受け入れてはならない』ことを，国際通貨基金への加盟国の条件の一つに加えることに賛同を求めさえした」（カトナー，同上書，56ページ）。

　このように第2次大戦後しばらくの間は，資本の国際移動を規制することが当然のこととされていたのであるが，1950年代末以降のドル過剰＝ドル危機を契機として，いわゆるユーロ・カレンシー市場が形成され，その規模は，1971年の金・ドル交換停止・73年の変動相場制移行以後，飛躍的に増大した。ユーロ・カレンシーは，特定国の規制からは自由で，しかも世界のあらゆる地域に収益機会を求めて浮動する貨幣資本であり，ヘッジ・ファンド，ミューチュアル・ファンド，年金基金や退職基金も参入して，80年代以降は，さらに増殖したものと考えられる。外国為替相場，利子率，証券価格の変動は，これらの貨幣資本に，リスクとともに，収益の機会を与えた。そして，これらの貨幣資本を取り入れ，その運動を媒介することが各種金融機関の重要な業務となり，先進諸国のみならず，発展途上国までが，先を争って

資本の自由化(資本の流出入の自由と果実の送金自由)を行うようになったのである。

この実態を考慮して，IMF 暫定委員会は，1997 年の IMF 年次総会で，国際資本移動の自由化に関する声明を採択し，現行の IMF 協定では経常勘定取引に限定されている通貨の交換性の定義を資本勘定取引にまで拡大するよう協定を改正することを要請した。この要請をめぐって，経済学者の間で賛否両論の意見が交わされたが，その代表的な意見は，『IMF 資本自由化論争』(1998 年，邦訳 1999 年)におさめられている。

ここで注目されるのは，経済実態における資本の自由化の進行に対して，経済学の世界では資本自由化に対する消極論が少なくないことである。たとえば，ハーヴァード大学教授でボストン連邦準備銀行議長を経験したこともあるリチャード・N・クーパーは，結論的につぎのようにいっている。「十分に発達し高度化された金融市場を持つ大国で，投資の分散が十分に進んでいる国以外は，自由な資本移動と変動相場制は基本的に両立しない。もちろん，自由な資本移動と調整可能な固定相場制とも両立しない。したがって，各国は，自国の通貨を永久に主要国通貨に固定するか，ある主要国通貨を自国通貨として採用する意思がないならば，少なくとも何らかの種類の資本流入および資本流出に対して，法律上規制する権利を保持しておこうとするのが理に適ったことであろう」(同上書，37 ページ)。また，ハーヴァード大学ジョン・F・ケネディ校の国際政治経済学教授であるダニ・ロドリックは，1975–1989 年の資本勘定の自由化と経済パフォーマンスとの相関を示す国際データを検討して，「資本規制をしていない諸国がより速く成長し，より多くを投資し，低インフレである，といういかなる証拠も得られない」(同上書，119 ページ)といい，さらに「資本勘定の交換性を賛美する議論に対する私の一番の懸念は，ロンドン，フランクフルト，ニューヨークの 20 数名から 30 数名程度のカントリー・アナリストの気まぐれや思いつきによって，典型的な

『新興市場』の経済政策が振りまわされることである。外国投資家を喜ばせることが最優先課題の大蔵大臣は，経済開発という目的にはほとんど注意を示さないであろう。外国投資家の目的と経済開発という目的が常に一致すると信じることは，国際資本市場の効率性と合理性を盲信することになってしまう」(同上書，123 ページ) と結論している。

したがって，現行のノン・システムともいうべき変動相場制のもとでは，資本の自由な国際移動は，自由貿易以上の問題を含んでいるといってよいであろう。資本の国際移動にあたっては，1997-98 通貨・金融危機にみられるように，金融市場にもともと内在していた不安定性がいっそう増幅されて表れるからである。資本の国際移動の規制が，この不安定性を取り除くことは不可能であるが，不安定性を低減させることはできるのである。

3. 人口移動

第 1 節で述べたように，現代と比べて，19 世紀末の第 1 期グローバリゼーションの重要な特質の一つは，大規模な人口移動—移民—を伴っていた点にあった。1871-1915 年の間にヨーロッパを離れた人口は 3600 万人にものぼり，その多くは米国やオーストラリアへ向かった。人口を放出したヨーロッパ諸国は，かえって労働の限界生産力を上昇させ，人口を受け入れた諸国は，移民を梃子として本源的蓄積を押し進めた。人口移動の結果として，放出国も受入れ国もともに一人当たり所得を増やし，経済成長を加速させたものと考えられる。

人口移動のもつこのような経済的効果は，現代グローバリゼーションのもとにおいても，潜在的には存在しているといっていい。多くの発展途上国は，人口爆発と過剰人口に悩み，いくつかの先進諸国は，少子化・高齢化に悩ん

でいるのだから，純経済的に考えれば前者から後者への人口移動が大規模に行われても不思議はない。ところが，現代においては，商品や資本の自由な国際移動とは対照的に，人口の国際移動は公式にはきわめてきびしく制限されている。また，商品や資本の自由な国際移動による便益を強調するグローバル主義の経済理論も，人口の自由な国際移動については，ほとんど発言していないのである。これはなぜであろうか。

　たんなる商品や資本の移動とは異なって，生きた人間の移動は，生命・生活の移動であり，言語，文化，宗教，習慣等のさまざまな障壁をもっている。さらに現代の先進諸国においては，多かれ少なかれ，社会保障・社会福祉の制度が存在し，これらの国にとっては，移民の受入れは社会保障・社会福祉のコストの増大を意味するから，現代の先進諸国が移民の受入れに消極的であるのは理由のないことではない。むしろ，グローバル時代の資本を代表する多国籍企業にとっては，移民をできる限り制限して，先進諸国と発展途上国との賃金格差を残存させておき，低賃金地域に生産拠点を移動させることの方が得策だと考えられているように思われる。

　もっとも，現代において移民がまったく行われていないわけではない。サスキア・サッセンによれば，多国籍企業による対外投資は，資本輸出国と資本輸入国との結びつきを深め，あらたな移民を生み出す誘因になったとのことである。すなわち，「移民を抑止すると一般的には考えられている方策——発展途上国への外国投資と輸出志向型成長の発展——は，まったく逆の効果をもっていたと考えられる。1970年代と1980年代の合衆国への移民の主要な供給国のなかには，南・東南アジアの新興工業国があり，これらの国の高い成長率は，一般的にはおもに輸出向け製造業への外国投資の結果であると考えられている」（サスキア・サッセン『グローバリゼーションの時代』，151ページ）。

　これは，むしろ意図せざる結果であり，現代国家は，経済のグローバル化

に対してとは対照的に，移民の受入れには原則として消極的である。この点をするどく突いているのが，サスキア・サッセンである。すなわち，「経済のグローバリゼーションは，国民国家を脱国家化し_{デナショナライズ}，それとは対照的に，移民は，政治を再国家化する_{リナショナライズ}。諸国家の間では，資本，情報，そしてサーヴィスの流れを撤廃し，よりひろくいえばグローバリゼーションを促進しようとする合意ができつつある。しかし，移民や難民のこととなると，北アメリカ，西ヨーロッパ，日本のいずれの国においても，国民国家は，自国の国境を管理する主権国家の権利を主張する際に［国民国家の］過去のすべての栄光をもちだすのである。このことに関しても，諸国家の間には，合意が存在している」(サスキア・サッセン，同上書，129 ページ)。

　商品移動や資本移動に関するグローバリズムと人口移動に関するナショナリズムは，現代国家のダブル・スタンダードと過渡性を表現しているものにほかならない。現代国家が，国民国家であり続ける限りは，多国籍企業や金融資本のグローバリゼーションへの要求に抗して，商品移動や資本移動についての国民的規制を課すべきであろう。現代国家が，脱国民国家化するというのであれば，商品移動や資本移動に対してと同じく，人口移動に対してもいかなる規制も課すべきではない。このいずれの道をも取りえず，右往左往し，逡巡しているのが，多くの現代国家の姿ではないであろうか。そしてその狭間で，多くの不法移民や難民が苦難に喘いでいるのである。

む　す　び

　以上に見てきたように，商品，資本，人口の国際移動は，もしなんらの規制もなしに行われるならば，さまざまな国・地域における多様な資源の賦存という経済活動の前提自体を掘り崩し，不平等の拡大，通貨・金融危機の頻

発，無権利の地球市民の増大などをもたらすおそれがある。そうならないためには，グローバルな経済活動を規制・調整するグローバルで民主主義的な統治システムが，必要であろう。グローバルな統治システムを欠いたままの経済グローバリゼーションは，弱肉強食的な市場の暴走を許し，世界的な貧富の差を拡大し，地球環境破壊に拍車をかけるのではないかと危惧される。すべての地球市民の自由と人権が保障されたうえでの地球の一体化は，人類の理想ではあるが，グローバルな統治システムが実現するまでは，既存のナショナル，ないしインターナショナルな統治システムが，ある程度までグローバルなシステムを代替するほかないであろう。

　現代のグローバリゼーションは，経済グローバリゼーションとして突出しており，その根底にある考え方は，生産力・成長・効率優先の価値観にもとづくものである。しかし，20世紀における資本主義と社会主義の歴史は，生産力発展(効率向上)と経済成長それ自体では，必ずしも世界的なレベルの公正と平等には結びつかず，むしろ地球環境破壊という負の副産物をもたらす可能性があることを示した。経済活動は，人間にとって重要な意味をもつものではあるが，所詮は，人間的幸福を実現するための手段に過ぎないことが，銘記されねばならない。J. E. スティグリッツは，『世界を不幸にしたグローバリズムの正体』(Globalization and its Discontents, 2002年)を書いて，IMFと米国財務省を痛烈に批判したが，グローバリゼーションによる経済活動の効率向上のために人間が不幸になるとすれば，本末転倒も甚だしい。しかもその効率向上は一時的かつ部分的であり，その負の代償は，1997–98通貨・金融危機にみられるように，長期的で大局的でありうるのだ。

　21世紀においては，世界的なレベルの公正と平等，地球環境のサステイナビリティを保障するような統治システムを優先的に構築し，その枠内にグローバルな経済活動を規制・調整すべきであろう。

引用文献

ロバート・カトナー,佐和隆光・菊谷達也訳『新ケインズ主義の時代――国際経済システムの再構築』日本経済新聞社,1993年。

ジョン・グレイ,石塚雅彦訳『グローバリズムという妄想』日本経済新聞社,1999年。

サスキア・サッセン,伊豫谷登士翁訳『グローバリゼーションの時代――国家主権のゆくえ――』平凡社,1999年。

ハロルド・ジェイムズ,高遠裕子訳『グローバリゼーションの終焉――大恐慌からの教訓――』日本経済新聞社,2002年。

ジョセフ・E・スティグリッツ,鈴木主税訳『世界を不幸にしたグローバリズムの正体』徳間書店,2002年。

鶴田満彦「グローバル経済の矛盾」(徳重昌志・日高克平編著『グローバリゼーションと多国籍企業』中央大学出版部,2003年,所収)。

S.フィッシャー他,岩本武和監訳『IMF 資本自由化論争』岩波書店,1999年。

D.リカード,吉田秀夫訳『経済学及び課税の諸原理』春秋社,1955年。

第 3 章　グローバリゼーションと東アジア国際関係の変容

滝　田　賢　治

はじめに——グローバリゼーション概念

　本稿はグローバリゼーションが東アジア国際関係に与えた影響を考察するものであるが，グローバリゼーションという言葉が内包する概念は極めて多義的であり，これをめぐる論争は百家争鳴的状況にある。そこでまず主要な先行研究におけるグローバリゼーションの定義について概観し，それを踏まえて本稿におけるグローバリゼーションを定義したい[1]。

　歴史社会学の立場からグローバリゼーションを研究してきた A. ギデンスは，グローバリゼーションの特徴として「時空の圧縮（compression of time and space）」を強調した上で，グローバリゼーションを「互いに遠く隔たった地域（distant localities）を結びつける世界的規模での社会関係の繋がりの強化（intensification of worldwide social relations）」と定義している[2]。イギリス学派の中でギデンスとともにグローバリゼーション研究の指導的役割を果たしてきた D. ヘルド は A. G. マグルーとの共著の中で，グローバリゼーションを「社会関係や取引のための組織で生じる変容を具体化し，大陸間・地域間における活動・相互作用・パワーの流れとネットワークを生み出すプロセス」，「世界の異なった地域間の，文化から犯罪，金融から環境問

題までの結合関係と，その結合関係が時間が経つにつれ変化・増大していく状況」と定義している[3]。

マグルー自身は「グローバリゼーションとは世界的規模での結合過程が拡大・深化・加速化すること」と定義した。相互依存概念が国家間の対称的な力関係を前提にしているのに対し，グローバリゼーションは階層性と不均等性（hierarchy and unevenness）という概念を体現し，地球的規模での階層化（global stratification）の過程であるため，単一の地球社会を想定したものではないと考える。そして増大する相互関連性（growing interconnectedness）は共通の恐怖心や根深い憎悪を生み出すばかりか，協力よりも激しい紛争を生み出す源泉となる可能性を指摘している[4]。W. E. シュアーマンはグローバリゼーションの本質を「人間活動の時空構造の圧縮化を伴う現在進行形のプロセス」と定義し，それは社会・国家・ジェンダーの別なく一様に体験されるものでは決してないが，同時性と即時性（simultaneity and instantaneousness）は先人を確実に驚嘆させる程に我々の日常生活の構成要素になってきていることを強調している[5]。

これら論者のグローバリゼーション概念に共通しているのは，① 時空構造が圧縮されていったため，② 遠隔地相互の社会関係が政治・経済・文化・環境など全てのレヴェルで関連性を強め，その結果，③ 世界のある地点の出来事が，世界中の人々にほぼ同時に認識されるようになり，直ちに反応が起きるようになった，という指摘である。

問題はこのような概念で説明される現象としてのグローバリゼーションがいつ頃から発生したのか，という点である。ハワイ大学の M. テヘラニアンはグローバリゼーションを三つの時期に区分し，第一波は BC2000 年から AD1500 年までの 3500 年にわたりシルクロードに沿って発生し，第二波はヨーロッパ諸国がアジア・アフリカの広大な地域を植民地化することによって始まり，第三波は情報技術を生産・権力の正当化・規制・通信などに適用

することにより地球的規模で展開し始めた新しいタイプの資本主義 pan-capitalism が登場したことによって発生したと主張している[6]。J. ミッテルマンは 16 世紀以前の歴史的変容過程としてのグローバリゼーションを「初期グローバリゼーション（incipient globalization）」，西欧において資本主義が発生してからブレトンウッズ体制が崩壊する 1970 年代初頭までの歴史的変容過程としてのグローバリゼーションを「架橋期グローバリゼーション（bridging globalization）」，それ以降現在までの変容過程を「加速期グローバリゼーション（accelerated globalization）」と分類している[7]。

テヘラニアンのいうグローバリゼーション第一波とミッテルマンの初期グローバリゼーションは，「時空構造の圧縮過程」や「相互関連性の相対的強化」という点では上記のグローバリゼーションの特徴を有しているが，しかしそれは優越的文明・文化の対外的拡大であって世界史そのものであり，両者の他の二つの時期のグローバリゼーションと同じ概念で捉えることには無理がある。さらに両者の 2 番目の時期のグローバリゼーションは 3 番目のそれと同じ概念で理解するには無理がある。即ち，両者が規定するグローバリゼーションの三つの段階は「時空構造の圧縮過程」と「遠隔地相互の社会関係における相互関連性の強化過程」という意味では同一概念で把握することができるが，「資本主義の成立とその国際的展開」と「同時性と即時性」という要素を入れたグローバリゼーション概念は第一段階には適用されないし，「同時性と即時性」という要素を入れると第一・二段階には適用されないことになる。

ウェブスター英語辞典にグローバリゼーションあるいはグローバリズムという語が掲載されたのは 1960 年代であるが，経済学・政治学・国際政治学などの社会科学分野でこれらの概念が頻繁に使われだしたのはほぼ 1990 年代に入ってからのことである。このことは現代グローバリゼーションなる現象が鋭く冷戦終結と密接に結びついて認識され始めたことを意味する。

1. 冷戦終結と現代グローバリゼーション

　冷戦終結は，人・物・金・情報・サーヴィスをそれ以前の段階よりも「はるかに短時間で，大量に，かつ安価に移動させる」ことを可能にした」ため，第一・二段階とは比較にならない速度で上記「二つの過程」を進行させた結果，情報伝達とそれに基づく社会的反応を世界でほぼ同時あるいは即時に発生させることを可能にしたのである。冷戦終結は，第一に情報の世界的同時化・即時化を引き起こし，第二に分断されていた「世界市場」の統合化の動きを加速化するとともに資本主義間競争を激化させたからである。

　第一の情報の同時化・即時化は人・物・金・サーヴィスをより大量に，かつより短時間で移動させることを可能にした。人・物・金・情報・サーヴィスの移動は通信手段と運輸手段によって行われることはいうまでもないが，アメリカでは冷戦終結により軍事技術が民生用に開放・解放され，情報通信手段が短期間で高度化・高性能化した。即ち，冷戦期，軍事用に独占使用されていたインターネット・暗号技術・通信衛星・GPS (Global Positioning System) が商業用に開放・解放され，コンピューター本体および周辺機器・ソフトウェア・通信機器を中心とするIT産業が急速に成長し始めたのである。この情報通信手段の高度化は金融・情報・サーヴィスの同時的・即時的移動を可能にしたのである。情報通信技術は人・物の移動のあり方に影響を与えるものの，人・物そのものを移動させるものでないことはいうまでもなく，その技術の飛躍的発展にも支えられた運輸手段の高度化・高容量化こそが，大量の人・物をより短時間で移動させることを可能にしたのである[8]。東アジア諸国も当然この影響を受けることになったのである。

　第二の市場統合という問題は，ソ連ブロック解体による冷戦終結によって直接的に引き起こされたものである。この解体は旧ソ連・東欧地域の市場経

済化を促して政治的混乱と社会的不安定を孕みつつも先進資本主義諸国の進出ラッシュを招き，他方で世界市場での先進資本主義国間の激しい市場争奪戦（ハイパーコンペティション）を発生させたのである[9]。アジア NEIs や準 NEIs を輩出していた「成長のセンター」である東アジア地域はその格好の対象であったのである。

　冷戦終結を契機に，アメリカが主導した情報通信手段と運輸手段の高速化・高容量化は，これまた冷戦終結を契機に激化した世界経済統合化の動き――現実には地域主義の進展と並行して――の中で，大量の人・物・金・情報・サーヴィスを短時間でグローバルに移動させ始めた。それは政治（主権性のあり方やガバナンスなど），経済（生産拠点の海外移転に伴う産業の空洞化，地海空一体化と世界的系列化を伴う流通，短期資金問題など），軍事（軍事革命 RMA，超限戦[10]，大量破壊兵器 WMD の拡散，ミサイル防衛や宇宙防衛構想の具体化など），環境（市場経済化の激進展に伴う CO_2 の大量排出，ハイパーコンペティション激化による大量のエネルギー消費など），文化（民族文化の短時間での変容やアイデンティティ・クライシスなど）各レヴェルに短時間で大きな変容・変化を迫っている。

　以上の議論を踏まえ本稿では，グローバリゼーション一般を「以前の段階に比べ，より大量かつより短時間に人・物・金・情報・サーヴィスが移動しあうようになる過程」とルースに定義する。そして極めて今日的な現代グローバリゼーションを「冷戦終結を一大契機として民生用に開放された IT 技術を基礎に実現した情報通信・運輸手段の高速化・大容量化が，経済過程（生産・流通・金融）の同時化・即時化を引き起こしたため，主権国家の主権性と国民経済が急激な再編成を余儀なくされつつある過程」と定義する。このような変化・再編成を余儀なくしている現代グローバリゼーションが東アジア国際関係にいかなる変容を促してきたかを以下で検討することにする。

2. 東アジア経済の変容

　世界貿易の増加量は1990年代の10年間だけで，それ以前の200年間の増加量を超越したこと[11]が如実に示しているように，冷戦終結後，少なくとも物の移動が飛躍的に増大したことだけは事実である。東アジアでも冷戦終結に先立ち，物の移動が増大していた。それは東アジア国際関係の変化と無関係ではない。東アジアの国際関係は1990年前後の冷戦終結に先立つ20年前に劇的に変化し始めていた。1972年以降の米中接近による変化であることは今更いうまでもない。この米中接近さらには国交樹立は米ソ新冷戦の一因ともなったが，東アジア地域では軍事的緊張を大幅に低下させた。このことは反共同盟としての性格をも有したASEANを経済協力機構に変容させるとともに，日本を始めとする先進資本主義国の投資と技術をこの地域に呼び込み，その後の高度経済成長をもたらした。そして1980年代以降，東アジアは「経済成長のセンター」となり（表3·1），その経済パフォーマンスは冷戦後には「東アジアの奇跡」とすら呼ばれるようになった[12]。

　1985年から1990年までにNIEs4とASEAN4のGDP合計と日本の

表3·1　東アジアのGDP（億ドル）

国・地域　　　年度	1985年	1990年	1994年	1996年	1998年	2000年
NIEs4＋ASEAN4	3,983	11,846	12,986	16,280	11,778	14,609
日　　本	13,657	31,409	43,211	43,132	39,405	48,415
中　　国	3,189	4,158	5,425	8,165	9,609	10,799
アメリカ	41,749	57,508	67,373	77,511	87,288	98,374

（注）　NIEs4は1998年以降も香港を含み，中国に香港は含まれない。NIEs4にシンガポールが含まれるので，ASEAN4にはシンガポールは含まれない。
（出所）世界銀行"World Development Indicators"（2002年版）および"Asian Development Outlook"（2002年版）のデータを基礎に算出・作成

GDPはそれぞれ3倍と2.2倍に成長しており，1997年のアジア通貨危機を反映して1998年には明らかな落ち込みが見られるが，2000年段階では復調している。一方，中国はこの金融危機の影響が軽微でGDPの落ち込みはなく，周知の事実とはいえ一貫して経済成長を記録しており，冷戦終結期の1990年から2000年までの10年間でGDPを2倍強に拡大している。冷戦が終結し，安全保障環境が飛躍的に改善されたこのような東アジアにアメリカが政策的重心を動かさないはずはない。

　世界経済の25%を産出しているアメリカ経済のグローバル化率──対外貿易のGNPに占める割合──は1960年から1990年の30年間に2.5倍となっており[13]，アメリカ経済の成長にとって対外貿易が極めて重要な要素となっている。1980年代後半以降，アメリカの太平洋貿易は大西洋貿易の1.5倍となって，経済的に東アジアがアメリカにとって重要になった上に，EC（→EU）が「要塞化」する懸念が高まったためこの地域の安定化はアメリカの国益とも認識されるに至った。この認識は2000年時点においても変わらず，同年10月発表された「アーミテージ・レポート」[14]でも「アメリカとの往復の貿易額が6000億ドル近いアジアは，アメリカの繁栄にとって不可欠の地域である」との認識を示していた。事実東アジアは世界人口の約50%を占め，かつ人口増加率が大きく──それは少なくとも潜在的には市場規模が大きいことを意味する──世界経済の25%を占めているので，東アジアとアメリカで世界経済の半分を産出していることになる。東アジアが世界経済に占める25%の約半分を産出する日本が，この地域の経済成長の牽引車の役割を果たし，その上13億の人口を有して高い経済成長率を維持している中国が，経済的ばかりか国際政治的にも軍事的にも存在感を高めている[15]。

　このような東アジア地域の貿易についてみると，日米・日中・米中貿易は冷戦が終結過程に入った1985年頃と1999年を比べるとそれぞれ2倍以上になっているが，AFTA（NIEs＋ASEAN4）と日米中との貿易は2倍以下に

74　第Ⅰ部　グローバリゼーションの理論的課題

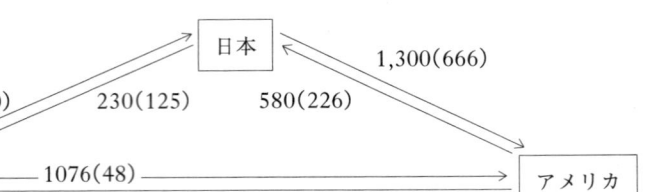

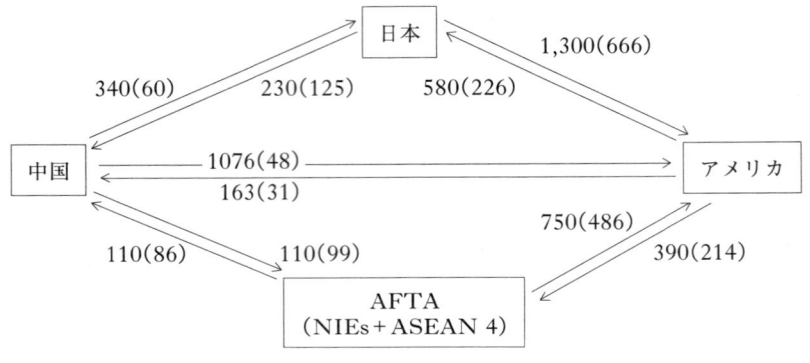

図 3・1　東アジアの貿易関係（単位: 億ドル）

```
                    日本
            ↗↙            ↘↖
      340(60)  230(125)   580(226)   1,300(666)
    ↗↙                              ↘
  中国 ←―― 1076(48) ――→ アメリカ
       ←―― 163(31) ――
    ↘                              ↗
      110(86)  110(99)    750(486)   390(214)
            ↘↖            ↗↙
                   AFTA
               (NIEs＋ASEAN 4)
```

（注）　（　）のない数字は 1999 年度，（　）のついた数字は 1985 年度のデータ。ただし米中貿易は 2000 年度と 1986 年度のデータである。
（出所）　IMF, "Direction of Trade Statistics" 1986, 1987, 2000, 2001 各年度版。台湾研究所『台湾総覧』1987, 2001 年度版より作成。

止どまっている（図 3・1）。AFTA との貿易関係が 2 倍以下の水準に止どまったのはアジア通貨危機に起因する東南アジア諸国の経済パフォーマンスの低さであることは明らかである。

　図 3・1 で顕著なのは中国の対米輸出の激増ぶりである。1986 年にわずか 48 億ドルであった対米輸出は 2000 年には 1,026 億ドルと 20 倍以上に急増しているのに対し，アメリカの対中輸出は 31 億ドルから 163 億ドルと 5 倍にしか増加していない。それ以上に問題なのは，1986 年に 17 億ドルであったアメリカの対中貿易赤字は拡大の一途をたどり，2000 年には 800 億ドルと 47 倍にも拡大していることである。中国はまず第 1 に米中接近によって，第 2 に冷戦終結を主要因とした現代グローバリゼーションの進展によって，アメリカばかりか日本・東南アジア地域への輸出を急拡大してきた。現代グローバリゼーション進展のプラスの効果を享受している東アジアの国家はなによりも中国であるといえよう。

グローバリゼーションと東アジア国際関係の変容　75

物の移動の拡大ばかりか人の移動も冷戦終結を契機に拡大してきている。表 3·2 はアジアの主要国際空港の利用実績(国際便)であるが，冷戦終結後の 1993 年から 1999 年までにこれらの国際空港の乗降客は，それぞれ 330 万人，460 万人，570 万人と 20% から 30% 増大している。さらに東アジア諸国の民間航空会社の人的輸送量(表 3·3)も，冷戦終結期の 1990 年と比較すると 2000 年には 2 倍から 4 倍に伸びている。人・物いずれに関しても中国は 4 倍の伸びを示しており，輸出入貿易の激増と軌を一にしている。もちろんこれらのデータだけでは東アジア域内での人・物の移動か，アメリカやヨー

表 3·2　東アジア主要国際空港の利用実績(国際便)

	乗降客数(千人)		取扱貨物(千トン)	
	1993 年	1999 年	1993 年	1999 年
新東京国際空港(日本)	18,947	22,266	1,390	1,787
香港国際空港(香港)	24,421	29,063	1,139	1,974
チャンギ国際空港(シンガポール)	18,796	24,490	838	1,500

(出所)『世界国勢図会』(国勢社) 1996 / 1997 年度版，2002 / 2003 年度版より作成

表 3·3　東アジアの民間航空輸送量

	旅客(百万人 km)			貨物(百万トン km)		
	1980	1990	2000	1980	1990	2000
日　　本	51,217	100,501	173,403	1,871	5,084	8,549
中　　国	3,578	23,048	90,960	121	818	3,900
韓　　国	10,833	20,051	62,837	836	2,459	7,774
シンガポール	14,719	31,600	71,786	544	1,653	6,005
タ　　イ	6,276	19,757	42,236	239	661	1,713
インドネシア	5,907	14,581	16,579	122	459	423
マレーシア	4,074	11,862	37,939	110	574	1,864
フィリピン	5,959	10,390	11,051	150	316	241

(注)　国内線、国際線の合計数値である。
(出所) (表 3·2)に同じ

ロッパなど域外との間の移動かは判然としないが，いずれにしても冷戦終結以後，東アジア地域をめぐる人・物の動きが活発化したことは明らかである。

このように東アジアでは米中接近と冷戦終結という 2 段階を経て「人・物・金・情報が以前の段階よりも大量かつ短時間に移動し合う」というルースな意味でのグローバリゼーションが展開し始めたが，このことが東アジア経済の秩序化を計るための地域的経済協力機構としての APEC（アジア太平洋経済協力会議）[16] 設立の背景にあった。もちろん EC（→ EU）や NAFTA[17] など世界各地域の経済ブロック化に東アジアとして対抗するというリージョナリズムの側面があったことは否めないが，現実には NAFTA 加盟のアメリカ・カナダ・メキシコやオセアニア諸国，さらには南米のチリ・ペルーなどを包摂するオープン・システムの広域経済協力機構であり，グローバリゼーションの明確な表現といえる。確かに ASEAN 7 カ国と日中韓 3 カ国からなる東アジア経済協議体（EAEC）構想が既に 1991 年段階でマレーシアから強く提唱され，さらに 96 年にも ASEAN 外相会議でこの構想の早期実現が強く主張されたことは事実で，現在，東アジアの多くの国でその必要性が認識されつつある。もしこれが実現すればグローバリゼーションが進む中で東アジアのリージョナリズムが具体化することになり，両者の緊張関係が生まれる可能性が高まるであろう。

いずれにしても経済グローバリゼーションの実質的表現である WTO（1995 年 1 月発足）という文字通りグローバルな枠組みの中で，東アジアはアジア太平洋地域の広域機構である APEC，ASEAN＋3 を中心とする AFTA，AFTA と EU15 カ国の協議体である ASEM など重層的経済協力構造を有している。このことは東アジアが 1997 年の通貨危機にもかかわらず，依然として経済成長を維持しており，グローバリゼーションの波に巻き込まれていることを意味している。

3. グローバリゼーションと東アジア国際関係の変容

　東アジア国際関係はまず米中接近によって劇的な変容が始まり，冷戦終結をも一因としたグローバリゼーションによってその変容を加速させつつある。冷戦終結の要因(図 3・2 の A，B，C)，冷戦終結以外のグローバリゼーション発生の要因についての分析は他稿に譲り[18]，本節では冷戦終結とグローバリゼーションそして 9・11 テロ事件が東アジア国際関係に与えた影響を検討する(図 3・2)。

　冷戦終結が現代グローバリゼーションを引き起こした最大の要因であることは第 1 節で確認したが，この二つが東アジア国際関係を変容させたことは否定できない事実である。かつて米中接近によって米ソ冷戦の「アジア戦線」を溶解させ，1990 年前後における冷戦の文字通りグローバルな終結を主導して現代グローバリゼーションを推進[19]してきたアメリカは東アジア国際関係の中心的プレイヤーであるため，東アジア国際関係の変容を考察する場合，アメリカ外交の変容を検討することは不可避である。

　米ソ冷戦の終結による二極構造の崩壊は，ブッシュ Sr. 政権が期待した新しい「秩序」──「新世界秩序」[20]──形成の契機にはならず，逆に混乱と無秩序をもたらしたのである。冷戦の勝利と湾岸戦争の圧勝がアメリカ国民にもたらした愉悦感は束の間で，アメリカのパワーエリートは冷戦後の世界が

図 3・2　東アジア国際関係変容の関連図

$$A+B+C \qquad a+b+c \qquad \alpha+\beta+\gamma$$
$$\downarrow \qquad\qquad \downarrow \qquad\qquad \downarrow$$
冷戦終結 → グローバリゼーション → 9・11 テロ事件
$$\downarrow \qquad\qquad \downarrow \qquad\qquad \downarrow$$

東 ア ジ ア 国 際 関 係 の 変 容

「パンドラの箱」が開いてしまった「冷たい平和(コールド・ピース)」の状態となりつつある現実を直視せざるをえなかった。その現実とは次の三点に要約できよう。

第一に，大量破壊兵器(核・生物・化学兵器とミサイル)のグローバルな拡散とテロ頻発の危険性の高まりである。この認識は，特定の国家やテロ組織が大量破壊兵器を使って行うテロによって甚大な被害が発生するという「新しい脅威」認識を生み出したのである。ブッシュ Sr. 政権とクリントン政権は，東アジアでは北朝鮮がこの「新しい脅威」の源泉であるとの認識を有し，とくに後者は「新しい脅威」となる国家を「ならず者国家」と定義するに至っていた[21]。両政権は中国についても北米大陸に到達可能な長距離ミサイルを含む大量破壊兵器を所有する軍事大国であるという認識を持ち，時には議会内外で「中国脅威論」が強調されたが，中国とは基本的には協商関係にあるという認識を有していた。

第二に，ソ連という「共通の敵」の消滅により冷戦期の同盟関係の「再定義」ないし「再編」を進めなければならないという現実であった。「共通の敵」が消滅したことによって同盟関係が解消されることは論理必然的であったとはいえ，議会内外の「冷戦コンセンサス」が消滅したため国防予算の削減が行われる中で「新しい脅威」への対応をするためには同盟関係の「合理化」「再編」は不可避であった。北朝鮮の脅威に対応するために日米同盟を「再定義」して一定兵力は東アジアに温存しつつ，東南アジアから中東・中央アジア地域のイスラム原理主義——イスラム復古主義というべきであるという主張が強くなっているが——運動に対抗するためにユーラシア大陸の沿海部に前方展開兵力を移動させつつある。

第三に，民族紛争の頻発・難民の大量発生・環境破壊・麻薬取引の世界的拡大などの地球的問題という現実であった。前二者は冷戦終結を主要因とし，後者は冷戦終結をも要因とするグローバリゼーションによって加速したもの

であった。アメリカが東アジアで危惧する問題は難民の大量発生と麻薬取引の拡大であるが，ともに北朝鮮に関わる問題であり，この意味でも北朝鮮問題はアメリカにとって最大の懸案事項となったのである。

以上のような冷戦後の現実を前提に，冷戦後アメリカ外交を担ったクリントン政権による東アジア政策として策定されたものが，ウィンストン・ロード国務次官補による「アメリカのアジア・太平洋政策の十の目標」[22]と『第一・二次東アジア戦略報告』[23]であった。クリントン政権の東アジア政策を振り返ってみると，実際に成功したかどうかは別にして基本的にはロード次官補の「十の目標」が政策指針となったことが確認できる。すなわち，

① 均衡のとれた責任分担を基礎に日米間のグローバル・パートナーシップを構築する。
② 朝鮮半島から核の脅威を除去し，ピースプロセスを始動させる。
③ 中国との強固な協力関係の基礎を構築し，中国の開放的政治が経済改革に適合するようにする。
④ ASEAN が加盟諸国と活動分野を拡大する過程で，この ASEAN との関係を強化する。
⑤ ヴェトナムとの関係を正常化する過程で，ヴェトナム戦争中の行方不明者問題を完全に解決する。
⑥ 平和で独立した民主カンボジアを創設する。
⑦ アジア太平洋地域の経済協力の基礎として APEC を強化する。
⑧ アジア地域の同盟関係を堅持しつつ，多国間の安全保障フォーラムを発展させる。
⑨ 環境・難民・健康・麻薬・核不拡散・武器貿易などのグローバル・イシュ解決に取り組む。
⑩ 自由が保障されてない国家において民主主義と人権が促進するように努力する。

クリントン政権が発足した直後の1993年3月議会公聴会でロードが明らかにした東アジア政策の指針であったが，この地域におけるその後の安全保障環境の変化は，この指針を維持しつつも東アジアにおけるアメリカ軍の前方展開兵力を堅持する必要性を同政権に痛感させたのである。その変化とは，第一に1993年から94年にかけて発生した朝鮮半島危機であり，第二に1995年9月の米兵による沖縄少女暴行事件，1996年の台湾海峡危機，98年のインド・パキスタンの核実験，同年8月の北朝鮮による日本に向けたテポドンの発射による朝鮮半島危機の再発であった。

　第一の危機を直接的契機として発表された『第一次東アジア戦略報告』（1995年2月）は，①アジア太平洋における武力紛争の抑止と敵対勢力による支配権を阻止するために10万人の前方展開戦力が不可欠であり，②日米関係はアメリカのアジアにおける安全保障政策ばかりか世界戦略の基礎となるため，③在日米軍はこの地域ばかりかペルシャ湾に至る広大な地域の安全に関わるものである，と東アジア地域における日本と在日米軍の存在意義を強調していた。この認識こそがその後の日米同盟関係再定義のプロセスを始動させたのである。日本がアメリカの冷戦後世界戦略の中に位置づけられたことは，日本が軍事的にグローバル化されたことを意味する。

　第二の危機を背景として発表された『第二次東アジア戦略報告』（1998年11月）は，東アジアにおける地域紛争と地域覇権国出現の阻止，「新しい脅威」への戦略的抑止力の確保，二正面戦略の維持という3つの戦略目標を実現するために，この地域の同盟国との「包括的関係」の重要性を強調したものであった。経済成長著しい東アジア地域との経済関係の発展はアメリカの経済成長をもたらすと認識していたので，この地域の安全保障の強化はクリントン政権にとって不可欠であった。

　冷戦終結とこれをも要因とする現代グローバリゼーションの進展は，東アジア地域そのものの経済発展を加速するとともに，この地域に対するアメリ

カ外交を積極化させた。積極化したアメリカ外交の最大のターゲットは中国であり，冷戦後の政権であるクリントン・ブッシュ Jr. 政権は，この中国に対する関係と世界戦略の中で重視せざるをえない日本に対する関係とのバランスに敏感にならざるをえなかった。

冷戦終結はすでに米中関係を東アジア国際政治の基軸としつつあったが，冷戦終結以降の現代グローバリゼーションは両国経済関係を緊密化させたのである（表 3・4, 3・5）。

表 3・4　米中貿易（単位: 10億ドル）

年　度	アメリカの対中輸出	中国の対米輸出	アメリカ側のバランス
1986	3.1	4.8	−1.7
1988	5.1	8.5	−3.4
1990	4.8	15.2	−10.4
1992	7.5	25.7	−18.2
1994	9.3	38.8	−29.5
1996	12.0	54.5	−42.5
1998	14.3	75.1	−60.8
2000	16.3	107.6	−91.3

（出所）The China Business Review, May-June 1992 p. 48 / op.cit., May-June 1996, p. 41 / op.cit., May-June 2001, p. 33

表 3・5　アメリカの対中直接投資（単位: 100万ドル）

年　度	実行ベース投資額
1979〜82	13
1986	315
1988	236
1990	456
1992	511
1994	1889
1996	2491
1998	3910

（出所）The China Business Review, May-June 1996, p. 32 / op.cit., May-June 1999, p. 33

冷戦終結と現代グローバリゼーションの進展が米中関係を東アジア国際関係ばかりか国際政治の基軸にしたことは再度確認してきたが，それは米中接近を契機に中国が「4つの現代化」と「改革開放政策」によって高度経済成長を達成したからであった。「改革開放政策」を展開しつつあった時に冷戦終結によるグローバリゼーションが進展したため，GATT / WTO への参加と国内における三大改革[24]が不可避となったのである。1997年アジア通貨

危機の影響も少なく成長を維持し(表3・1)，2001年末WTO加盟に成功すると三大改革を加速させ，東アジア諸国との自由貿易協定(FTA)を積極的に具体化しつつある[25]。

中国と対峙する台湾もグローバリゼーションの波に乗りIT産業を中心に経済成長を維持したため，表面的な中台関係の緊張とは裏腹に水面下では両国経済関係が深化しつつあり[26]，アメリカは中国に対しては「関与・拡大政策」[27]を通じて台湾に対する武力行使を抑制させ，台湾に対しては実質的領事関係を維持することによって独立の動きを牽制している。特に1998年6月クリントン大統領が中国と「戦略的パートナーシップ」を確認した上に，台湾に対して「3つのノー政策」[28]を突きつけたことはアメリカとして東アジア政策の中心が中国にあることを世界に宣言したに等しい。

冷戦終結後も「冷戦の遺構」として存在している38度線問題と台湾海峡問題は，アメリカの東アジア政策の中心的課題であったが，後者は中台問題が固定化してきているので前者が中心的課題としてその解決が東アジアに突きつけられている。そもそも冷戦終結期に中ソ，韓ソ，中韓が国交を正常化させたため(中ソ：1989年5月15日，韓ソ：90年9月30日，中韓：92年8月24日)，東アジアの軍事的緊張は一挙に緩和したが，朝鮮民主主義共和国(以下，北朝鮮)は孤立感を深めていった。DMZを挟んで米韓同盟と対峙していた北朝鮮は，同盟国＝中国が市場経済化に邁進して自国と経済体制を際立たせている上に，もう一方の同盟国＝ソ連は崩壊してその後継国家ロシアはグローバリゼーションに対応する国家造りのための政治的・経済的混乱の中にあり，いずれの国からも以前のような経済援助は期待できなかった。鋭く対立している韓国は高度経済成長を達成し，アジア通貨危機の打撃を受けつつもグローバリゼーションに対応しつつあった。その上，冷害・干ばつに見舞われ極度の経済的困難に陥った北朝鮮は，瀬戸際外交によって状況を打開しようとして1993年から94年にかけて第2次朝鮮戦争の勃発も危惧させる

アメリカとの軍事的危機を引き起こすに至った。いわば北朝鮮は冷戦終結とグローバリゼーションに対応できず日米韓ばかりか中露の諸国に包囲されつつ孤立化を深めていったのである。

おわりに

　米中接近さらには米ソ冷戦終結により東アジア地域では軍事的緊張が著しく低下し、大幅に改善された安全保障環境の中で経済成長が持続した。この基本的条件がアメリカが主導したグローバリゼーションの波をこの地域に呼び込み、中国は自国経済をアメリカが主導する世界経済システムに接合する道を選択し、韓国・台湾やASEAN諸国もグローバリゼーションに対応すべく国内改革を進めた。しかし1997年のアジア通貨危機は特に東南アジア諸国のクローニー資本主義の脆弱性をあらわにし、この地域ではグローバリゼーションの駆動力としてのアメリカへの批判が高まった。そこに発生したのが2001年の9・11テロであった。
　これ以降ブッシュJr.政権は「テロとの戦い」という「非対称戦争」「新しい戦争」概念を作り出し、アフガン攻撃を開始した。グローバリゼーションによって初めて可能になったこの新しい概念は、同じくテロ攻撃の経験のある、あるいはその恐れのあるアメリカの同盟国に強く支持されたばかりか、国内に分離運動を抱えている中国とソ連にも共有されたため「国内的」に承認されてしまった。かつて中露の国内分離運動に対する弾圧を人権侵害であると激しく非難していたアメリカは、この新しい概念によって態度を180度転換させ、「国際反テロ戦線」の構築に成功したのである。その結果、アメリカは国際テロ組織の撲滅を名目にアフガンばかりかウズベキスタン、グルジア、イェーメン、フィリピンにも軍事駐留を果たした。ロシア南方、中国の

背後に位置する，石油・天然ガスの膨大な埋蔵量が確認されているカスピ海へアクセスできるユーラシア大陸の心臓部の中央アジアにアメリカが軍事進駐することは以前であれば全く考えられないことであった。

アメリカのこの「テロとの戦い」にさらなる「理論武装」を試みたものが「悪の枢軸」演説（2002年1月30日）と「単独行動による先制攻撃」論（9月20日）であった。前者はアメリカが以前からテロ支援国家と定義しているイラン・イラクと並んで東アジアの北朝鮮を大量破壊兵器を開発・獲得・拡散して世界に深刻な脅威を与えつつある「悪の枢軸」と決めつけたのである。冷戦終結と現代グローバリゼーションの進展によって孤立化しつつあった北朝鮮は，イラクの次のターゲットになる可能性が高まったのである。

アメリカと「反テロ同盟」を結び「戦略的パートナー」となった中国が，その同盟国である北朝鮮がアメリカの次のターゲットになるのを阻止するため「6者協議」を斡旋しているのである。グローバリゼーションに対応して国内的緊張を孕みながらも市場経済化を図ってアメリカと協調している中国と，グローバリゼーションに抵抗してアメリカとの「チキン・ゲーム」に走っている北朝鮮は好対照といわねばならない。

国内の分離主義イスラム教徒を抑圧できる国際的承認を得た中国とは異なり，グローバリゼーションを逆手にとって世界的に連携を強化しつつあるイスラム原理主義集団ジェマ・イスラミアやアブ・サヤフを抱えるインドネシアやフィリピンなど東南アジア諸国は，経済成長を維持しつつもアメリカとの協調関係をいかに維持していくかに苦慮している。東アジアに10万人の前方展開戦力を維持する方針をクリントン政権期に確認したアメリカではあるが，こうした東南アジアを経由して中東・中央アジアに至るユーラシア大陸周縁部に東アジア駐留戦力を移動させる方向を打ち出しつつある。

冷戦終結とグローバリゼーションの進展によって世界の他の地域と同様東アジア国際関係も変動を余儀なくされているが，日本は米ソ冷戦終結に対し

ても自立的・自主的な外交政策を打ち出せず，グローバリゼーションの急展開に対してもこれに対応する国内的再編に成功しておらず，ひたすらアメリカに従属しているのが現状である。

1) グローバリゼーションの定義，概念については山本吉宣「国際システムの変容——グローバリゼーションの進展」『国際問題』489 号（日本国際問題研究所，2000 年）および D. Held, A. McGrew and et. al., ed. "Global Transformations" (Polity Press, 1999) が詳しい。
2) Anthony Giddens, "Consequences of Modernity" (Polity Press, 1990), pp. 18–19, p. 643.
3) David Held and Anthony G. McGrew with David Goldblatt and Jonathan Perraton, 'Globalization', "Global Governance", May 1999. pp. 483–484.
4) Anthony G. McGrew, 'Globaization Debate: Putting the Advanced Capitalist States in its Place', "Global Society", Vol. 12, No. 3 (September 1998) pp. 300–302.
5) William E. Scheuerman, 'The Twilight of Legality ?Globalisation and American Democracy', "Global Society", Vol. 14, No. 1 (2000), pp. 55–56.
6) Majid Tehranian（ハワイ大学教授）の講演（2000 年 10 月 19 日中央大学社会科学研究所「国際平和の諸条件 II」）
7) James H. Mittelman, "The Globalization Syndrome: Transformation and Resistance" (Princeton University Press, 2000), p. 6.
8) 拙稿「グローバリゼーションとアメリカナイゼーション——冷戦終結との関連において——」『東京大学アメリカ太平洋研究所』Vol. 1（2001 年 3 月，東京大学アメリカ太平洋地域研究センター）36 頁。
9) ダニエル・ヤーギン『国家対市場（上・下）』日本経済新聞社，2000 年。
10) ハイテク・グローバル時代における戦場の場は，戦場から外交・経済・社会へと広がり，戦争の行為主体もテロリスト，NGO，ハッカーなど多様化したため，IT 革命と軍事革命（RMA）の時代の戦争は文字通り従来の戦争の境界・限界を越えた「超限戦争」となりつつあると，中国人民解放軍幹部の喬良と王湘穂は主張した。かれらによれば「超限戦争」ではあらゆるものが戦争の手段となり，あらゆる領域が戦場となりうる。すべての兵器・技術が組み合わされ，戦争と非

86　第Ⅰ部　グローバリゼーションの理論的課題

　　　戦争，軍事と非軍事，軍人と非軍人の境界がなくなり，「非軍事の戦争行動」という新世紀の戦争が出現しつつあるという。(喬良，王湘穂『超限戦』共同通信社，2002年)
11) "Economic Report of the President", February 2000, pp. 199–237.
12) "The East Asian Miracle: Economic Growth and Public Policy — A World Bank Research Report" (1993). 世界銀行著(白鳥正喜監訳)『東アジアの奇跡』(東洋経済　新報社，1994年)
13) (U.S.) Competitiveness Policy Council, "First Annual Report to the President and Congress", p. 2.
14) INSS Special Report, "The United States and Japan: Advancing Toward a Mature Partnership", Institute for National Strategic Studies, National Defense University, October 11, 2000.
15) 拙稿「米国の新しい脅威と中国──中国はパートナーか戦略的ライバルか」『東洋経済　臨時増刊号』2002年3月13日，75–77頁。
16) EC, NAFTA など急速に進展しつつある経済ブロック化に対抗するには，アジア・太平洋地域の経済協力関係を緊急に強化する必要があるという主張が1980年代後半この地域で高まった。その主導者はオーストラリアのホーク元首相で，冷戦が終結しつつあった1989年11月第1回会議がオーストラリアのキャンベラで開かれた。1980年代後半の冷戦終結期，アジア・太平洋共同体を構想しつつあったアメリカの思惑とも合致し，同国もオーストラリア，日本，韓国などとともに参加することになった。91年7月の ASEAN 拡大外相会議ではマレーシア外相から東アジア経済協議体 (EAEC) 構想が強く提唱されたが，締め出されることを恐れたアメリカが強硬に反対し，この構想は一時後退したが，1996年の ASEAN 外相会議は ASEAN 7カ国プラス日本，中国，韓国からなる EAEC10カ国構想を打ち出したが，アメリカの意向を慮る日本は消極的態度に終始している。
17) 東南アジアが日本の生産拠点の一部に組み込まれ，さらに日本の輸出財を吸収しているという認識を有するに至ったアメリカ政府・財界の認識を背景に，1992年12月調印され94年1月に発効した米加墨3カ国の貿易協定で，EU や日本に対抗する目的を持ったものである。逆に言えばこのような経済共同体を主導するアメリカが APEC にも加盟しているのは矛盾するという反発が，EACE 10カ国構想の背景の一部になっている。
18) 滝田，前掲論文，および「グローバリゼーションと国際関係」『中央評論』238号，2001年。

19) 滝田，前掲論文「グローバリゼーションとアメリカナイゼーション」参照のこと。
20) 1990年8月湾岸危機が発生した直後，ブッシュ Sr. 大統領はスコウクロフト補佐官とともに国際法と国連が重視される世界を冷戦終結後のあるべき国際政治秩序と規定した。しかし現実には，エスニック・クレンジングを伴う民族・部族紛争や宗教紛争を中心とする内戦型の戦争やテロが噴出したため，新世界秩序よりも，「新中世圏」「近代圏」「混沌圏」が並立する「新しい中世」という認識が広まっている(H. ブルの New Medievalism を基礎とした田中明彦らの議論が代表例である)。
21) 「ならず者国家（rogue state)」を定式化したのはクリントン政権の国家安全保障担当補佐官であったアンソニー・レイク（Anthony Lake）が "Foreign Affairs" に発表した 'Confronting Backlash States' という論文であった。レイクは「ならず者国家」の特性を，① 権威主義的支配体制，② 侵略的・挑発的行動様式，③ 外部世界と建設的関係を維持できない慢性的無能力，④ 大量破壊兵器を入手しようとする政策，と規定した。ブッシュ Jr. 政権は「ならず者国家」を「テロ支援国家」さらには「悪の枢軸」と表現し，これへの単独先制攻撃を主張するに至った。
22) Winston Lord, Assistant Secretary-designate for East Asian and Pacific Affairs. Statement before the Senate Foreign Relations Committee, Washington, DC, March 31, 1993. http://www.state.gov/www/regions/eap/930331.html
23) 正式には『アジア太平洋に対するアメリカの安全保障戦略（U. S. Department of Defense, Office of International Security Affairs, "United States Security Strategy for the Asia-Pacific Region", February 1995/November 1998)』
24) 行政・金融・国有企業改革の3つを指し，中国共産党指導の下で資本主義市場経済を発展させる(「社会主義市場経済」)ために，WTO に象徴される世界経済体制へ中国経済を接合させることを至上命題とした。
25) 2003年9月現在，中国は香港・マカオとは FTA を締結済みであり，ASEAN とは交渉中，タイとシンガポールとは研究・構想段階にある(石川幸一「東アジア地域統合の展望」)『問題と研究』第33巻3号，2003年，16頁)。
26) 三通政策や小三通政策により台湾資本が中国沿海部に進出しており，台湾経済にとって中国市場は今や不可欠になっている。
27) 民主化という政治過程を安定した正義の国際秩序を形成するための鍵と見なすリベラルなネオ・ウィルソン主義的信念(「デモクラティック・ピース論」)に依拠す

る政策 (Robert S. Litwak, "Rogue States and U. S. Foreign Policy: Containment after the Cold War" The Woodrow Wilson Center Press, 2000, pp. 24-25)。

28) クリントン大統領が1998年6月中国を訪問した際発表した「三不政策」ともいわれるもので，(1) 台湾独立は支持しない，(2)「二つの中国」や「一つの中国・一つの台湾」政策は支持しない，(3) 台湾が主権国家で構成する国連などの国際機関に加盟することを支持しない，という内容であった(拙稿「アメリカの中国政策」227頁(五味俊樹，滝田賢治編『現代アメリカ外交の転換過程』南窓社，1999年)。

第 II 部

東アジアの経済発展と経済問題

第4章　アジア通貨危機と経済発展への影響[1]

栗　林　　世

はじめに

　97年に発生したタイの通貨危機は，東南アジアの諸国に伝播し，東南アジアに深刻な経済危機をもたらした。本論文では，インドネシア，タイ，フィリッピン，マレーシア(以上 ASEAN4)，韓国，シンガポール，台湾，香港(以上 NIEs4)，および中国の経済を東南アジア経済(以下アジア経済と略記)とし，分析対象としている。これらの9カ国からなるアジア経済は，石油危機以降97年までは，それほど大きな同時的経済危機もなく世界の成長地域として注目されてきた。アジア経済は資源賦存状況や発展段階が異なる経済から構成されているが，一部の経済を除き，順次ほぼ共通した開発戦略をとってきた。輸入代替産業の育成から輸出産業の育成，さらに直接投資の積極的導入による輸出産業の育成へと開発戦略を展開させてきた[2]。そうした開発戦略は，97年までは成功していたと考えられていた。しかし，97-98年の深刻な地域的経済危機は，アジア経済に開発戦略と通貨制度および金融制度の再評価を迫るものとなった。こうした展開をグローバル化（globalization）という視点からみてみたい。

　グローバル化は，経済的には，財貨・サービス市場，金融市場，および労働市場に関してみることができる。労働市場のグローバル化は，現在よりは

第1次世界大戦前の方が進んでいたといわれている。しかし，労働の国際的移動問題はアジアの経済発展や経済危機とは直接的関係がないので，ここでは労働市場のグローバル化は扱わない[3]。財貨・サービス市場に関しては，財の貿易とサービスの貿易とは異なる動向をしめしているが，ここでは財の貿易の視点からのみアジア経済相互間の発展と通貨危機のインパクトを検討する。アジア通貨危機と直接的に関連するのは，金融市場のグローバル化である。金融市場のグローバル化は，国際通貨体制および国内金融制度と密接に関連している。経常勘定に関連した資本取引の自由化，資本勘定に関連した資本取引の自由化がある。後者は，直接投資など長期資本の自由化とポートフォーリオ投資などに関連した短期資本の自由化に区分して考えられている。そして，資本取引の自由化は，国内における金融市場の状況と密接に関連している。一般的にいって，国内市場の自由化が進むほど，その国は関連した国際取引の自由化を要望するようになる。他方，国内の市場の発展が遅れている国では国際取引の自由化のインパクトが問題となる。

　本論文の目的は，アジア経済危機から約5年経過した現時点から振り返り，通貨危機および経済危機を引き起こした原因とその衝撃や影響を分析し，その教訓を考えることである。第1節では，これまでに考えられている通貨危機モデルと第2節以下の分析の視点について整理する。第2節では，それらのモデルに基づきアジア通貨危機について分析する。第3節では，アジアの開発戦略と通貨危機との関係についてみる。第4節では，アジアの貿易構造の変化と通貨危機の影響についてみる。最後に，アジア通貨危機の教訓をまとめている。

1. 通貨危機モデル

　通貨危機を説明する理論モデルは，これまで大まかに，第1世代，第2世代，および第3世代モデルと区分されている。これらは，何が通貨危機の引金となっているかと政策的対応により区分されている，といってよいであろう。基本的には，通貨危機は，自国通貨を国際機軸通貨(現在では通常米国ドル——以下単にドル——)に釘付けしている，又はそれと同等の通貨制度をとっている国において発生している。何かの原因で，その国のシャドウ為替レート(変動制下で市場で成立するであろうと考えられる為替レート)が釘付けレート(以下固定レート)に等しくなり，さらに減価していくであろうと予想されると，投資家が外貨への資産シフトを行い，資本の流出が始まる。そして，将来の切り下げを予想して投機がその通貨を襲う。これは，現実の実質為替レートが異常に増価していることを意味する。外貨準備が充分あるときは，通貨当局は固定レートを維持することが可能であり，投機に耐えることができる。しかし，大きな経常収支赤字が続き，資本流出が止まらないときには外貨準備が枯渇し，固定レートを維持できなくなり，通貨危機へと発展する。通貨危機は，国内の投資や消費に影響を与え，経済危機を引き起こす。

　通貨危機モデルの基本的展開は，Krugman (1979) によって行われている。これは，財政赤字が貨幣供給により調達されるとき，国際収支を悪化させ，外貨準備が限られているとき，固定レート下で通貨危機がどのように発生するかを示している。通貨危機が発生していくプロセスは，Krugman (1979)，それを批判的に検討した Obstfeld (1994, 1996)，および Morris and Shin (1998) などに定式化されている。通貨危機モデルのポイントは，通貨制度，外貨準備の量，投機の引金となる背景，投機に対する通貨当

局の対応である。そして，危機後どのような通貨制度をとり経済危機を克服するかである。通貨危機は，通常，固定レートで外貨準備が限定されている国において発生している。いわゆる小国である発展途上国で，国際機軸通貨であるドルに為替レートを釘付けしているときに，何らかの理由で国内および対外的不均衡が生じた国に発生しやすい。

　第1世代モデルは，対外不均衡により投機が発生し，それが外貨準備を枯渇させ，中央銀行は固定レートを防衛することを諦める，という論理展開にしたがっている。この危機は貨幣的現象であり，実物経済にはそれほど影響しないと考えていた。これに対して，第2世代モデルは，政府のマクロ政策問題としてつかまえている。対外不均衡がないときでも高失業など国内不均衡に直面して，中央銀行が利子率を引き上げて固定レートを守るコスト（インフレ率や失業率の上昇など）を考えて，平価防衛意志を失うという想定に基づいている。平価切下げによる経済的利得を強調し，経常収支の改善で実物経済成果があがると考えている。これらのモデルのいま一つの特徴は，政府は外貨準備が枯渇するまで使用するという消極的役割を想定している。これらのモデルは，経済の基礎的条件の撹乱により不均衡が生じることを想定している[4]。

　アジア通貨危機は，発生メカニズムがこれまでのモデルとは異なっている。それは民間金融市場に端を発した金融的撹乱であり，実物経済に大きな影響を与え，経済危機へと発展した。かつまた近隣諸国に伝播したことである。次節でこの点を検討する。

　通貨危機の分析でいま一つ重要な視点は，危機後政府がどのような通貨政策に従うかである。これは，国際通貨制度のトリレンマがもたらす問題である[5]。どの制度を採用しても，政策の独立性，為替レートの安定性，および流動性の三者を同時に達成することは不可能とされている。変動相場制は安定性を，固定相場制は流動性を，金本位制やカレンシー・ボードは政策の独立

性をある程度犠牲にしなければならない。この点で，アジア経済危機は興味深い。多くの経済は，変動相場制に移行したが，マレーシアは固定相場制を維持し，香港は，カレンシー・ボードを維持している。その相違が危機後の発展にどのように影響するのであろうか。

2. アジアの通貨危機とその影響

表4・1は，アジア9カ国の主要なマクロ経済指標を比較したものである。為替レートの動向をみると，韓国，インドネシア，マレーシア，フィリピン，およびタイの5カ国で，90年代にはそれまで比較的安定して推移してきた為替レートが97年，98年と2年続けて大幅な減価を示している（表4・1の1-6）。特に98年には，急激に減価した。したがって，これら5カ国は，通常「通貨危機経済 (crisis-affected economies)」と呼ばれている。シンガポールと台湾の通貨も98年にはこれまでに比較すると大幅に減価したが，通貨危機経済に比較すれば小さな減価である。すでによく知られているように，通貨危機は，タイで96年6月に始まった。タイ銀行は，比較的豊富な外貨準備

表4・1　主要マクロ経済指標

1-1　成長率　（単位：％）

	1980-90	1990-96	1996	1997	1998	1999	2000	2001	2002
香港	6.6	5.2	4.5	5.1	-5.0	3.4	10.2	0.6	2.3
シンガポール	7.3	8.4	7.7	8.5	-0.9	6.4	9.4	-2.4	2.2
台湾	8.7	6.9	6.1	6.7	4.6	5.4	6.0	-1.9	
韓国	9.2	7.3	6.7	5.0	-6.7	10.9	9.3	3.1	6.3
インドネシア	5.5	7.2	7.8	4.7	-13.1	0.8	4.9	3.4	3.7
マレーシア	5.9	8.7	10.0	7.3	-7.4	6.1	8.3	0.4	4.2
フィリピン	1.7	2.8	5.8	5.2	-0.6	3.4	6.0	3.0	4.4
タイ	7.8	8.0	6.2	-1.4	-10.5	4.4	4.6	1.8	5.4
中国	9.3	11.6	9.6	8.8	7.8	7.1	8.0	7.3	8.0

1-2 インフレ率 (単位: %)

	1980-90	1990-96	1996	1997	1998	1999	2000	2001	2002
香港	7.1	8.0	6.7	5.8	2.9	-4.0	-3.7	-1.6	-3.1
シンガポール	2.3	2.4	1.3	2.0	-0.3	0.1	1.4	1.0	-0.4
台湾	1.5	3.6	3.1	0.9	1.7	0.2	1.3	0.0	-0.2
韓国	6.3	6.0	4.9	4.5	7.5	0.8	2.3	4.0	2.8
インドネシア	8.6	8.7	7.9	6.7	58.5	20.5	3.7	11.5	11.9
マレーシア	3.2	4.2	3.5	2.6	5.3	2.8	1.5	1.4	1.8
フィリピン	13.1	9.8	9.1	5.9	9.7	6.7	4.4	6.1	3.1
タイ	4.4	5.0	5.9	5.7	8.1	0.2	1.6	1.7	0.6
中国	10.6	12.1	8.3	2.8	-0.8	-1.4	0.4	0.7	-0.8

1-3 失業率 (単位: %)

	1985-90	1991-96	1996	1997	1998	1999	2000	2001	2002
香港	1.9	2.3	2.8	2.2	4.7	6.3	4.9	5.1	7.3
シンガポール	3.8	2.6	3.0	2.5	3.2	4.6	3.5	2.8	4.3
台湾	2.1	1.8	2.6	2.7	3.2	3.0	2.7	2.5	2.6
韓国	3.1	2.3	2.0	2.6	6.8	6.3	4.1	3.8	3.1
インドネシア	2.6	3.9	4.9	4.7	5.5	6.4	6.1	8.1	9.1
マレーシア	6.8	3.3	2.5	2.4	3.2	3.4	3.1	3.6	3.5
フィリピン	8.0	8.5	7.4	7.9	10.1	9.7	11.2	11.1	11.4
タイ	3.3	1.5	1.1	0.9	3.4	3.0	2.4	3.3	2.4
中国	2.2	2.7	3.0	3.1	3.1	3.1	3.1	3.6	4.0

1-4 経常収支(対 GDP 比) (単位: %)

	1990-96	1996	1997	1998	1999	2000	2001	2002
香港	—	—	-3.6	2.7	7.5	5.5	7.5	10.7
シンガポール	12.4	13.8	19.2	24.0	20.0	17.4	21.1	
台湾	4.2	3.9	2.4	1.3	2.9	2.9	6.7	
韓国	-1.7	-4.4	-1.7	12.7	6.0	2.7	1.9	1.3
インドネシア	-2.6	-3.4	-2.4	4.3	4.1	5.2	4.7	
マレーシア	-5.7	-4.4	-5.9	13.2	15.9	9.4	8.3	
フィリピン	-3.8	-4.8	-5.3	2.4	10.4	11.3	5.8	
タイ	-4.5	-8.1	-2.0	12.7	10.1	7.6	5.4	
中国	1.2	0.9	4.1	3.3	2.1	1.9	1.5	2.9

1-5　財政収支（対 GDP 比）　　　　　　　　　　　　（単位: %）

	1990-96	1996	1997	1998	1999	2000	2001	2002
香港	1.7	2.2	6.6	−1.9	0.8	−0.6	−5.0	−5.5
シンガポール	9.0	14.8	9.7	16.8	10.4	11.5	−0.3	−1.7
台湾	−2.0	−1.3	−1.6	0.0	−0.8	−3.9	−5.2	
韓国	0.2	0.3	−1.5	−4.2	−2.7	1.3		
インドネシア	0.2	1.0	0.5	−1.7	−2.5	−1.2	−3.7	
マレーシア	−0.1	0.7	2.4	−1.8	−3.2	−5.8	−5.5	
フィリピン	−0.9	0.3	0.1	−1.9	−3.8	−4.1	−4.0	−5.2
タイ	2.9	0.9	−0.3	−2.8	−3.3	−2.2	−2.4	−1.4
中国	−1.0	−1.2	−1.2	−1.6	−2.4	−3.1	−4.4	−3.0

1-6　為替レート変化率　　　　　　　　　　　　　　（単位: %）

	1980-90	1990-96	1996	1997	1998	1999	2000	2001	2002
香港	3.2	−0.1	0.1	0.1	0.0	0.2	0.4	0.0	0.0
シンガポール	−1.7	−4.1	−0.5	5.3	12.7	1.3	1.7	3.9	−0.1
台湾	−4.6	0.3	3.7	4.5	16.6	−3.5	−3.2		
韓国	1.5	2.2	4.3	18.3	47.3	−15.2	−4.9	14.1	−3.1
インドネシア	11.4	4.1	4.2	24.2	244.2	−21.6	7.2	21.8	−9.2
マレーシア	2.2	−1.2	0.5	11.8	39.5	−3.2	0.0	0.0	0.0
フィリピン	12.5	1.3	2.0	12.4	38.8	−4.4	13.1	15.4	1.2
タイ	2.3	−0.2	1.7	23.8	31.9	−8.6	6.1	10.8	−3.3
中国	12.3	9.7	−0.4	−0.3	−0.1	0.0	0.0	0.0	0.0

1-7　貨幣残高増加率　　　　　　　　　　　　　　　（単位: %）

	1980-90	1990-96	1996	1997	1998	1999	2000	2001	2002
香港	24.7	13.1	12.5	8.3	11.8	8.1	8.8	−2.9	−0.3
シンガポール	14.4	10.4	9.8	10.3	30.2	8.5	−2.0	5.9	−0.3
台湾	20.4	14.5	9.1	8.0	8.6	8.3	6.5	4.4	
韓国	18.5	17.2	15.8	14.1	27.0	27.4	25.4	13.2	11.0
インドネシア	27.1	21.9	27.2	25.2	62.8	12.2	16.6	12.8	4.5
マレーシア	10.8	20.5	24.3	17.4	−1.4	16.9	9.9	2.5	3.1
フィリピン	17.2	21.5	23.7	23.1	8.6	16.8	8.2	3.6	9.7
タイ	19.8	16.0	12.6	16.5	9.7	5.4	3.4	2.4	1.4
中国	24.3	31.6	25.3	20.7	14.9	14.7	12.3	15.0	19.4

1-8 総投資比率 (単位: %)

	1990–95	1996	1997	1998	1999	2000	2001
香港	29.6	32.1	34.5	29.0	25.0	27.6	25.8
シンガポール	34.9	37.1	38.6	33.3	31.9	31.6	24.3
台湾	24.0	23.2	24.2	24.9	23.4	22.9	18.2
韓国	36.8	37.9	34.2	21.2	26.7	28.2	26.7
インドネシア	31.3	30.7	31.8	16.8	11.4	14.6	17.0
マレーシア	37.5	41.5	43.0	26.7	22.3	21.2	24.0
フィリピン	22.4	24.0	24.8	20.3	18.8	18.4	17.6
タイ	41.0	41.8	33.7	20.4	20.5	22.7	
中国	38.8	39.6	38.2	37.7	37.5	36.1	37.9

1-9 総貯蓄比率 (単位: %)

	1990–95	1996	1997	1998	1999	2000	2001
香港	33.6	30.7	31.1	30.1	30.4	32.3	31.1
シンガポール	47.0	49.3	50.5	50.8	48.8	49.3	45.8
台湾	26.9	26.6	26.4	26.0	26.1	25.2	23.5
韓国	35.6	34.0	33.7	34.4	33.5	32.6	30.1
インドネシア	31.0	30.1	31.5	26.5	19.5	25.2	25.5
マレーシア	36.6	42.9	43.9	48.7	47.3	37.0	42.5
フィリピン	16.6	14.6	14.2	12.4	14.3	16.1	16.8
タイ	34.4	36.5	35.7	35.2	32.9	32.9	
中国	40.8	41.1	41.5	40.8	39.5	38.9	38.5

1-10 利子率 (単位: %)

	1990–95	1996	1997	1998	1999	2000	2001	2002
香港	8.13	8.5	9.5	9.0	8.5	9.5	5.1	5.0
シンガポール	6.42	6.3	6.3	7.4	5.8	5.8	5.7	5.4
台湾	7.96	6.0	6.0	5.8	5.0	5.0	2.5	
韓国	13.9	8.8	11.9	15.3	9.4	8.5	7.7	6.8
インドネシア	21.27	19.2	21.8	32.2	27.7	18.5	18.6	19.0
マレーシア	8.15	8.9	9.5	10.6	7.3	6.8	6.7	6.4
フィリピン	18.516	14.8	16.3	16.8	11.8	10.9	12.4	9.1
タイ	12.89	13.4	13.7	14.4	9.0	7.8	7.3	6.9
中国	10.11	10.1	8.6	6.4	5.9	5.9	5.9	5.3

(注) 1. 期間の数値はその期間の年平均値である。期間 t_1–t_2 は, t_1 をベースとし t_2 までの (t_2–t_1) 年の年数である。
   2. 利子率は貸出利率 (lending rate), ただし台湾は1年定期預金利率。
(出所) International Financial Statistics (IMF) と Key Indicators (ADB)

を背景に，実質的にドルに釘付けされていたタイバーツに対する投機的圧力に対して約1年間防衛に努めたが，市場に屈する結果となった。97年7月に，バーツは変動相場制へと移行した。その結果，バーツは急激に減価し，通貨危機から経済危機へと発展した。この通貨危機は，韓国を始め他の通貨危機経済へと伝播した。通貨危機に直面して，マレーシアを除く4カ国は変動相場制へと移行した。これに対して，マレーシアは固定相場制を採用し，短期資本移動を制限した[6]。各経済ともに，為替レートは，99年には増価に転じ，2000年には比較的安定して推移した。しかし，2001年にはマレーシアを除き減価率が高まっている。それと同時に，変動度合が高まっている。

　ここで，IMFの定義に従い各経済の通貨制度についてみておく。危機前である96年6月30日および97年3月31日現在で，香港はカレンシー・ボード制（currency board arrangements），タイは複数通貨バスケットに釘付制（pegged to composite currencies），中国，インドネシア，韓国，マレーシア，およびシンガポールは，管理変動制（managed floating），フィリピンは自由変動制（independently floating）を採用していた。これに対して，危機後の99年4月4日現在では，中国とマレーシアは固定制（conventional fixed peg arrangements），インドネシア，韓国，およびタイは自由変動制，へと移行した。香港，シンガポール，およびフィリピンは制度を変更していない。なお，2001年12月31日現在では，タイとインドネシアが管理通貨制に戻っている[7]。タイとフィリピンを除く通貨危機経済は，通貨危機前には管理変動制を採用していたが，為替レートの変動から判断して固定制に近い運営がされていたと言ってよい。

　通貨危機の結果，マレーシアを除く通貨危機経済は，IMFの支援を受けることになった。これら4カ国は，97年に2000年までの3年間の通貨援助協定を結んだ。そのうち最も大きな影響を受けたインドネシアは，協定を2002年まで延長している。協定額は，インドネシアと韓国が他国に比較し多

額になっている。IMFが協定に伴い各国に要請する条件（conditionalities）に関しては，アジア危機に際して適切であったかどうかについて論議をよんでいる。

　それではここで，何が通貨危機の引金となっているのかを通貨危機経済の共通点から整理してみたい。前述したいわゆる第1世代，第2世代モデルに従えば，通貨危機経済に共通した経済の基礎条件に問題点があることになる。しかし，表4・1の各指標を見る限り，それは見つからない。そのことがアジア危機をほとんどの専門家が予測できなかった理由であろう。財政収支，インフレ，成長率に異常な状態はない。経常収支をみると，赤字は持続していたが，資本流入によりファイナンスされており，外貨準備に特別の悪い状況もなく，これらのモデルによる限り96〜97年頃に通貨危機が起きることは予測困難である。それではこれまでと異なる状況とは何であろうか。それは，資本収支にみることができる。

　90年代に入り，中国を除きアジア経済は，長期資本の自由化から短期資本の自由化へと進んだ。その結果，銀行やその他機関の短期資本による資本調達が進んだ。その短期資本が97年には突然流出へと転じたのである。表4・2から読み取れるように，この動向は，通貨危機経済に共通にみられる。特に，タイ，韓国，インドネシアの3カ国で顕著である[8]。タイの通貨危機を契機として，短期資本の動向が同じような状況にある経済へと伝播した。一種の銀行取付けに似た現象である[9]。これらの経済では，急激な短期資本の流入で，短期資本の外貨準備に対する債務比率(以下短資債務比率)が1をかなり上回っている(表4・3参照)。韓国では2を上回っている。これは，短期資本が急激に流出すれば，外貨準備が枯渇し，通貨危機を招きやすいことを意味する。通貨危機後は，短期債務比率が1よりもかなり低く抑えられていることと対照的である。この点に関しては，マレーシアは比較的小さい値であり，短資移動に対する政策が取りやすかったとも言えよう。また，フィリピン

表4・2　短期資本流入

(単位: 100万ドル)

		1994	1995	1996	1997	1998	1999	2000	2001	2002
香港	合計					−151,470	−90,410	−41,375	−41,985	−26,561
	銀行					−148,616	−85,768	−44,259	−42,888	−18,808
	他部門					−2,854	−4,642	2,884	903	−7,753
シンガポール	合計	5,911	13,285	15,116	37,910	−16,800	6,743	4,598	2,847	
	銀行	5,409	4,423	8,032	18,687	−12,787	3,210	7,416	7,059	
	他部門	506	8,863	7,084	19,223	−4,013	3,533	−2,818	−4,212	
韓国	合計	13,632	21,450	24,571	−8,317	−13,868	1,502	−1,268	−11,650	5,538
	銀行	7,368	11,389	9,952	−9,785	−6,233	1,418	−4,538	−4,147	8,543
	他部門	6,600	10,664	15,142	−3,226	−12,288	−3,372	3,132	−7,169	−1,585
インドネシア	合計	−1,538	2,416	248	−2,470	−7,360	−1,332	−1,287	−3,968	−1,019
	銀行	527	1,953	−758	−276	−2,270	126	−1,420	−1,867	−1,217
	他部門	−2,202	457	1,669	−1,929	−9,299	−5,437	−1,960	−2,737	−259
マレーシア	合計	−1,909	2,885	533	1,912	272	978		−830	
	銀行	−3,789								
	他部門	2,047	3,102	1,130	2,263	92	1,013			
フィリッピン	合計	3,562	3,040	6,370	4,396	−1,525	−714	7,579	7,324	
	銀行	1,694	1,648	5,036	1,668	−1,118	−1,343	−192	−1,207	
	他部門	2,989	1,800	1,943	3,044	−205	373	7,835	7,941	
タイ	合計	9,839	19,383	11,876	−17,343	−18,243	−14,964	−10,914	−6,597	−5,689
	銀行	14,295	13,218	2,909	−3,045	−11,783	−11,566	−4,799	−2,093	−1,609
	他部門	−3,751	6,118	9,025	−9,774	−7,218	−6,060	−6,251	−5,641	−8,066
中国	合計	−1,496	5,116	1,282	12,028	−8,619	3,854	12,329	−3,933	−1,029
	銀行	−5,222	−4,045	−5,959	6,968	−3,510	−5,021	−8,281	−1,305	−1,725
	他部門	−2,456	1,986	990	7,097	−28	9,578	17,457	−3,752	655

(注) 短期資本はIFSのOther Investment Liab., n.i.e.の数値である。
(出所) IMF, International Financial Statistics, August 2003

は，短資債務比率は1を上回っていたが，短期資本の流出が比較的少なかった点で危機の度合いが低かったと考えられる。これは，フィリッピンが比較的自由な変動制をとっていたためといえよう。

短期資本が急激に反転したメカニズムは，次のようにみられている。銀行などが外貨を短期資金で資本調達し，それを国内の企業などに中長期資金と

表4·3 短資債務比率

(単位: %)

Economy	1993	1994	1995	1996	1997	1998	1999	2000	2001
香港	0.172	0.164	0.165	0.222	0.111	0.116	0.113	0.119	
シンガポール	0.020	0.018	0.018	0.026	0.039	0.037	0.049	0.039	
台湾	0.239	0.214	0.216	0.213	0.265	0.214	0.296	0.246	0.196
韓国	0.619	1.263	1.460	2.003	2.729	0.542	0.471	0.422	
インドネシア	1.637	1.646	1.951	1.809	2.043	0.898	0.763	0.800	
マレーシア	0.259	0.249	0.317	0.423	0.746	0.342	0.203	0.162	
フィリピン	1.108	0.974	0.847	0.805	1.650	0.789	0.438	0.460	0.454
タイ	0.940	1.010	1.243	1.146	1.472	1.043	0.693	0.466	
中国	0.722	0.339	0.303	0.242	0.225	0.193	0.114	0.104	

(出所) ADB, Key Indicators 2002

して貸し出す。このことは，国内の銀行など外資の借り手が為替リスクを負っていることを意味する。銀行からの借り手の企業が輸出企業で外貨を獲得できるときには，大きな問題とならない。しかし，それらが不動産や株式資金として投資され，資産バブルを起こし，国内経済を刺激し，過剰需要を発生させ，経常収支を悪化させる。バブル破裂の危惧やその兆候は，投資家に資金の回収に走らせる。その結果，短期資金の急激な流出により通貨危機が発生する。そして，その結果，銀行は資金の回収を急ぎ，それは，国内の投資資金の逼迫を招き，経済危機へと発展する。

　実際，この通貨危機は，経済危機へと発展し，成長率は大幅に落ち込んだ（表4·1の1-1）。タイの成長率は，97, 98年の2年連続してマイナスであり，約12%の落ち込みとなった。通貨危機経済の中で最も深刻な影響を受けたのは，インドネシアであり，実質GDPは98年に約13%下落した。成長率の低下が比較的小さかったのはフィリピンであった。その後の推移をみると，韓国とフィリピンの生産は，99年には危機以前の水準以上に回復している。特に韓国は，V字型の回復を示し，99, 2000年には成長率も危機以前を大幅に上回っている。フィリピンの成長率は，通貨危機の影響は小さ

く，危機後には3年間それ以前よりもやや高い率を維持している。マレーシアは，99年から回復し，2000年には危機以前の生産水準を上回っている。タイとインドネシアは，99年にはプラス成長に転じたが，2001年でもまだ危機以前の生産水準に達していない。特に，インドネシアは，政治的混乱もあり，最も深刻な打撃を受けた。通貨危機経済以外では，香港とシンガポールが98年に経済的打撃を受け，マイナス成長となった。中国と台湾への影響は，成長率でみる限り軽微である。

しかし，2001年には，世界的不況の影響でアジア経済は，成長率が大幅に低下している。特に，シンガポールと台湾は，マイナス成長となっている。これは，アジア経済が輸出に大きく依存しているためである。

インフレをみると，危機時に高まってはいるが，インドネシアを除き二桁のインフレはなく，過去の実績と比較してもそれほど大きな影響はなかったといえる（表4・1の1–2）。むしろ，危機後にインフレ率が低下しているのが特徴である。その一つの要因は，貨幣供給量が危機以前と比較して低く抑えられているためであろう（表4・1の1–7）。特に香港は，危機以降デフレであり，シンガポールと中国でも，2002年にはインフレがマイナスとなり，デフレ化している。

中国と台湾を除き，生産の落ち込みを受けて，それまで低かった失業率が高まった。その後，経済回復につれて失業率はやや低下傾向にあるが，90年代の危機以前から比べれば高い水準にある。失業率が高止まっている点では，通貨危機の影響は消えていないともいえる。

通貨危機経済に関して，さらに共通した特長の一つは，通貨危機以前には赤字であった経常収支が通貨危機以降は黒字に転換していることである（表4・1の1–4）。これは，投資率が低下した割には貯蓄率が低下していないことを反映している（表4・1の1–8と1–9）。98年には，世界輸出も減少しているが，表4・4に示されているように為替レートの大幅な減価にもかかわらず輸

104　第Ⅱ部　東アジアの経済発展と経済問題

表4・4　財輸出(ドル建)の増加率

(単位: %)

	1985–90	1990–95	1996	1997	1998	1999	2000	2001	2002
香港		16.14	4.0	4.1	−7.5	0.1	16.2	−6.0	5.6
シンガポール	18.16	17.42	6.1	0.5	−12.6	4.3	20.8	−11.5	0.1
台湾	16.91	10.68	2.2	4.6	−8.8	9.8	23.7	−18.3	6.3
韓国	16.51	13.98	4.3	4.1	−2.7	8.2	19.6	−12.8	5.1
インドネシア	6.67	12.08	5.8	7.2	−8.6	−0.4	27.6	4.4	0.7
マレーシア	13.97	20.19	6.1	0.9	−6.9	15.1	16.1	−10.1	7.8
フィリッピン	12.08	16.34	18.7	22.3	16.9	20.3	7.7	−15.9	16.3
タイ	26.49	19.61	−2.5	3.3	−5.3	13.4	9.7	−4.0	5.7
中国	17.82	19.10	1.5	21.0	0.5	6.1	27.8	6.8	44.1

(注)　期間及びその数値については，表4・1に同じ。
(出所)　ADB, Key Indicators 2002 および貿易マトリックス

出は大幅に減少している。しかし，それ以上に輸入が減少したために，経常収支は黒字に転換し，以後その経常収支状況が継続している[10]。輸出に関する例外はフィリッピンであり，98年にも高い増加率を示している。輸出に関しては，為替レートが安定するにつれて99年ごろから危機以前の状況に戻り，世界景気の影響を受けて変動している。そのため，2001年には，各アジア経済の輸出増加率は大きく落ち込んでいる。インドネシアのみが他の経済に遅れ，2000年に輸出が増加し始めている。いま一つの特徴は，財政赤字が黒字から赤字に転換していることである(表4・1の1–5)。経済の悪化が税収に悪影響を与えていることと財政面からの構造転換および景気下支えのためである。

3. 通貨危機のFDIへの影響

前述したように，アジア経済の発展は80年代半ばからFDIによる輸出促進戦略により推進されてきた。そして，それがアジア経済発展の原動力と

なっている。そこでここでは，通貨危機がFDIにどのような影響を与えたかをみたい。マレーシアとシンガポールは，他の経済より先に70年代からFDIを積極的に活用してきた。シンガポールでは，FDIの固定資本形成に対する比率(以下FDI/FI比率)が81年には27.4%まで達し，マレーシアでは，75，76年に15%を越している(表4・6)。アジア経済7カ国へのFDIの流入総額と国別構成比は，表4・5のようになっている。80年代以降をみると，アジア経済へのFDIは86年より急増している。また特に，93年にはほぼ倍増した。86-92年の期間では，通貨危機経済へのFDIが高まった。これに対して，93年以降通貨危機時点までは中国へのFDIが急増した。そ

表4・5 FDI構成比

(単位: %, 100万ドル)

	インドネシア	フィリッピン	タイ	マレーシア	韓国	シンガポール	中国	合計	総額	増加率
1981	3.7	4.7	8.0	34.9	2.8	45.8	0.0	100.0	3,622	
1982	5.7	0.4	4.9	35.6	1.8	40.8	10.9	100.0	3,930	8.5
1983	7.6	2.7	9.1	32.8	1.8	29.5	16.5	100.0	3,846	-2.1
1984	5.4	0.2	9.8	19.5	2.7	31.8	30.7	100.0	4,100	6.6
1985	7.5	0.3	4.0	16.9	5.7	25.4	40.3	100.0	4,119	0.5
1986	5.0	2.5	5.1	9.4	8.9	33.0	36.2	100.0	5,181	25.8
1987	5.3	4.2	4.9	5.8	8.5	39.2	32.0	100.0	7,233	39.6
1988	5.1	8.4	9.9	6.4	9.1	32.6	28.5	100.0	11,200	54.8
1989	5.6	4.7	14.7	13.8	9.2	23.9	28.1	100.0	12,086	7.9
1990	6.7	3.3	15.0	14.4	4.8	34.3	21.5	100.0	16,249	34.4
1991	8.0	2.9	10.9	21.6	6.4	26.5	23.6	100.0	18,471	13.7
1992	7.6	1.0	9.0	22.2	3.1	9.4	47.7	100.0	23,390	26.6
1993	4.7	2.9	4.2	11.7	1.4	10.9	64.2	100.0	42,842	83.2
1994	4.0	3.0	2.6	8.3	1.5	16.3	64.3	100.0	52,555	22.7
1995	7.4	2.5	3.5	7.1	3.0	15.0	61.3	100.0	58,483	11.3
1996	9.4	2.3	3.5	7.7	3.5	13.0	60.7	100.0	66,239	13.3
1997	6.4	1.7	5.4	7.1	3.9	14.8	60.8	100.0	72,758	9.8
1998	-0.5	3.4	10.9	3.2	8.1	9.5	65.3	100.0	66,961	-8.0
1999	-4.1	0.8	9.0	5.8	13.8	17.4	57.2	100.0	67,715	1.1
2000	-8.0	2.2	5.9	6.7	16.3	9.5	67.4	100.0	56,934	-15.9
2001	-5.5	3.0	6.4	0.9	6.0	14.5	74.6	100.0	59,266	4.1

(出所) 表4・2と同じ。

106 第Ⅱ部 東アジアの経済発展と経済問題

表4·6 FDIの固定資本形成に対する比率

(単位: %)

	インドネシア	フィリピン	タイ	マレーシア	韓国	シンガポール	中国
1972						14.8	
1973						24.3	
1974				23.7		17.7	
1975			2.5	15.0		14.7	
1976			2.0	15.6	1.1	10.8	
1977		4.3	2.1	13.4	0.9	13.0	
1978		1.8	0.9	12.3	0.5	10.7	
1979		0.1	0.8	10.2	0.2	24.2	
1980		−1.2	2.1	12.2	0.0	25.9	
1981	0.6	1.7	3.0	14.0	0.5	27.4	
1982	0.9	0.2	1.9	14.3	0.3	22.1	0.5
1983	1.4	1.1	3.1	11.6	0.3	13.7	0.7
1984	1.1	0.1	3.4	7.4	0.4	14.5	1.4
1985	1.5	0.2	1.5	7.5	0.9	14.0	1.8
1986	1.2	2.6	2.4	6.7	1.5	26.4	2.1
1987	2.0	5.6	2.5	5.8	1.6	41.5	2.3
1988	2.5	13.9	5.8	8.6	1.9	46.9	2.6
1989	2.5	6.4	7.1	15.0	1.6	29.8	2.9
1990	3.4	5.2	7.1	16.8	0.8	46.8	3.5
1991	4.1	6.0	4.9	22.8	1.0	33.6	3.9
1992	4.7	2.1	4.8	24.7	0.6	12.5	7.4
1993	4.8	9.6	3.6	20.3	0.5	23.1	12.2
1994	4.3	10.5	2.4	14.5	0.6	36.1	17.3
1995	7.6	9.0	3.0	10.8	1.0	31.2	14.7
1996	9.2	7.8	3.1	11.8	1.2	24.6	14.3
1997	7.7	6.1	7.6	11.9	1.7	29.4	14.6
1998	−1.5	16.6	29.2	11.2	5.7	20.8	13.1
1999	−9.7	3.9	23.9	22.5	8.3	42.4	10.9
2000	−14.3	8.9	12.5	16.4	7.1	19.8	9.7
2001	−10.8	12.7	14.4	2.5	3.1	34.4	9.9

(出所) 表4·2と同じ．

のため，中国のシェアーが6割を越える結果となっている．中国のFDI / FI比率は，93年以降10%を越し，93–97年平均で14.6%である．これは，シンガポール(約29%)に続く高い比率である．

短期資本の流出により引き起こされた通貨危機は，アジア経済全体への

FDIをこれまでの趨勢と比較すれば停滞させる結果となった。アジア経済への FDI 総額は，98年と 2000 年には減少している。99年と 2001 年のFDI も増加はしているが，低い伸びに留まっている。しかし，短期資本のように流出に転じてしまうのではなく，インドネシアを除き FDI そのものは高い水準を保って，アジア経済の発展を推進しているといえる。最初の通貨危機国であるタイおよび韓国をみても，2002 年には大幅な減少を示しているが，危機後も FDI は高い水準を維持してきた。むしろ FDI / FI 比率は，両国で危機後大幅に高まっている。これは，国内投資が経済危機で停滞しているなかで，FDI は増加し経済回復に貢献してきたことを意味している[11]。FDI に関して大きな打撃を受けたのがインドネシアである。インドネシアの FDI は，98年以降マイナスになっている。これは，今後のインドネシア経済に深刻な影響を与えることが懸念される。

通貨危機後の対応で，マレーシアは，他の経済と異なりドルに対して固定レートを維持し，短期資本取引を制限した。表4・2からわかるように，短期資本の移動はみられない。FDI は，98年に約半減し，以降90年代では最低の水準で推移している。特に 2001 年には，2000 年の約 15% の水準まで落ち込んでいる。これが通貨政策に起因しているのかどうかが興味深い。

FDI の国別構成の特徴は，通貨危機後 FDI がさらに中国に集中し構成比が高まっていることである。2002 年には，アジア経済への FDI の約 3/4 が中国への投資となっている。この結果，アジア経済内での今後の競争力にどのような影響を与えるかが注目される。そこで次に，アジア経済相互間の貿易構造についてみる。

4. アジアの貿易構造と通貨危機

　これまで述べてきたように，アジア経済は，FDI を活用した輸出主導型の発展戦略を採用し，相互依存性を高めてきた。実際，ASEAN 諸国は自由貿易圏を形成する方向に進んでいる。また，日本や米国と自由貿易協定を結んだり，アジア経済相互間で多国間自由貿易協定を結ぶ方向にも進んでいる。アジア経済の貿易からみた相互依存性をみるために，アジアの 9 経済，および日本と米国を含む 11 経済間の貿易マトリックスを推計した[12]。これらの貿易マトリックスを用いて通貨危機の貿易面への影響をみてみたい。

　経済ごとの輸出全体への影響は，前述したようにフィリピンを除き 98 年に大きな落ち込みとなっている(表 4・4)。98 年には世界全体の輸出も −2.1% と下落しており，その点からみると韓国とフィリピンの輸出への影響は，比較的軽微であった。インドネシアを除き，99 年からは回復に向かい危機前と同様に世界景気，特に米国と日本，の動向を受けた変動を示している。ここでは，個別経済間のマトリックスを集計し，NIEs4 (シンガポール，香港，韓国，および台湾)，中国，ASEAN4 (マレーシア，タイ，フィリピン，およびインドネシア)，日本，米国間の貿易マトリックスに基づいて分析する。表 4・7 は地域間貿易マトリックス，表 4・8 はその増加率，そして表 4・9 は地域別輸出構成比(各地域の輸出市場構成)を示している。

　先ずアジア地域の輸出市場構造をみる。各地域共通していえることは，通貨危機の結果アジア経済相互間の輸出市場としての依存度を低下させ，米国への依存度が高まったことである。日本に関しては，98 年には日本の不況のためアジア経済からの輸出市場としての構成比は低下した。アジア市場相互間の依存度は，やや回復してはいるが，2002 年でもまだ 97 年のシェアーまで回復していない。米国への依存度は，やや低下気味ではあるが，2002 年に

は危機以前よりは2パーセントポイント(以下％ポイント)ほど高い水準にある。

NIEs4は,98年に,通貨危機の影響で域内貿易,対ASEAN輸出のシェアーが減少した。対中国輸出のシェアーは増加したが,アジア全体としてのシェアーは3.6％ポイント低下した。アジア市場のシェアーは,対中国シェアーの増加により2002年に97年の水準を越えている。域内貿易に関しては,2001年にも98年水準以下に低下しており,通貨危機の影響を大きく評価することは出来ないともいえる。

中国は通貨危機には直面していないが,間接的にNIEs4とASEAN4への輸出シェアーは低下し,米国への輸出シェアーが高まっている。特に,2002年には米国へのシェアーが急増し中国の輸出の約28％となっている。これは,日本の輸出に占める米国市場のシェアーに近づいている。

ASEAN4に関しては,通貨危機の結果NIEs4の輸出市場としてのシェ

表4・7 地域間貿易マトリックス

(単位: 100万ドル)

From\To		NIEs	中国	ASEAN	アジア計	日本	米国	全世界
NIEs	1995	73,951.1	83,252.9	59,442.8	216,646.8	49,929.4	111,016.4	532,995.8
	1996	75,414.0	91,576.0	62,489.0	229,478.0	51,690.0	111,399.0	555,254.0
	1997	77,825.0	98,179.0	62,419.0	238,423.0	46,386.0	116,300.0	574,031.0
	1998	63,025.0	91,063.0	46,838.0	200,926.0	37,905.0	116,853.0	529,268.0
	1999	68,001.0	93,352.0	53,596.0	214,949.0	45,430.0	126,270.0	555,967.0
	2000	86,241.0	116,752.0	66,056.0	269,049.0	58,330.0	146,878.0	665,391.0
	2001	69,070.4	112,825.6	58,277.4	240,173.3	49,856.0	120,180.5	587,689.4
	2002	74,235.1	117,769.2	61,661.9	253,666.1	40,536.8	103,558.7	564,669.1
中国	1995	49,286.0		5,501.0	54,787.0	28,466.0	24,744.0	148,955.0
	1996	46,988.0		5,076.0	52,064.0	30,888.0	26,731.0	151,165.0
	1997	60,654.0		6,601.0	67,255.0	31,820.0	32,744.0	182,917.0
	1998	52,815.0		5,435.0	58,250.0	29,718.0	38,001.0	183,744.0
	1999	53,151.0		6,268.0	59,419.0	32,399.0	42,003.0	194,931.0
	2000	66,614.0		9,334.0	75,948.0	41,654.0	52,162.0	249,195.0
	2001	67,976.7		10,014.0	77,990.7	44,958.0	54,359.0	266,140.0
	2002	91,265.7		13,905.0	105,170.7	53,058.0	108,255.0	383,424.0

110　第Ⅱ部　東アジアの経済発展と経済問題

ASEAN	1995	49,082.0	5,482.0	10,787.0	65,351.0	33,704.0	37,930.0	195,450.0
	1996	55,805.0	6,135.0	13,026.0	74,967.0	36,424.0	38,038.0	204,455.0
	1997	59,189.0	6,069.0	14,509.0	79,767.0	35,395.0	41,717.0	215,136.0
	1998	51,089.0	5,939.0	13,511.0	70,539.0	28,541.0	45,251.0	206,298.0
	1999	58,785.0	7,110.0	15,072.0	80,967.0	33,827.0	49,242.0	230,475.0
	2000	70,910.0	9,264.0	18,839.0	99,013.0	43,019.0	54,742.0	266,277.0
	2001	60,252.4	11,012.0	18,027.0	89,291.4	40,318.0	49,972.0	250,274.0
	2002	65,508.5	13,528.0	20,388.0	99,424.5	38,781.0	53,685.0	266,619.0
アジア計	1995	172,319.1	88,734.9	75,730.8	336,784.8	112,099.4	173,690.4	877,400.8
	1996	178,207.0	97,711.0	80,591.0	356,508.0	119,002.0	176,168.0	910,873.0
	1997	197,668.0	104,248.0	83,529.0	385,445.0	113,601.0	190,761.0	972,084.0
	1998	166,928.0	97,002.0	65,784.0	329,715.0	96,164.0	200,105.0	919,310.0
	1999	179,937.0	100,462.0	74,636.0	355,035.0	111,656.0	217,515.0	981,373.0
	2000	223,765.0	126,016.0	94,229.0	444,010.0	143,003.0	253,782.0	1,180,863.0
	2001	197,299.5	123,837.6	86,318.4	407,455.4	135,132.0	224,511.5	1,104,103.4
	2002	231,009.3	131,297.2	95,954.9	458,261.3	132,375.8	265,498.7	1,214,712.1
日本	1995	111,062.0	21,934.0	53,590.0	186,586.0		122,034.0	443,047.0
	1996	101,519.0	21,827.0	51,098.0	174,444.0		113,174.0	411,302.0
	1997	101,175.0	21,692.0	48,023.0	170,890.0		118,383.0	421,067.0
	1998	78,235.0	20,182.0	30,248.0	128,665.0		119,717.0	387,955.0
	1999	90,651.0	23,450.0	36,202.0	150,303.0		130,195.0	419,207.0
	2000	114,697.0	30,356.0	45,381.0	190,434.0		144,009.0	477,333.0
	2001	86,755.5	30,948.0	37,478.0	155,181.5		122,701.0	403,383.0
	2002	91,748.5	38,561.0	38,660.0	168,969.5		120,709.0	412,787.0
米国	1995	74,246.0	11,749.0	23,909.0	109,904.0	64,298.0		583,451.0
	1996	75,638.0	11,978.0	25,822.0	113,438.0	67,536.0		622,949.0
	1997	78,297.0	12,805.0	30,144.0	121,246.0	65,673.0		687,581.0
	1998	63,292.0	14,258.0	23,214.0	100,764.0	57,888.0		680,406.0
	1999	70,145.0	12,944.0	22,916.0	106,005.0	57,733.0		690,689.0
	2000	83,235.0	15,964.0	28,524.0	127,723.0	64,538.0		771,991.0
	2001	70,533.0	19,235.0	25,540.0	115,308.0	57,639.0		730,900.0
	2002	67,878.4	22,053.0	25,059.0	114,990.4	51,440.0		693,100.0
全世界	1995	498,673.0	146,028.0	210,884.8	855,585.8	296,344.0	748,577.0	5,076,577.8
	1996	511,549.0	156,315.0	218,744.0	886,608.0	313,779.0	794,918.0	5,294,895.0
	1997	535,805.0	165,210.0	224,517.0	925,532.0	304,067.0	864,548.0	5,517,101.0
	1998	428,007.0	153,163.0	157,825.0	738,995.0	251,333.0	904,007.0	5,399,012.0
	1999	472,709.0	162,589.0	177,540.0	812,838.0	277,038.0	1,014,956.0	5,671,796.0
	2000	584,790.0	211,842.0	224,462.0	1,021,094.0	343,209.0	1,185,572.0	6,376,995.0
	2001	513,438.5	222,110.0	203,480.0	939,028.5	316,670.0	1,107,620.0	6,145,330.0
	2002	550,490.1	250,250.0	214,117.3	1,014,857.4	305,540.0	1,144,700.0	6,392,747.3

アジア通貨危機と経済発展への影響　111

表4·8　地域間貿易マトリックス(増加率)

(単位: %)

From\To		NIEs4	中国	ASEAN4	アジア計	日本	米国	全世界
NIEs4	1996	2.0	10.0	5.1	5.9	3.5	0.3	4.2
	1997	3.2	7.2	−0.1	4.0	−10.3	4.4	3.4
	1998	−19.0	−7.2	−25.0	−15.8	−18.3	0.5	−7.8
	1999	7.9	2.5	14.4	6.8	19.9	8.1	5.0
	2000	26.8	25.1	23.2	25.3	28.4	16.3	19.7
	2001	−19.9	−3.4	−11.8	−10.7	−14.5	−18.2	−11.7
	2002	7.5	4.4	5.8	5.6	−18.7	−13.8	−3.9
中国	1996	−4.7		−7.7	−5.0	8.5	8.0	1.5
	1997	29.1		30.0	29.2	3.0	22.5	21.0
	1998	−12.9		−17.7	−13.4	−6.6	16.1	0.5
	1999	0.6		15.3	2.0	9.0	10.5	6.1
	2000	25.3		48.9	27.8	28.6	24.2	27.8
	2001	2.0		7.3	2.7	7.9	4.2	6.8
	2002	34.3		38.9	34.9	18.0	99.1	44.1
ASEAN4	1996	13.7	11.9	20.8	14.7	8.1	0.3	4.6
	1997	6.1	−1.1	11.4	6.4	−2.8	9.7	5.2
	1998	−13.7	−2.1	−6.9	−11.6	−19.4	8.5	−4.1
	1999	15.1	19.7	11.6	14.8	18.5	8.8	11.7
	2000	20.6	30.3	25.0	22.3	27.2	11.2	15.5
	2001	−15.0	18.9	−4.3	−9.8	−6.3	−8.7	−6.0
	2002	8.7	22.8	13.1	11.3	−3.8	7.4	6.5
アジア計	1996	3.4	10.1	6.4	5.9	6.2	1.4	3.8
	1997	10.9	6.7	3.6	8.1	−4.5	8.3	6.7
	1998	−15.6	−7.0	−21.2	−14.5	−15.3	4.9	−5.4
	1999	7.8	3.6	13.5	7.7	16.1	8.7	6.8
	2000	24.4	25.4	26.3	25.1	28.1	16.7	20.3
	2001	−11.8	−1.7	−8.4	−8.2	−5.5	−11.5	−6.5
	2002	17.1	6.0	11.2	12.5	−2.0	18.3	10.0
日本	1996	−8.6	−0.5	−4.7	−6.5		−7.3	−7.2
	1997	−0.3	−0.6	−6.0	−2.0		4.6	2.4
	1998	−22.7	−7.0	−37.0	−24.7		1.1	−7.9
	1999	15.9	16.2	19.7	16.8		8.8	8.1
	2000	26.5	29.4	25.4	26.7		10.6	13.9
	2001	−24.4	2.0	−17.4	−18.5		−14.8	−15.5
	2002	5.8	24.6	3.2	8.9		−1.6	2.3
米国	1996	1.9	1.9	8.0	3.2	5.0		6.8
	1997	3.5	6.9	16.7	6.9	−2.8		10.4
	1998	−19.2	11.3	−23.0	−16.9	−11.9		−1.0

		1999	10.8	−9.2	−1.3	5.2	−0.3		1.5
		2000	18.7	23.3	24.5	20.5	11.8		11.8
		2001	−15.3	20.5	−10.5	−9.7	−10.7		−5.3
		2002	−3.8	14.7	−1.9	−0.3	−10.8		−5.2
全世界		1996	2.6	7.0	3.7	3.6	5.9	6.2	4.3
		1997	4.7	5.7	2.6	4.4	−3.1	8.8	4.2
		1998	−20.1	−7.3	−29.7	−20.2	−17.3	4.6	−2.1
		1999	10.4	6.2	12.5	10.0	10.2	12.3	5.1
		2000	23.7	30.3	26.4	25.6	23.9	16.8	12.4
		2001	−12.2	4.8	−9.3	−8.0	−7.7	−6.6	−3.6
		2002	7.2	12.7	5.2	8.1	−3.5	3.3	4.0

表 4・9 地域の輸出構成比

(単位: %)

From\To		NIEs4	中国	ASEAN4	アジア計	日本	米国	全世界
NIEs4	1996	13.6	16.5	11.3	41.3	9.3	20.1	100.0
	1997	13.6	17.1	10.9	41.6	8.1	20.3	100.0
	1998	11.9	17.2	8.8	38.0	7.2	22.1	100.0
	1999	12.2	16.8	9.6	38.6	8.2	22.7	100.0
	2000	13.0	17.5	9.9	40.4	8.8	22.1	100.0
	2001	11.8	19.2	9.9	40.9	8.5	20.4	100.0
	2002	13.1	20.9	10.9	44.9	7.2	18.3	100.0
中国	1996	31.1	0.0	3.4	34.4	20.4	17.7	100.0
	1997	33.2	0.0	3.6	36.8	17.4	17.9	100.0
	1998	28.7	0.0	3.0	31.7	16.2	20.7	100.0
	1999	27.3	0.0	3.2	30.5	16.6	21.5	100.0
	2000	26.7	0.0	3.7	30.5	16.7	20.9	100.0
	2001	25.5	0.0	3.8	29.3	16.9	20.4	100.0
	2002	23.8	0.0	3.6	27.4	13.8	28.2	100.0
ASEAN4	1996	27.3	3.0	6.4	36.7	17.8	18.6	100.0
	1997	27.5	2.8	6.7	37.1	16.5	19.4	100.0
	1998	24.8	2.9	6.5	34.2	13.8	21.9	100.0
	1999	25.5	3.1	6.5	35.1	14.7	21.4	100.0
	2000	26.6	3.5	7.1	37.2	16.2	20.6	100.0
	2001	24.1	4.4	7.2	35.7	16.1	20.0	100.0
	2002	24.6	5.1	7.6	37.3	14.5	20.1	100.0
アジア計	1996	19.6	10.7	8.8	39.1	13.1	19.3	100.0
	1997	20.3	10.7	8.6	39.7	11.7	19.6	100.0
	1998	18.2	10.6	7.2	35.9	10.5	21.8	100.0
	1999	18.3	10.2	7.6	36.2	11.4	22.2	100.0
	2000	18.9	10.7	8.0	37.6	12.1	21.5	100.0

	2001	17.9	11.2	7.8	36.9	12.2	20.3	100.0
	2002	19.0	10.8	7.9	37.7	10.9	21.9	100.0
日本	1996	24.7	5.3	12.4	42.4	0.0	27.5	100.0
	1997	24.0	5.2	11.4	40.6	0.0	28.1	100.0
	1998	20.2	5.2	7.8	33.2	0.0	30.9	100.0
	1999	21.6	5.6	8.6	35.9	0.0	31.1	100.0
	2000	24.0	6.4	9.5	39.9	0.0	30.2	100.0
	2001	21.5	7.7	9.3	38.5	0.0	30.4	100.0
	2002	22.2	9.3	9.4	40.9	0.0	29.2	100.0
US	1996	12.1	1.9	4.1	18.2	10.8	0.0	100.0
	1997	11.4	1.9	4.4	17.6	9.6	0.0	100.0
	1998	9.3	2.1	3.4	14.8	8.5	0.0	100.0
	1999	10.2	1.9	3.3	15.3	8.4	0.0	100.0
	2000	10.8	2.1	3.7	16.5	8.4	0.0	100.0
	2001	9.7	2.6	3.5	15.8	7.9	0.0	100.0
	2002	9.8	3.2	3.6	16.6	7.4	0.0	100.0
World	1996	9.7	3.0	4.1	16.7	5.9	15.0	100.0
	1997	9.7	3.0	4.1	16.8	5.5	15.7	100.0
	1998	7.9	2.8	2.9	13.7	4.7	16.7	100.0
	1999	8.3	2.9	3.1	14.3	4.9	17.9	100.0
	2000	9.2	3.3	3.5	16.0	5.4	18.6	100.0
	2001	8.4	3.6	3.3	15.3	5.2	18.0	100.0
	2002	8.6	3.9	3.3	15.9	4.8	17.9	100.0

アーは低下したが，中国およびASEAN4相互間のシェアーは増加傾向を示している。通貨危機にもかかわらず，ASEAN4の相互間の依存度が高まっていることに今後注目すべきであろう。

　輸出増加率でみると，アジア経済輸出増加率の全世界輸出増加率に対する比(以下対世界輸出弾性値)は，通常約1～1.6程度である。2002年には，中国の輸出急増で2.5と大きな値となっている。この弾性値からみて98年と2001年を比較すると，通貨危機は通貨の大幅減価にもかかわらず輸出に悪影響を与えたといえる。前述したASEAN4間の相互依存性の高まりは，当然のことながら輸出増加率でも読み取れる。

　中国とASEAN4間の相互依存性の高まりも，中国の対ASEAN4輸出

の急増と ASEAN4 の対中国輸出の急増からもわかる。

　最大の特徴の一つは，通貨危機に直面していない中国の輸出，特に対米輸出が急増していることである。米国の対中国輸出も急増しているが，それ以上に中国の対米輸出が急増している。

　次に表 4・7 を用いて貿易収支面からみる。NIEs4 の貿易収支は，通貨危機後 ASEAN4 に対して黒字から赤字に転じている。対中国と対米国は黒字，対日本は赤字という傾向は変わっていない。貿易収支全体は，黒字で危機直後に大幅に増加したが，その後漸減している。

　中国の貿易収支は，対 NIEs4 は赤字であるが，対 ASEAN4 はほぼ均衡している。米国と日本に対しては黒字であり，年々黒字が拡大している。

　ASEAN4 の貿易収支は，危機後対アジア経済で赤字から黒字に転換している。また日本に対しては，危機後赤字が減少し 2001 年以降は黒字になっている。対米黒字は，危機後倍増し拡大を続けている。

　以上より，中国と ASEAN4 は，貿易収支面で危機後米国と日本への依存度をさらに高めていることがわかる。アジア経済内での相互依存度は，2002 年でもまだ危機以前の水準を越えるにいたっていない。ASEAN4 は NIEs4 に，NIEs4 は中国に貿易収支面で依存し，ASEAN4 と中国とは相互に均衡している。

　最後に貿易の比較優位構造に関して簡単に触れておく[13]。通貨危機は，この比較優位構造にはほとんど影響を与えていない。NIEs4 は，80 年代半ばには，各種の工業製品に比較優位を持っていた。しかし，90 年代後半には，軽工業品などその他工業製品（SITC の Miscellaneous manufactured goods）で比較優位を失い，それに代わって中国が比較優位を高めている。大まかにいって，ASEAN4 は，1985 年ごろには資源依存型産業に比較優位を持ち，産業化の進展とともに漸次工業品の輸出を高め，90 年代後半には工業品の中に比較優位を高めてきている。中でも特にマレーシアは，FDI の導入によ

り早い時期に機械や輸送用機器に比較優位を持つようになっていた。中国は，80年代に経済改革に着手し，前述したようにFDIにより工業化を推進してきた。その結果90年代半ばには，その他工業製品に比較優位を獲得し，2000年ごろからは機械や輸送用機器にも比較優位を高めつつある。

　前述したようなFDIの中国への集中化が今後こうした貿易構造や比較優位構造にどのような変化をもたらすかが注目される。

おわりに――アジア通貨危機の教訓

　アジア通貨危機は，これまでの通貨危機とは異なっている。それは，国際資本市場のグローバル化に伴う民間部門の短期資本の急激な移動によって引き起こされたものである。そして，一つの経済での通貨危機が同じような状況下にある他の経済へと伝播したことである。基本的に，経済におけるグローバル化の問題は，国内において市場取引の自由化が進んでいる国と市場を開放した国との制度上の摩擦と捉えることができる。そして，市場の調整速度が速いほど危機的状況と伝播を起こしやすい。例えば，労働や財の移動であれば調整に時間がかかり，危機を察知し対策を立てやすい。これに対して，短期資本の場合には，極端にいえば，瞬時に調整が可能である。したがって，大きな予期せざる危機が起きやすい。アジア経済の場合には，通貨危機経済では国内金融市場が十分に整備されていなかった。このことと国際通貨制度のトリレンマとが複合的に関連している。また危機発生の当初には外貨準備の量が問題となる。そしてさらに進んで国際的な「最後の貸し手」が通貨危機から経済危機への発展を阻止する重要な担い手となる。アジア通貨危機から学ぶべき主要な点は以下のようになろう。

　(1)　グローバル化に伴う市場の開放，すなわち取引の自由化は，国内制度

や市場の発展状況との関係を考慮して段階的に進めることが重要である。通貨危機経済，特にタイ，韓国，インドネシアの3カ国共通の現象は，海外からの短期資本が急激に流入し，短資債務比率が1を大幅に上回っていたことである。この点を監視する制度的体制があれば，短資流入を抑制し，国内での資産バブル発生を阻止し，通貨危機を防止しえたかもしれない。その意味で，短資債務比率は警告指標となりうる。

　(2)　通貨制度と資本取引の自由化との関連性を十分に考慮した政策を行うことも重要である。通貨危機経済のいま一つの共通点は，フィリピンを除きほぼ固定レートに近い為替制度をとっていたことである。アジア経済は，長期資本の自由化を行い，前述したようにFDIによる輸出促進戦略をとってきた。長期資本を誘引するのには，長期的な為替レートの安定が重要と認識され，そのために為替レートの安定化が重視され，実行されてきたといってよい。それに対して，短期資本の自由化は，短資の移動速度が迅速なため，投機を誘発し固定為替レートに対する圧力となり通貨危機を招きやすい。その点，固定レート制をとり，短期資本規制を行っている中国が通貨危機に直面せず，自由変動制をとっていたフィリピンの危機が比較的軽微であったことは重要な教訓である。為替レート安定化のために固定相場制あるいはそれに近い制度を採用する限り，短期資本の自由化に関しては，銀行など受け入れ機関に対して何らかの健全性の規制と監視体制が必要である。この点よく比較されるのがマレーシアの短資規制とチリ方式である。

　(3)　通貨危機から経済危機への誘発，他の経済への伝播を防ぐには国際的な「最後の貸し手」制度の確立が必要である。通貨危機経済のうち4カ国がIMFと通貨援助協定を結んでいる。こうした体制がもう少し迅速に行われ投機を早い段階で阻止できれば，通貨危機のインパクトを最小限に止めることが可能となろう。現在そうした方向での論議が行われているが，早期に制度を確立することが望まれる。

(4) 通貨危機は，アジア経済の他地域，特に米国への輸出依存度を高める結果となっている。域内貿易の地域間依存関係にも影響を与えている。特に，通貨危機の影響を直接的には受けなかった中国との関係が緊密化している。

(5) 通貨危機は，アジア経済への FDI 拡大ペースを抑制すると同時に中国への集中を高める結果となっている。これは，今後中国と ASEAN との輸出競争力を通じて今後の経済発展にどのような影響を与えるかが注目される。

(6) 通貨危機後にどのような通貨制度を採用したらよいかについては，まだ結論が得られていないといえよう。現段階では，マレーシアと他の通貨危機経済とのその点に関する比較は充分には行われていない。これは今後の課題である。

1) 本小論は，Kuribayashi (2003) に基づき最新のデータを追加し，さらに最近の諸研究を参考にして，2001 年 12 月のプレシンポジウムでの報告に沿ってまとめたものである。なお，Kuribayashi (2003) は，日・韓・台のシンポジウム (2001 年 9 月) の報告をさらに発展させた論文である。
2) 世界銀行は，1993 年の報告書でアジアの経済発展を「アジアの奇跡」と呼び，その要因を分析している。一方，Krugman (1994) は，アジアの高成長は資本の蓄積に依存したものであり，技術革新によるものでないので，将来的に維持可能ではない，と主張している。その後この主張に対しては，賛否両論の分析が行われてきた。
3) 労働市場のグローバル化については，Bordo, et al. (2003) 参照。
4) 第 1 世代，第 2 世代モデルについては，Krugman (2000) およびアジア開発銀行 (1999) 参照。第 3 世代モデルという呼び方は一般的ではないが，ここではアジア通貨危機を説明するモデルを意味している。
5) 国際通貨制度のトリレンマについては，Krugman (1999) 参照。
6) 通貨危機経済ごとの通貨危機の状況については，Asian Development Outlook (ADB) の各年版，Athukorala (1999), Cho (2003), Nidhiprabha (1999), Sadli (1999) など参照。
7) International Financial Statistics Year Book (IMF) の 96 年以降の各号を

参考にした。
8) 短期資本流入が97年にシンガポールで急増している。これは，他の経済からのシンガポールへの資金移動と思われる。香港の短資流出は，中国への返還に伴うものであろう。
9) この指摘に関しては，Radelet and Sacks (1998, 2000) を参照。
10) この点からみて，98年の日本の不況は，アジア経済危機を悪化させたといえる。
11) 韓国の場合には，通貨危機後FDIを積極的に取り入れる方向に政策を転換したことが影響している。
12) 詳細は，Kuribayashi (2003および1997) を参照。
13) 比較優位の詳細については，Kuribayashi (2003) を参照。

参 考 文 献

Allen, Franklin and Gale, Douglas (2000) "Bubbles and Crisis," *The Economic Journal,* Vol.110, January, pp. 236–255.

Athukorala, Prema-chandra (1999) "Swimming against the Tide: Crisis Management in Malaysia," in *Southeast Asia's Economic Crisis,* ed. Hal Hill, Institute of Southeast Asian Studies.

Asian Development Bank (ADB), *Asian Development Outlook 1999, 2000, and 2001,* Oxford University Press.

Bank for International Settlement (BIS) (2001) "Developments in the Emerging Market Economies", in BIS's *71st Annual Report.*

Bordo, Michael D. Taylor, Alan M., and Williamson, Jeffrey G. (ed. 2003) *Globalization,* The Unversity of Chicago Press.

Boughton, James M. (2000) "From Suez to Tequila: the IMF as Crisis Manager, " *The Economic Journal,* Vol. 110, January, pp. 273–291.

Chowdhury, Anis and Islam, Iyanatul (2001) "Introduction: responding to the challenges of the post-crisis era," in *Beyond the Asian Crisis,* ed. Anis Chowdhury and Iyanatul Islam, Edward Elgar.

Cho, Yoon Je (2003) "The Political Economy of Financial Liberalization and the Crisis in South Korea," in *Financial Liberalization and the Economic Crisis in Asia,* ed. Lee, Chung H., RoutldgeCurzon.

Dhanani, Shafiq and Hasnain, Syed Asif (2001) "Indonesia: beyond shallow, export-led industrialization," in *Beyond the Asian Crisis,* ed. Anis Chowdhury

and Iyanatul Islam, Edward Elgar.
Eichengreen, Barry (2003) *Capital Flows and Crisis,* The MIT Press.
Furman, Jason and Stiglitz, Joseph E (1998) "Economic Crisis: Evidence and Insights from East Asia," *Brookings Papers on Economic Activity,* No.2, pp. 1–114.
Hill, Hal (1999) "An Overview of the Issues," in *Southeast Asia's Economic Crisis,* ed. Hal Hill, Institute of Southeast Asian Studies.
Hoa, Tran Van (2002) "Economic Management and Recent Financial Crises," in *Economic Crisis Management,* ed. Tran Van Hoa, Edwar Elgar.
International Monetary Fund (IMF) (2001) *World Economic Outlook,* May.
Kuribayashi, Sei (1997) "Economic Development and Public Policies in South-East Asian Countries," 経済学論纂(中央大学)第37巻第5・6合併号。
Kuribayashi, Sei (2003) "The Economic Crisis and Post-Crisis Developments in the South East Asian Economies," 経済学論纂(中央大学)第43巻第5・6合併号。
Krugman, Paul (1979) "A Model of Balance-of-Payments Crisis," *Journal of Money, Credit, and Banking,* Vol. 11, No. 3, August, pp. 311–325.
Krugman, Paul (1994) "The Myth of Asia's Miracle." *Foreign Affairs* 73, pp. 62–78.
Krugman, Paul (1999) "The Eternal Triangle", http://web.mit.edu/karugman/www/triangle, 1999.
Krugman, Paul (1999) *The Return of Depression Economics,* W. W. Norton & Company.
Krugman, Paul (2000) "Introduction," in *Currency Crisis,* ed. Paul Krugman, The University of Chicago Press.
McKibbin, Warwick (1999) "Modelling the Crisis in Asia," in *Southeast Asia's Economic Crisis,* ed. Hal Hill, Institute of Southeast Asian Studies.
Morris, Stephen and Shin, Hyun Song (1998) "Unique Equilibrium in a Model Self-fulfilling Currency Attacks," *The American Economic Review,* Vol. 88, No. 3, pp. 587–597.
Nayyar, Deepak (2001) "Globalization: What Does It Mean for Development?" in *Globalization versus Development,* ed. Jomo K.S. and Nagaraj, Shyamala, Palgrave.
Nidhiprabha, Bhanupong (1999) "Economic Crisis and the Debt-Deflation

Episode in Thailand," in *Southeast Asia's Economic Crisis,* ed. Hal Hill, Institute of Southeast Asian Studies.

Obstfeld, Maurice (1994) "The Logic of Currency Crisis," *NBER Working Paper* No. 4640.

Obstfeld, Maurice (1996) "Models of Currency Crisis with Self-fulfilling Features," *European Economic Review,* Vol. 40, pp. 1037–1047.

Perkins, J.O.N. (2002) "Monetary and Fiscal Policy and Crisis Economies," in *Economic Crisis Management,* ed. Tran Van Hoa, Edwar Elgar.

Radelet, Steven and Sacks, Jeffrey (1998) "The East Asian Financial Crisis: Diagnosis, Remedies, Prospects," *Brookings Papers on Economic Activity,* No. 1, pp. 1–74.

Radelet, Steven and Sacks, Jeffrey (2000) "The Onset of the East Asian Financial Crisis," in *Currency Crisis,* ed. Paul Krugman, The University of Chicago Press.

Sadli, Mohammad (1999) "The Indonesian Crisis," in *Southeast Asia's Economic Crisis,* ed. Hal Hill, Institute of Southeast Asian Studies.

Stiglitz, Joseph (2002) *Globalization and Its Discontents,* W. W. Norton & Company.

Tobin, James (1998) "Financial Globalization: Can National Currencies Survive?", in *Annual World Bank Conference on Development Economies.*

Yue, Chia Siow (1999) "The Asian Financial Crisis: Singapore's Experience and Response," in *Southeast Asia's Economic Crisis,* ed. Hal Hill, Institute of Southeast Asian Studies.

第5章　東アジアのグローバリゼーションと日本の共生の方向
――東アジア経済・通貨圏と経営管理方式の移転の視点から――

高　橋　由　明

はじめに

　本章では，東アジアのグローバリゼーション(ヒト，モノ，カネ，情報の国境を越えての移動)が貿易と直接投資の視点から，どこまで進展しているかを検討し，さらに，日本および日本企業が東アジアの諸国と共生し発展する方向について，マクロ的視点からはアジア通貨基金制度とアジア共通通貨の必要性，ミクロ的視点からは経営管理方式の調和的移転の必要性について提言している。

　第1節で，東アジアのグローバル化の進展の具体的内容として，①東アジア(日本，中国，NIES と ASEAN)域内の貿易額が世界のそれに比較して1970年代の10%から26%に増大していること。②この地域の域内貿易の内容についてみれば，自動車などに比べ家庭用電気製品やコンピュータ部品などのプレゼンスが大きいこと。③欧米からの東アジア域内の直接投資はアジア諸国に比べ遅れた感があるが，1990年代後半に急速に増大していること。しかし東アジア諸国間の直接投資が依然として大きく，しかも最近中国へのNIEs と ASEAN 諸国からの直接投資が著しく増大していること。④世界

貿易における中国の輸出比率が増大し，特に家庭電気製品において著しいこと，などについて論じている。さらに，⑤日本企業の東アジア進出の戦略について，製品差別化戦略，工程間分業戦略，地域完結型分業戦略について分けて検討し，それと東アジアの域内貿易との関係を示唆している。さらに，⑤東アジアにおける複雑な域内貿易の発展を分析すると，従来の「雁行形態論」が妥当しなくなっており，新しい国際分業論の分析が必要になっていることについても，主張している。

第2節では，日本の東アジア諸国との共生を進展させるためのマクロ視点からの方策として，東アジア経済圏・アジア共通通貨の必要性について論じている。まず，①東アジア地域での自由貿易・経済協力の歴史について，APECの東アジアで経済協力の限界とAFTAさらにASEANプラス3国（中国，日本，韓国）への発展。②自由貿易協定（FTA）に対する東アジア諸国の動向。そして，③チェンマイ・イニシアティブに基づく通貨スワップ制度の発展とアジア共通通貨制度の必要性について論じている。

第3節では，ミクロ視点からの東アジア諸国の企業間における共生の方策について，経営管理方式の移転について論じている。そのため，Tylerの文化の定義や中川敬一郎などの見解に依拠しながら経営管理方式の規定要因について検討してから，藻利重隆の「熟練の移転」の視点から，経営管理方式の国際移転の社会的意味について論じている。そして「むすび」で，東アジア経済圏・共通通貨圏の創設・発展のためには，EUの歴史から学ぶべきことを提言している。

1. 東アジアのグローバリゼーション

(1) 東アジアの貿易シェアーの急速な増大：日本国内産業の空洞化

　ジェトロ『貿易白書2001年度版』により，東アジア地域の外国貿易額の平均伸び率と世界の貿易(輸出と輸入)額に占めるその割合をみると，日本の輸出額は，1960年代16%，1970年代に20%と高い伸び率を示したが，90年代に4%程度に留まっている。それにたいして，アジアNIEs (韓国，台湾，シンガポール，香港)とASEAN (フィリピン，タイ，マレーシア，インドネシア)の輸出伸び率は1970年代にそれぞれ28%, 26%と大きく，90年代に至ってもそれぞれ8.4%, 11.4%と一定の成長率を示している。最も注目すべきは，中国の伸び率で，1990年代に，輸出と輸入ともが13%台を記録しており(ジェトロ，2001, p. 46)，これが，「中国の台頭」といわれる理由である。

　また，世界の貿易(輸出と輸入)額に占める割合についてみると，アジアNIESが輸出と輸入額とも1970年代と2000年を比べれば約2%から10%になっており5倍の大きさになっている。中国も2000年には，輸出が世界の輸出額の4%，輸入額が3.5%を示し，世界の貿易額に占める中国の割合が，この30年間に同じく5倍になっている。このように，東アジアのグローバル化は，日本，中国，アジアNIEsおよびASEAN諸国の輸出額総計の世界輸出総計に占める割合が，1970年代の10.8%から2000年の26.5%へと増大していることにも，示されている(表5・1参照)。

　しかし，ジェトロの貿易白書によれば，日本の世界の輸出市場での地位が次第に低下している。世界の輸出総額に占める日本の輸出の割合は，1986年の10.5%から，次第に減少し99年には8%以下に低下し，2001年には6.7%にまで減少している。これに対して，アメリカは，1998年以降11%か

124 第Ⅱ部 東アジアの経済発展と経済問題

表 5・1 各年代における東アジアの貿易平均伸び率・世界に占める貿易シェア
(単位: %)

		貿易平均伸び率				世界に占める貿易シェア			
		60年代	70年代	80年代	90年代	70年	80年	90年	2000年
輸出	日本	16.5	20.3	8.6	4.3	6.4	6.8	8.4	7.7
	中国	△0.6	21.8	12.6	13.6	0.8	0.9	1.8	4.0
	アジアNIES	11.5	28.5	13.9	8.4	2.1	4.0	7.8	10.5
	ASEAN4	3.2	26.1	5.3	11.4	1.5	2.4	2.5	4.3
輸入	日本	14.4	21.6	4.5	3.2	6.0	7.1	6.7	5.8
	中国	△3.5	23.8	12.8	13.4	0.7	1.0	1.5	3.5
	アジアNIES	10.8	25.8	11.5	7.7	2.8	4.4	7.6	10.0
	ASEAN4	6.0	21.7	7.6	6.5	1.6	2.0	2.8	3.2

(注) 99年の中国の世界貿易に占めるシェアーの内訳は外資系企業が 1.6%, 内資企業が 1.9%。
(資料) IFS (IMF), 2000年は各国通関統計などよりジェトロ作成
(出所) 日本貿易振興会 (JETRO)『ジェトロ貿易白書』2001年度版, 46頁

ら 12% 台をキープし, 2001年には 12% を示している (ジェトロ 2002, p. 78)。これは, 日本の場合は, 家電製品や事務用品, さらに機械部品など日本からの輸出がそれほど増大せず, 東アジアに進出した日本企業支社からの輸出額が多くなっているからである。別言すれば, 日本本社と東アジアの諸支社との間での企業間分業ないし, 支社での生産額が多くなっているからであるが, このことは, 日本国内の産業の空洞化が進行していることを意味し, 2002年後半からのこの 1年間の失業率は 5.5% を記録している。

(2) 日米貿易の相対的減少と東アジア域内の貿易の増大

2000年の『通商白書』(図 5・1) により, 日本, 東アジア, アメリカの 3極間の 1990年と 1998年の貿易額とその増加率をみると, つぎのとおりである。アメリカの日本への輸出額が, 1990年の 7兆 5900億円から 1998年の 8兆 7800億円 (1.16倍) に, 日本のアメリカへの輸出額が, この期間に 13兆 600億円から 15兆 4700億円 (1.18倍) に留まっている。東アジアのア

東アジアのグローバリゼーションと日本の共生の方向　125

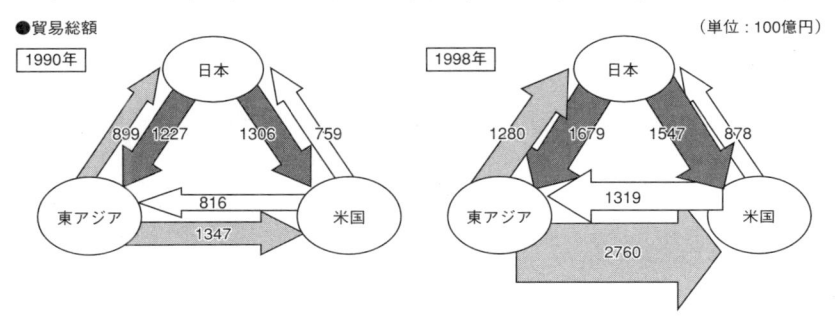

図5・1　日・米・東アジア三極間の貿易額(円ベース)の推移(90年→98年)

●貿易総額　　　　　　　　　　　　　　　　　　　　　　　　　　(単位：100億円)

1990年

日本
899／1227　　1306　　759
東アジア　←816　　米国
　　　　　　1347

1998年

日本
1280／1679　　1547　　878
東アジア　←1319　米国
　　　　　　2760

(出所) 通産省『通商白書』2000年126頁

　メリカへの輸出額が13兆4700億円 (1990年) から27兆6000億円 (2.05倍) になっているのに対して, アメリカの東アジアへの輸出額は同じ期間に8兆1600億円から13兆1900億円 (1.16倍) に留まっている。日本と東アジア諸国への貿易額を比較すると, 日本から東アジアの輸出額は, 同期間に12兆2700億円から16兆7900億円 (1.37倍) になっているのに対して, 東アジアの日本への輸出額は8兆9900億円から12兆8000億円 (1.53倍) になっている。この比較から, 東アジアからのアメリカと日本への輸出額が著しく増大しているということができる。さらに, 日本も, 東アジアとの輸出と輸入も一定額を増大させているのに対して, アメリカの東アジアと日本への輸出額がそれほど増大しておらず, アメリカのこの地域への輸出額の相対的減少を示しているといえる。

　しかし, 日本, 東アジア, アメリカの3極間でのこの傾向は, コンピュータ部品など中間財の貿易と自動車(完成品)の貿易とでは違っている。コンピュータ部品などの中間財のケースでは, 日本と東アジアの間の輸出が1990年から1998年の間, それぞれ4.9倍と3.6倍となっているのに対して, 日本とアメリカではそれぞれの輸出は, 1.07倍と1.85倍にしかなっていない。さ

らに，東アジアとアメリカの間では，東アジアからの輸出が4.8倍になっているのに対して，アメリカからの輸出は1.68倍に留まっている。

これにたいして，自動車(完成品)のケースでは，日本からアメリカへの輸出は，3兆3264億円(1990年)から3兆3297億円(1998年)に，わずかに減少しているだけで，アメリカからは，9720億円から1兆5430億円(1.59倍)になっている程度である。さらに，日本から東アジアへの自動車の輸出は，5519億円から3730億円と，同期間に約33%減少しているのにたいして，東アジアから日本への輸出は，14億円からから26億円に増大しているのみである。したがって，東アジアでの日系企業による自動車生産量は，東アジア市場で販売されているといえよう。コンピュータ部品とは違い，完成品自動車の輸送費が高く，アメリカ向けは，アメリカで現地生産するほうが有利だからであろう。それゆえ，電気，コンピュータとその部品，機械部品など中間材では，東アジアのプレゼンスは著しく高まっているのにたいして，自動車ではまだ高いとはいえない(『通商白書』2000年度版，126頁，図5・2A-B参照)。

図5・2-A　　　　　　　　　図5・2-B

(備考) 図A．Bとも 商品分類には以下のHSコードを用いた。
　　　 事務用機器(本体，周辺機器)：HS8469〜8472，
　　　 コンピュータ等部品：HS8473，
　　　 自動車：HS8701.10-9,8701.20,8701.90-9,8702〜8706,
　　　 自動車部品：HS8707〜8708
　　　 大蔵省「貿易統計」，米国商務省「貿易統計」
(出所) 通産省『通商白書』2000年，126頁

（3）東アジアへの世界からの直接投資と東アジア諸国間の直接投資――出遅れの欧米

　図5・3は，1990年と1999年の東アジアへの日本，アメリカ，ヨーロッパそしてNIEsの直接投資額（フロー）の割合を示している（『通商白書2001年度版』，23頁）。1990年の東アジアへの直接投資の総額は361億ドルであり，NIESから33%，日本から26%，アメリカから14%，EUから10%，その他の国からは17%であった。それに対して，1999年の東アジアへのこれらの国からの直接投資は約4倍となり，その割合は，NIEsから25%，EUから18%，アメリカから18%，日本からは8%，その他は31%であった。この数字は，NIEsからの割合は減少していても絶対額では2倍に増えており当然ながら第1位であること，ヨーロッパ，アメリカらの直接投資は，1999年代初期には遅れて少なかったが次第に増大してきていることである。

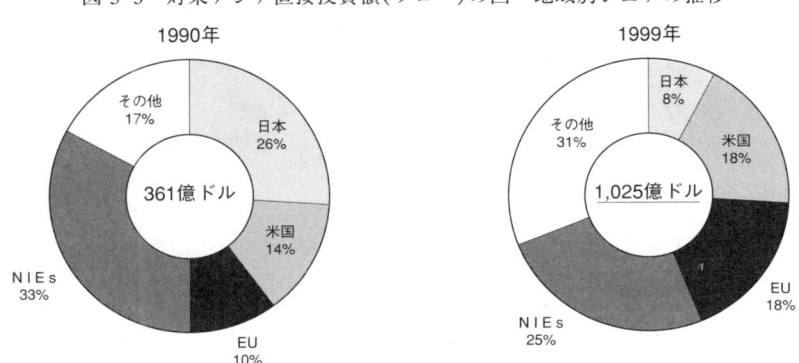

図5・3　対東アジア直接投資額（フロー）の国・地域別シェアの推移

1990年
その他 17%
日本 26%
361億ドル
米国 14%
EU 10%
NIEs 33%

1999年
日本 8%
米国 18%
その他 31%
1,025億ドル
EU 18%
NIEs 25%

（備考）1. 中国（1990年）は契約ベース，香港（1990年）はアンケートベース，香港（1999年）は国際収支ベース，それ以外は認可ベース。
　　　　2. シンガポール，マレーシア，香港（1990年）は製造業のみ。
　　　　3. EUについては，一部EU以外の欧州も含む。
（資料）各国現地統計，IMF「IFS」より作成。
（出所）経済産業省『通商白書2001』，23頁

128　第Ⅱ部　東アジアの経済発展と経済問題

　それでは，東アジア域内における直接投資額はどうなっているだろうか。図5・4の『通商白書2002年度版』により，1990年代の前半と後半の間における，日本，NIEs，ASEAN4（地域），中国の4極における直接投資額の変化をみると，以下のようである。1990年代前半の東アジア地域における直接投資の特徴は，NIEs が，中国に対して9,825百万ドル（これとは別に香港からは34,400百万ドル）と ASEAN 諸国に対して7,784百万ドル投資を行っている。日本は，NIEs 諸国の投資ほど多くないが，中国に対して2,169百万ドル，ASEAN に対して4,778百万ドルを投資している。1990

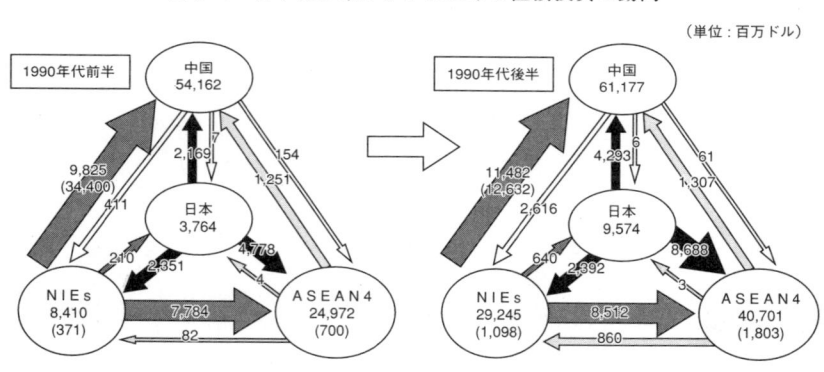

図5・4　日本及び東アジアにおける直接投資の動向

(単位：百万ドル)

[図：1990年代前半と1990年代後半における日本・NIEs・ASEAN4・中国間の直接投資額を示す図]

1990年代前半：
- 中国 54,162
- 日本 3,764
- NIEs 8,410 (371)
- ASEAN4 24,972 (700)
- NIEs→中国 9,825 (34,400)
- 日本→中国 2,169
- 中国→日本 7
- 中国→ASEAN4 154
- ASEAN4→中国 1,251
- NIEs→日本 411
- 日本→NIEs 210
- NIEs→日本 2,351
- 日本→ASEAN4 4,778
- ASEAN4→日本 4
- NIEs→ASEAN4 7,784
- ASEAN4→NIEs 82

1990年代後半：
- 中国 61,177
- 日本 9,574
- NIEs 29,245 (1,098)
- ASEAN4 40,701 (1,803)
- NIEs→中国 11,482 (12,632)
- 日本→中国 4,293
- 中国→日本 6
- 中国→ASEAN4 61
- ASEAN4→中国 1,307
- NIEs→日本 2,616
- 日本→NIEs 640
- NIEs→日本 2,392
- 日本→ASEAN4 8,688
- ASEAN4→日本 3
- NIEs→ASEAN4 8,512
- ASEAN4→NIEs 860

（備考）図は，各国統計により，対内直接投資額のデータを用いて作成した。
　　　90年代前半は 90-94年の，90年代後半は 95-99年の投資額の年平均額を記載した。
　　　円の中の数字は各国の世界からの対内直接投資の総計。
　　　NIEs・ASEAN4 の括弧内の数字は，各々 NIEs 内・ASEAN4 内からの受入投資の数字。
　　　日本の数字は届出ベース(1億円以上)，香港は実行ベース，シンガポールは約束ベース，他は認可ベースの数字を用いた。(したがって，日本，香港への投資は過小評価されている可能性がある。)
　　　香港から中国への投資額は NIEs には含めず，NIEs から中国への矢印の下に括弧書きで示した。
（資料）国際貿易投資促進研究会「世界主要国の直接投資統計集」から作成。
（出所）経済産業省『通商白書2002』，12頁

年代前半の日本は，NIEs 諸国へ最大の投資家であり，2351 百万ドルの投資がなされていた。これに対して，1990 年代の後半には，NIEs からと香港からの中国への投資額はいぜんとして大きいが，増加率はわずかに減少している。それに対して，1990 年代後半の日本からの中国と ASEAN への投資は約 2 倍となっており，それぞれ 4,293 百万ドルと 8,688 百万ドルを記録していた。これにたいして，日本からの NIEs への投資は 2,392 百万ドル，NIEs からの ASEAN への投資額は 8,512 百万ドルで，それほど増加していない（経済産業省，2002，12 頁）。1990 年代後半では，ASEAN 地域と特に中国への投資が増大し，これらの 4 極に属する国々の支社が生産・販売活動を増大させ，そのことにより，地域内貿易を増大させてきたのである。

（4）中国の台頭——「世界の工場」

1990 年代に入り，中国の経済が急速に発達し世界経済において確固たる地位を確立したことである。それを示す指標として，中国の生産量が世界の生産量でトップシェアーを記録する商品が 1999 年現在で，穀物 45,304（万トン），綿花 383（万トン），粗鋼 12,426（万トン），化学繊維 5,270（千トン），化学肥料 3,251（万トン），カラーテレビ 4,262（万台），エアコン 1,338（万台），洗濯機 1,342（万台），冷蔵庫 1,210（万台），電話受話器 7,140（万台），モーターバイク 7,978（万台）など 16 品目になったことがあげられる（ジェトロ，2001，49 頁）。

ここで，最も新しい 2001 年の中国の貿易統計をみると，貿易総額は 5098 億ドル（増加率 7.5％），輸出額が 2662 億ドル（6.8％ 増）輸入額が 2436 億ドル（8.2％ 増），貿易黒字 225 億ドルとなった。WTO の発表によれば，中国の貿易総額は 1998 年 11 位，2000 年の 7 位から，2001 年には 6 位に上昇し，米国，ドイツ，日本，フランス，英国に次ぐ貿易大国となった。貿易相手先別にみた貿易総額の上位 3 カ国は，日本（878 億ドル），アメリカ（805

130 第Ⅱ部 東アジアの経済発展と経済問題

億ドル), EU (766億ドル)であった。4位以下は, 香港 (560億ドル), ASEAN10 (416億ドル), 韓国 (359億ドル), 台湾 (323億ドル)であった (ジェトロ, 2002, 178-179頁)。

しかし, その貿易は, 中国人所有の企業だけではなく外国子会社によっても担われている。外資系企業による貿易額は2591億ドル (9.5%増), うち輸出が1322億ドル (11.6%増), 輸入が1259億ドル (11.6%増)であった。2001年の中国の貿易総額全体に占める外資系企業の貿易の割合は, は50.8%であった(2000年は49.9%) (ジェトロ, 2002, 179頁)。

最近では, 中国のIT産業の発展も顕著である。2000年における中国におけるITのハードウエアー生産量の世界におけるランキングは, アメリカ, 日本についで第3位である。その生産量はつぎのとおりである。アメリカ (88,489百万ドル), 日本 (45,468百万ドル), 中国 (25,535百万ドル), 台湾 (23,081百万ドル), 英国 (16,167百万ドル)」。ジェトロ『貿易白書2001年度版』は, 中国のエレクトロニクス産業における国内資本企業, 華人(香

図5・5 中国エレクトロニクス産業の生産, 輸出における外資系企業のプレゼンス

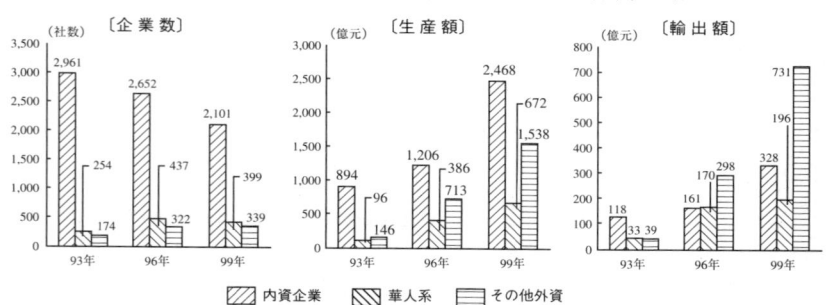

(注) 内資企業には国有企業, 集団所有企業, 私営企業などが含まれる。華人は香港, 台湾, 澳門の企業からなり, その他外資系企業は外資系企業からこれらの華人系企業を除いた企業からなる。
(資料)「中国電子工業年鑑」各年版よりジェトロ作成
(出所) 日本貿易振興会『ジェトロ白書』2001年度版, 50頁

港，台湾など)系所有企業，外資系企業それぞれの，社数，生産額，輸出額を1993年，1996年，1999年について比較したものを提示している。中国国内資本の企業の数は 2,101 社で，華人系 399 社，外資系 339 社に比べ圧倒的に多いが，小規模であり外資系企業に比べ近代的生産システムは確立されていないといえよう。しかし，1999年の生産量は 2,468（億元）で（全体の 52.8%）にまで達しているが，輸出総額に占める割合 26.1% しか占めていない（図 5・5 参照）。それゆえ，エレクトロニクス製品の貿易の 4 分の 3 は外資系企業によって行われているといえるが，将来は，国内企業の製品の発展途上国への輸出が増大することが予想される（ジェトロ，2001，50 頁）。

これら外資系企業と中国の製造業が急速に生産額を増大している背景で，広東省の珠江デルタ周辺地域と，上海および蘇州を中心とする長江デルタ周辺地域が，産業集積地として著しく発展しており，注目されている。中国の電気産業の発展は著しく，テレビ，エアコン，オートバイ，通信機器などのコストの優位性を発揮できる産業分野では，アメリカ，ASEAN 諸国やインドなどに輸出するだけでなく，東南アジア，インド，中東，アフリカなどに進出し生産と販売を行っている。

特に，海爾（ハイアール）集団は，北米で 200 リッター以下の冷蔵庫で 30%，フリーザーで 12%，ワインクーラーで 50% のシェアーを，欧州ではエアコンで 10% のシェアー，中近東では洗濯機の 10% のシェアーを，それぞれ獲得している。また，中国の国内市場では，エアコン（30.46%，1 位），冷蔵庫（27.58%，1 位），全自動洗濯機（27.37%，1 位），二層式洗濯機（24.77%，1 位），掃除機（23.41%，1 位），電気温水器（16.43%，1 位）のシェアーを獲得している。

ハイアール企業集団の従業員は約 3 万人，製造会社が 10 拠点，46 工場，アフターサービス 11,976 拠点，販売拠点 53,000 拠点といった実勢であり，2000 年現在で売上高 406 億元，輸出額 208 百万米ドル，90 カ国へ輸出して

いる(安室, 135頁)。

(5) 日本企業のアジア進出戦略

　山澤成康の研究によれば，日本企業のアジア進出戦略は，時代の変化にともない，① 製品差別化戦略(1980年代半ばまで)→② 工程間分業戦略(80年代半ばから90年代初め)→③ 地域完結型(90年代初めから現在まで)へと進展してきた，と捉えることができる(図5·6参照)。それぞれの戦略は，それが用いられる地域や業種により，同時並行的に実施される場合もあるし，時期によって異なる。

　① 製品差別化戦略は，台湾，タイなどの途上国の技術水準が低かった1980年代半ばまで採られたもので，それは，日本から部品を輸出し，低賃金の国や地域で技術水準に応じて，それぞれ完成品を組み立てるというものである。この戦略は，たとえば，家電製品メーカーで採用され，日本から電子部品を現地子会社に送り，現地の労働者が完成品に組み立てる生産システムを確立した。カー・ナビゲーターのような新技術を必要とする新製品は日本国内で生産し，VTRのような標準的技術で生産できるような製品は台湾などNIEsで，ラジオや普及用テレビはASEAN諸国で生産するというように，各地域で製品の差別化が実施された(山澤2002, 129頁)。

　② 工程間分業戦略とは，アジア各国・地域の技術水準が上がり，部品の生産がNIEsやASEANで可能になることによって，採用されるようになった。これは，一つの製品の工程を，コストを最も低くする視点から，日本の親会社と，NIEsとASEANの子会社間で分担するシステムである。日本企業は，1980年代の後半から，電気製品や自動車部品などについて，コストの視点から各地域で分業化を推進し，現地での調達率を高めた。たとえば，アジアの日本支社の日本からの部品調達率は，1986年に54.6%から，1989年には44.6%に低下させていた。

東アジアのグローバリゼーションと日本の共生の方向　133

図 5・6　各戦略の概念図

〈製品差別化戦略〉

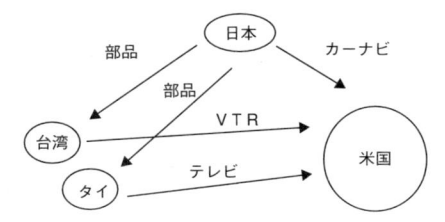

〈工程間分業戦略〉

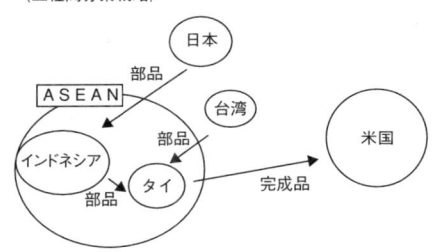

〈地域完結型分業戦略〉

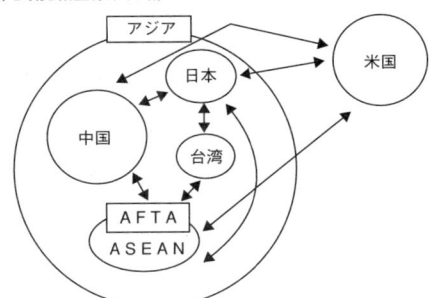

（出所）山澤成康「FTAと日本企業の競争力」（浦田秀次郎他編『日本のFTA戦略』日本経済新聞社，2002年，130頁）
〈地域完結型分業戦略〉の図は筆者により一部修正加工がなされている。

日本企業の工程間分業を促進させる契機となったのは，1988年10月に，ASEANの自動車産業で実施された部品相互補完協定（BBC）である。これは，タイ，マレーシア，フィリピン，インドネシア(1995年1月以来)の4カ国が相互に認定したもので，これらの国内の外資系自動車企業がこれらの4カ国から購入した部品の輸入関税を半分にすることと，輸入品は輸入国で生産されたものとみなすという協定である。この協定の締結後の1993年1月に，AFTAが開始されるが，この協定は，原則として2003年までに関税を5%以下にすることを目標としている。AFTAの狙いは，これらの国々の域内貿易を活性化して先進国の投資が中国にシフトするのを防ぐことであった。

また1996年6月に，域内貿易をより促進するためにASEAN産業協力（ICON）の方策がとられた。これは，ASEAN域内7カ国で生産分業する場合は，その製品の輸入には0.5%の特恵関税が適用されるというものである。ICONスキムが認可された件数は，自動車産業で圧倒的に多く，2002年7月現在で，自動車企業が85件，電気製品企業が5件，食品加工企業5件，その他の企業が3件である。また，これをICONが認められた商品の件数を会社別にみると，トヨタが26件，ホンダ25件，デンソー6件，日産5件，三菱自動車工業4件，ネスレ4件，ヤマハ3件，ボルボ5件，その他20件である（ASEANホーム・ページ，www.aseansec..org..）。この工程間分業は，ASEAN地域で自動車などを組み立て，アメリカやヨーロッパに完成品を販売することを目的として行われることが多かった。

③ 地域完結型分業戦略とは，NIEs，ASEAN，そして中国を含むアジア域内で，生産，販売，さらに研究開発を行い，製品の販売をアジア市場に焦点をしぼっていることである。日本企業が1990年代にはいり，このような戦略をとらざるを得なくなった理由は，二つである。一つは，北アメリカではNAFTA，ヨーロッパではEUなど各地域で自由貿易協定が結ばれ，日本企業の北米や欧州への輸出がそれほど有利でなくなった。とくに，ASEANか

ら米国への輸出に適用される優遇措置の一般特恵関税制度の条件が厳しくなり，日本企業の子会社が日本から部品を購入し，それらを組み立て，米国に輸出することが難しくなったことである。二つは，アジア各国，地域の所得水準が上がり，日本の製品への需要が増大し始め，市場として意味をもつようになったことである。

地域完結型分業戦略のもとでは，日本企業は，世界市場を日本，アジア，北アメリカ，ヨーロッパの4つの市場に分け，それぞれの地域に地域本部を設置するとともに，日本で製品を開発し，NIEsとASEANで部品を生産し，ASEANで組み立てるという分業方式を確立している。しかし，最近では，中国の所得水準も上昇し，中国のマーケットの需要も多くなっていることから，繊維・アパレル，電気，機械などを中心に中国での生産も上昇し，アパレルの多くは日本へ輸出される割合が多い(山澤134–135頁)。

(6) 「雁行形態論」に代わる新しい国際分業論の必要性

すでにみたように，日本，中国，アジアNIEsとASEAN4カ国における輸出統計の世界諸国の輸出総計に占める割合が，1970年代の10.8%から2000年には26.5%に増大し，東アジアのプレゼンスが大きな比重を持ち始めている。この事実は，東アジア域内の貿易総額が増大していることをも意味する。

2003年の『通商白書』によれば，1981年から1991年までの10年間で，東アジア域内の貿易額(各国・地域の輸出合計)は3.2倍(1,043億ドルから3,331ドルに増大)に拡大している。特にNIEsの貿易拡大が著しく，たとえば，NIEsから日本への輸出は3.1倍(91億ドル→320億ドル)，日本からNIEsへの輸出は3.1倍(213億ドル→669億ドル)，NIEs諸国・地域間では5.0倍(83億ドル→417億ドル)となった。さらに，1991年から2001年までの10年間に，東アジア域内で2.1倍(3,331億ドル→7,028億

ドル)に拡大している。この次期には，NIEs, ASEAN4カ国に加えて，中国と東アジアとの貿易額が急速に増大していることが注目されるべきである。

これを世界全体の貿易額が拡大した割合と比較すれば，世界の貿易が1981年から1991年の10年間に1.8倍であったのに対して，東アジアのそれは3.2倍であった。また，1991年から2001年の10年間に，世界が1.8倍であったのに対して東アジアでは2.1倍であった。この事実からも東アジア域内の貿易が著しく増大したことがわかる。

しかも，この東アジアの域内貿易の増大が一般機械や電気機器の分野で著しかったことに注目すべきである。たとえば，同じ資料に依拠して，1990年から2000年の10年間での電気機器製品の域内の貿易輸出額増大割合を比較してみると，日本からNIEsの輸出は2.30倍(149ドル→344億ドル)，NIEsから日本への輸出は2.65倍(40億ドル→106億ドル)，日本からASEAN4には3.97倍(37億ドル→147億ドル)，ASEAN4から日本には8.8倍(11億ドル→97億ドル)，日本から中国への輸出は5.69倍(13億ドル→74億ドル)，中国から日本へは58倍(1億ドル→58億ドル)，NIESからASEAN4への輸出は6.28倍(39億ドル→245億ドル)，ASEAN4からNIEsへは7.00倍(35億ドル→245億ドル)，NIEsから中国への輸出は3.77倍(18億ドル→68億ドル)，中国からNIEsへは4.58倍(31億ドル→142億ドル)，ASEAN4から中国への輸出は70倍(0.2億ドル→14億ドル)，中国からASEANには44倍(0.5億ドル→22億ドル)と，いずれも著しい増大を示している。

この事実は，「日本企業のアジア進出戦略」で考察したように，日本企業と東アジア諸国(NIEs, ASEAN4および中国)における，工程間分業ないし地域完結型分業が著しく発展していることを意味する。しかも忘れてならないのは，東アジア域内で電気機器ないし関連部品の輸出・輸入が調和的に行われているのではない。図5・1の日・米・東アジア3極間の1990年と1998年

の貿易の推移をみて分かるように，東アジアからのアメリカへの輸出額がこの8年間に13兆4700億円から27兆6000億円の2.04倍に達しているのに対して，アメリカから東アジアへの輸出が8兆1600億円から13兆1900億円の1.61倍にしか達していない。つまり，アメリカは，東アジアに対して貿易赤字を1990年の5兆3100億円から1998年の14兆4100億円に増大させているのである。この事実こそ，2003年に入ってから，アメリカ政府が中国政府に対して元（YUAN）の切り上げを要求する事態をもたらしているのである。さらに，日本は，中国，多額の石油を輸入しているインドネシアを除き，子会社との間で工程間分業を進展させているタイ，韓国，マレーシアなどに対して，構造的な大幅な貿易黒字を記録しているのである。

こうした事態は，東アジア域内での日本企業を中心として，韓国，台湾企業などを含めて，電気機器，一般機械，コンピュータ部品などの多国籍製造企業における国境にまたがる工程間分業などの東アジアにおける国際分業のネット・ワークの進展によってもたらせているのである。

この事実は，赤松の主張した東アジアの経済成長に関する雁行形態論の有効性に対して疑問を提示することになる。雁行形態論とは，東アジアの経済成長が，日本→NIEs→ASEAN→中国の順で，後発国が先発国を追い上げながら産業構造をより発展させる雁行的発展として説明できるとするものである。具体的には，この理論はつぎの要因から構成される。1)それまで輸入されていた消費財が国内で生産されること，そのために必要な資本財が輸入されること。2)それに続いて，消費財が輸出される一方で，資本財が国内で生産が開始され，3)最終的に資本財が輸出産業に成長した時点で発展が完結する（小林尚朗2003年，138頁）。つまり，雁行的発展とは，輸入代替の方法により国内市場を形成し，自立的な国民経済を形成することである。その自立経済は，資本材の輸入代替と輸出産業化をもって完成されるのである。

このような雁行形態論の内容と比較するなら，現実の東アジアの経済成長

は，雁行形態として説明はできない。東アジアの経済は，主に国内市場を形成することで成長したのではなく，外資導入により世界市場向けの生産によって成長してきたのである。特に，ASEAN 諸国や中国では，外国企業の直接投資により，輸入や輸入代替の段階を経ていない製品が輸出向けとして大量に生産されている。韓国では，輸入代替産業が輸出産業に成長する自立的な国民経済の構築を目指して国内企業による工業化も進められてきたが，依然として資金，技術，資本，中間材を外国に依存している側面があり，日本に対して構造的に貿易赤字を記録している。

しかも，すでにみたような，電気機器，一般機械産業にみられる国境を越える企業内工程分業の存在は，東アジアの経済成長が雁行形態ではなく，複雑な新しい国際的労働分業のネット・ワークで説明しなければならないこと示しているのではないかと，考えられる。したがって，東アジアにおける多国籍企業内の工程間分業の分析がますます重要になってきているといえる。この分析こそ，筆者の次の課題となる。

2. 東アジア経済圏・アジア共通通貨圏の可能性
——マクロ視点からの東アジアとの共生

(1) 東アジア領域での自由貿易・経済協力の歴史

アジア地域での経済協力について政府間で最初に協議されたのは，1989 年に開催された APEC の閣僚会議である。参加国は，太平洋沿岸の 18 カ国であった。APEC は，1994 年の首脳会議で域内自由貿易の実現について協議し，先進国は 2010 年まで，開発途上国は 2020 年までに貿易投資の自由化を達成するという宣言をインドネシアのボゴールで採択した。その後，1995 年に，宣言を実現するための「大阪行動計画」，1996 年には，マニラで「個

別行動計画」をまとめた。この時期には，アメリカが積極的に関与し，冷戦の終結とアジア太平洋地域の国々の高い経済成長を前にして，WTO を補完する相互主義的市場開放を要求したのに対して，アジア諸国は，コンセンサスと柔軟性を主張し行動の一致点を見出せないでいた（石澤 2003，11-17頁）。ところが，1990年代の後半になると，APEC に対して，1997年に発生したアジア通貨・経済危機に適切な対応ができなかったこと，個別な経済自由化計画の成果を上げられなかったことにより，その地域構想の実現への熱意は急激に失われた。

　他方で，ASEAN 諸国が1992年にシンガポールでAFTA を採択し，2008年までに地域内関税を5%以下にすることを目標とし，地域協力が進展していた。それは，北米では NAFTA，欧州では EU が進展し，アジア特に中国への投資が集中する傾向が出てきたこともあり，ASEAN は，域内自由貿易の実現の必要性を意識し AFTA を締結したのである。

　AFTA の関税引き下げについて，具体的に決めるのが，共通特恵関税協定（CEPT））であり，1993年に，15年間で関税率を5%以下にするというスキームが合意された。翌年の94年に経済閣僚会議で自由化のスケジュールが2008年から2003年に早められ，さらに1996年12月の首脳会議で，AFTA の自由化を1年早く実施することを決め，さらに，ASEAN 産業協力（AICO）スキームの適用条件の緩和が決められた。ASEAN メンバーも，タイ，マレーシア，シンガポール，フィリピン，インドネシア，ブルネイ6カ国のほかに，ベトナム，ラオス，ミヤンマー，さらに1999年にカンボジアが加入し，ASEAN10体制が完成した。1997年の ASEAN 首脳会議で，ASEAN プラス3（日本，中国，韓国)が制度化され，ASEAN 内部で，2国間自由貿易協定（FTA）の締結についても活発に議論されるようになっている。特に注目されるのは，2000年5月の財務大臣会議で，通貨危機時に資金協力を実施する通貨スワップを強化するという「チェンマイ・イニ

シアチブ」に合意したことである (http://www.aseansec.org./12021.htm)。

(2) 自由貿易協定 (FTA) 締結にたいする態度

1997年のアジア通貨危機は，ASEAN諸国だけでなく，韓国，日本，中国にも東アジアのなかでの経済協力の必要性を痛感させた。また，1990年以降，世界的にFTAの締結が増大するにしたがい，東アジア諸国間でも2国間の自由貿易協定の実現に向けた活動が展開されている。なぜ各国が2国間自由貿易協定の締結に積極的になっているかというと，農産物などの自由化について弾力的に「10年以内に再協議する」といった例外を認めて協定が締結されてきているからである。

日本は，これまでに2001年1月にシンガポールとFTAを締結し終えている。さらに，日本は，韓国，タイ，フィリピン，マレーシアとの間で，締結を検討する委員会を設置している。これにたいして，韓国は，工業製品の輸入がさらに増大し赤字が増大するとの懸念から，日本との自由貿易協定をすぐに締結することには，躊躇している。中国は，2001年11月に，ASEANと10年以内にFTAを締結することを表明し，さらに，中国，日本，韓国の3カ国の自由貿易協定を提案している。また，中国は，インドとの経済協力に合意し，インドとのFTA締結にも前向きの姿勢を示している（『日本経済新聞』，2003年7月6日）。韓国は，北東アジアの経済協力（北朝鮮，ロシアを含む）を重要視しており，どちらかというとやはり，韓国，中国，日本の3カ国間の自由貿易協定を希望しているのかもしれない。

(3) 通貨スワップ制度とアジア通貨基金の可能性

1997年11月，アジア通貨危機のさなかに開催されたAPECバンクーバ会議で，日本の首相宮沢によって主張されたアジア通貨基金制度や，マレーシアのマハティールによって主張された投機的短期資本の流入を規制すべき

という提案は，アメリカや IMF によって拒否された．アジア通貨危機の直接的原因は，東アジア諸国が，自国通貨とドルとの交換比率を固定するドル・ペッグシステムを採用していたことに原因があった．なぜなら，アジア通貨危機は，円ドルレートが 1995 年 5 月に 1 ドル 80 円から，1997 年 7 月に 1 ドル 140 円という極端に変動したときに起きているからである（関志雄 1998，高橋由明 2002）。1997 年のアジア通貨危機が起きるまでの東アジアの高い経済成長は，1991 年から 1995 年までの円高の局面で生まれ，それに対して，低い経済成長は，1989 年と 1990 年の間と 1996 年以降の円安の局面で生じている。円高の局面では，タイや韓国などの日本に対して貿易赤字の多かった国にとっては，円高時には赤字が少なく表示され有利だったのである。しかし，円安が進行するにつれて，その貿易赤字もそれにしたがい増大する。しかも，こうした赤字の増大が進行するもとで，ヘッジ・ファンドなどの短期資本が急激に流失し，資本不足が発生し，アジア通貨危機が勃発したのである。

アジア通貨危機後 2000 年 5 月に，東アジア諸国（ASEAN プラス 3）は，短期資本の流失にともなう資本不足に対処するため，通貨スワップを制度化した。2003 年 1 月現在で，ASEAN5 カ国で 10 億ドルの基金，日本は，タイとの間で 30 億ドル，韓国との間で 70 億ドル，マレーシアの間で 35 億ドル，フィリピンとの間で 30 億ドル，インドネシアの間で 30 億ドル，中国の間で円と元で 30 億ドルの基金を設置している。韓国は，タイの間で 10 億ドル，マレーシアとの間で 10 億ドル，フィリピンの間で 10 億ドル，さらに韓国と中国との間でウォンと元で 20 億ドルなど，がそれぞれ準備され，全体で 390 億ドルのスワップ準備基金となっている。（財務省，『報告書』2003，図 5・7）。この制度は通貨危機の再度の発生に対する防衛策といえるが，アジア共通通貨を創設するには，アジア通貨基金制度（AMS）が必要となろう。

さらに，2003 年 7 月には，ASEAN，中国，日本，韓国，インドネシア

142　第Ⅱ部　東アジアの経済発展と経済問題

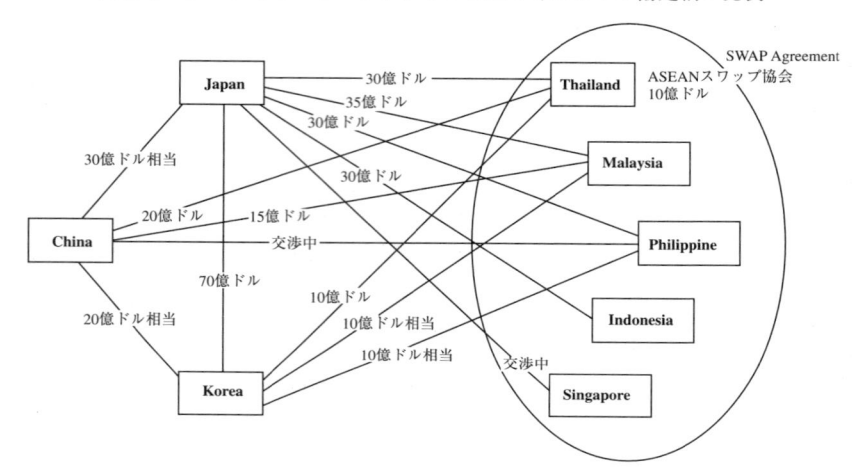

図5・7　チェンマイ・イニシァティブに基づくスワップ協定網の発展

(注) 日本と韓国，日本とマレーシアに関しては，新宮沢構想によるスワップ協定による 50 億ドル(日本と韓国間)と 25 億ドル(日本とマレーシア間)が含まれる。

が，アジア債権市場を創設するための「アジア債権基金」に 10 億ドル支出することを決めている。このアジア債権基金は，アジアの企業が利用できる資本市場を育成するだけでなく，欧米の資本市場と連携することにも寄与することになる(『朝日新聞』2003 年 7 月 4 日)。

(4)　円の国際化か通貨バスケットか——アジア共通通貨の必要性

アジア通貨危機の後，アジア諸国は，国際取引の支払い手段としてドルのみに依存することには欠陥があることを知り，ドル，円，ユーロを一定比率で保持する通貨バスケット方式を採用するようになっている。しかし，この 3 通貨をどのような比率で持つかは，その国がどの国とどのような貿易をしているかによって決まるのであって，このドル，円，ユーロの通貨バスケット方式においては，ドル円レートの不安定な状況のもとで，依然としてリス

クに直面せざるをえない。しかも，東アジアの貿易決済は，日本からの完成品自動車のように高付加価値をもつ差別化商品の輸入に関しては円で支払い，機械部品などの中間製品にはドルで支払うのにたいして，アメリカに対しては，日本から仕入れた中間製品を用いて完成品を生産しそれを輸出し，その販売からはドルでの支払いを受ける。

　しかも，中国と台湾以外の東アジア諸国は，日本に対する貿易収支は，構造的に赤字構造になっており，最終的にアメリカに対する貿易黒字から受け取ったドルで，日本に対する赤字部分の支払いをするようになっている。したがって，東アジアの輸入業者の円による支払いは，円買いの形式をとり，たえず円高圧力になり，円高傾向を強めるのである。また，円安のときは，東アジアからの円での投資が増大し円安傾向を強めるのである（尹春志，2003, 243-244 頁）。したがって，アジア諸国の企業は，円ドルレートが不安定であるかぎり，または，3通貨のバスケットと自国通貨との関係を持たせないかぎり，さらに日本との構造的赤字が是正されない限り，たえず貿易から不利益をこうむることになるのである。したがって，円の国際化は日本にとって好都合でも，東アジア諸国にとってはドル円レートのリスクから自由になれない。

　将来展望としては，EUが域内共通通貨のユーロを生み出すために利用したECUのようなアジア共通通貨単位（ACU）を創設することが，アジア諸国にとって最終目標である。しかし，今年の6月5日に日本経済新聞により組織され東京で開催された国際会議で，マハティールが提案したなんらかの形式で自国通貨との関連をもたせた「共通貿易通貨」を創設することには（『日本経済新聞』2003年7月4日），それほどの時間はかからないのではないか？　アジア通貨基金の基礎ともなるべき2国間通貨スワップが網の目のように確立している現状では，1997年のような通貨危機の回避は可能であり，それを確実にするためには，アジア・ボンド市場の確立，なんらかの形

式でアジア諸国の自国通貨との関連をもつ共通貿易通貨のようなものを創設していくことが，ますます重要になってきている。

3. 経営管理方式の移転と現地文化・社会への影響
―― ミクロ視点からの東アジアとの共生

(1) 文化の意味

　文化人類学者であれ国際経営学者であれ，「文化」の意味について検討する場合，多くの研究者は，E.Tylor の 1871 年の著作『文化の起源』について言及している。国際経営学者の N.J. Adler が文化についてふれた著作で，タイラーの文献から文化についてつぎの引用を行なっている。文化とは「知識，信仰，芸術，道徳，法律，習慣，そして社会の一構成員として獲得される他の能力や習慣を含む複合的全体」（江夏他訳，14頁）。この場合，「社会の構成員として」の意味は，文化というものが少なくとも 2 人以上の人々によって共有されていることを意味する。アドラーによると，文化とは，結局，つぎのようなものだとまとめている。①ある社会集団のすべてか，ほとんどの構成員によって共有されるもの，②その集団の古い構成員が若い構成員に伝えようとするもの，③（道徳，法律，習慣の場合のように）人々の具体的行動や世界観をかたちづくるもの。

(2) 経営管理方式の規定要因 ――「文化構造」，「経済過程」，「事業体組織の態様」

　a) 文化構造（cultural structure）――「文化」とは，「ある特定集団メンバーの価値体系・習慣・思考・行動様式」を意味する。経営管理方式の国際移転の視点からは，「ある時代のある国の個々人の思考・行動様式，生活目的・目

標・価値体系，社会的格付け，行動基準の型」と定義する（中川敬一郎 1981）のが適当である。国を越えると文化が異なるのが典型だからである。文化を構成する要素としては，その国の宗教，政治，法律，教育があげられ，それらの教示や法文の内容やそれに基づくその国の各制度により文化（人々の価値意識）が形成されると考える（高橋，2000）。

　しかし，同一国内でもあるグループは，工業化・商業化・IT 化の進展を受けとめられるのに対して，あるグループは，従来の共同体の生活様式のほうが人間的であるとしてこれらを受けとめられない現象もみられる。したがって，文化の根源は，ある集団の価値観，いってみれば生命を異にする個々人の属する集団の価値意識にあるといえよう。したがって，文化の特徴は多様性にあるといえる。

　b）この文化は，「経済過程（economic process）」に影響をおよぼす。アダム・スミス以来，経済学に現われる人間は，ホモ・エコノミックス（homo economics）と仮定され，いかなる場合も経済合理性で行動するものとされてきた。しかし，中川敬一郎によれば，アフリカの土着人の社会では，賃金を 2 倍に引き上げると，2 日分の賃金をもらったから次の日は休むということがある。このように，これまでの経済学は，人々の属する社会・組織と人々の行動態様と，経済の発展の程度との関係の分析を無視してきた。この指摘は中川の貢献である。

　しかし，中川がとくに触れなかったが，経済行為を文化行為と比べるなら，文化は多様性を追求するため数量化できないのに対して，経済は効率化を追求するために，単純化・標準化を追求することになる。この標準化は数量化を容易にし，科学性が高められると考えられていることである。中川が議論しているのは，その経済性・効率化・標準化の程度が，その国の歴史・文化に影響を受けるということである。

　c）人々が生活をする家庭だけでなく経済活動をしかつ社会参加する「事業

体の組織」の態様も，「文化」構造，「経済」過程と関係する。事業体の組織こそが，地域での価値体系をもった従業員・経営者の意識・価値観（value system）と，事業の目的・価値とのすり合わせが生まれるところであり，「企業文化」の研究とは，まさに各企業におけるこの問題の比較分析なのである。

この「文化構造」，「経済過程」，「事業組織の態様」は，相互に影響しあう。グローバルな経済・企業組織の過程は，経済効率，標準化を追求するがゆえに変化の速度が相対的に速いのにたいして，ローカルな人々の生活スタイル，価値意識の変化は，文化が多様性という基本的な特質をもつがゆえに，その速度は相対的に遅いといえる。

(3) 管理方式の国際移転とその現地社会・文化への影響

a）経営管理方式の移転を容易にする要因と難しくさせる要因

これまでの研究では，経営管理方式を修正せずそのまま移転・移植することを「適用（application）」というのに対して，地域の状況に適合させ修正して移転することを「適応（adaptation）」といわれてきた(安保1994) 経営管理方式の移転が比較的容易かそれとも困難かは，① その経営方式を導入する日系支社が合弁企業であるかどうかによって異なる(岡本1998)。また ② 日本の経営方式を導入する支社が，アメリカかヨーロッパか，それともアジアかどこの国に進出するかによって異なる。さらに，③ 当然のことながら，管理技術の性格に着目し，その技術が生産現場に多くみられるように標準化・マニュアル化され得る技術は国際移転し易いのに対して，文化に依存し標準化しにくい技術(管理階層の上部に多い)は移転しにくいということができる(高橋，2000)。

b）経営管理方式の移転の現地文化への影響――経営管理方式の海外移転の社会的意味

経営管理方式の海外移転も一種の熟練の移転である。藻利重隆教授は，熟

練の移転について，熟練が，a) 作業者から機械への移転(作業の機械化)，b) 作業者から管理者への移転(作業の管理化)，c) 事務作業者から機械への移転(事務作業の機械化)に分けて考察した。経営管理方式の海外移転は，機械設備，作業方法，管理方式の移転であるので，a), b), c) が同時に生じるといえる。つまり新しい経営管理方式が現地の古い管理方式とそっくり取り替えられるなら，藻利教授の主張する熟練の移転が生じるのである(藻利重隆 1977)。そこでは，熟練を奪われた労働者の，作業の単純化，地位の格下げ，没個性化が生じる (Gutenberg 1971)。したがって，外国の新しい管理方式の導入は，従来の方式より能率をあげるが，従来の方式のもとでの管理者の熟練や労働者の熟練は不必要になり，その国のそれまでの管理方式や労働に携わっていた管理者や労働者の労働の価値を格下げさせることになる(ブレーバーマン 1974，藻利 1977)。このことは，その国の旧来の価値・文化を喪失させることになる。

　しかし，他面で，外国の経営管理方式を一方的に強制的に導入するのではなく，時間をかけて学習し，その国の企業の状況に適応・修正する形式で導入する場合は，従来の管理者，労働者も新しい熟練を身に付けることができ，彼らの熟練の格下げを防げるだろう。したがって，この場合の管理方式の国際移転は，それほどの文化摩擦を生じさせないであろう。こうしたことを踏まえれば，グローバル化の時代においては，異文化間での相互理解・学習を進展させることが重要となるのである。このことを指摘しておくことは，発展途上国やイスラム世界で，「反グローバリゼーション」，「反グローバリズム」の動向が強いことから，極めて重要である。

むすび

　最近，グローバル・スタンダードといわれ，ある国の経済基準や企業活動の基準を，他の異なった地域の経済や企業活動に対しても強制的に適用し，世界標準として普及拡大しようとする動きがある。各国および地域諸国の経済・企業活動の経験は，長い歴史や伝統的文化のなかで生まれてきているといえる。それに対して1つの基準に当てはめようとするなら，各国・地域の文化の多様性を破壊・喪失させる恐れがあるといえる。また，その目論みは，文化要因を無視していることから，成功するはずがないと考えられる。筆者は，アメリカン(地域)・スタンダード，ヨーロッピアン(地域)・スタンダードが認められるようなっている現状に対抗して，近い将来アジアン(地域)・スタンダードを創り上げていくべきであると考えている。ASEANプラス日本・韓国・中国の会議で設置・議論されている通貨スワップ，アジア債券市場，アジア経済・通貨圏構想などはその第一歩といえよう。こうしたアジアの共生のための制度や，東アジア経済圏・共通通貨圏の設立にあたっては，ヨーロッパの人々が，50年かけて創造したヨーロッパ連合（EU）の形成過程から多くを学ぶべきと考えている。

参考文献

Helmut Schmidt, *Globalisierung: Politische, oekonomische und kultuelle Herausfordrungen,* Deutsche Verlags-Anstalt GmbH, Stuttgart 1998 大島俊三・城崎照彦訳『グローバリゼーションの時代——21世紀への最大の課題に挑む』(集英社，2000年)。

ジェトロ，『貿易白書』2000年，2001年，2002年。

経済産業省『通商白書』2000年，2001年，2002年。

安室憲一『中国企業の競争力』(日本経済新聞社，2003年)。

山澤成康「FTAと日本企業の競争力」(浦田秀次郎編『日本のFTA戦略』(日本経済新聞社, 2002年, 129–140頁)。

石川幸一「東アジアにおけるFTAの潮流」(木村・鈴木編著『加速する東アジアFTA』ジェトロ, 2003年, 9–19頁))。

小林尚朗『東アジアの経済成長・通貨危機と開発理論』(平川均・石川幸一編著『新・東アジア経済論[改訂版]』(ミネルヴァ書房, 2003年, 129–145頁))。

関志雄『円と元から見るアジア通貨危機』(岩波書店, 1998年)。

高橋由明「アジア通貨危機以降の東アジア企業の通貨保有政策」(『商学論纂』42巻5号, 2001年3月)。

財務省「円の国際化の推進——『円の国際化推進委員会』座長とりまとめ」2003年。http://www.mof.go.jp./singikai/kokusaika/tosin

尹春志「グローバリズムのなかの東アジア地域主義—円圏構想と東アジア共同体の可能性」(平川均・石川幸一編『前掲書』所収, 235–254頁)。

E. Tylor, (1871) *Origin of Culture,* New York: Harper & Row.

N. J. Adler, *International Dimension of Organizational Behavior,* PWS-KENT, A Division of Wadsworth, Inc. 1991 江夏健一・桑名義晴訳『異文化組織のマネジメント』(マグロウヒル, 1992年) 14頁。

中川敬一郎『NHK大学講座: 日本的経営』(1981年12頁)。

Takahashi Yoshiaki, The Theoretical Problems of the Transferability of Management Style, in: Malcolm Trevor (ed.), *The Internationalization of Japanese Business,* Campus/West-view, Frankfurt 1988.

高橋由明「標準化概念と経営管理方式の海外移転—移転論の一般化に向けての覚書—」(高橋由明・林正樹・日高克平編著『経営管理方式の国際移転—可能性の現実的・理論的諸問題—』, 中央大学出版部, 2000年, 273–314頁。

安保哲夫『日本的経営・生産システムとアメリカ』(ミネルヴァ書房, 1994年)。

岡本康雄『日系企業 in 東アジア』(有斐閣, 1998年)。

藻利重隆『経営学の基礎(新訂版)』(森山書店, 1977年, 113–115頁), 雲島良雄「企業職能の分化とその構造」(藻利重隆, 責任編集『経営学辞典』, 東洋経済新報社, 1969年, 177–181頁)。

Brarverman, *Labour and Monopoly. The Degradation of Work in the Twentieth Century,* Monthly Review Press 1974.

E. Gutenberg, *Grundlagen der Betriebswirtschaftslehre, I. Band Produktion*, 18 Auflage, Springer-Verlag 1971, S. 238.

第6章　グローバリゼーションと国際貿易——アジアの視点

BANO Sayeeda

（鄭　炳　武訳）

はじめに

　本論文の構成は次のとおりである。まず，グローバリゼーションの概念と関心が吟味される。次に，同一産業部門内貿易 IIT（Intra Industry Trade）について説明がなされ，IIT の結果とその分析が記述される。日本の対中国総貿易，そのほかの主要国，そして全体としての世界貿易に占める IIT の割合の傾向を測定するためには時系列アプローチが用いられる。最後に，いくつかの結論が述べられ，将来の研究に対する課題について言及する。IIT は距離のコストの引き下げ，貿易自由化，国家間の高度の経済的統合，規模の経済，そして高度の製品差別と密接に関連しているといわれている。しかし，一般的には，アジアの観点からの IIT の事例研究に関する経験的作業，とくに時系列的観点からの作業がほとんど行われていない。たとえばグリーナウエイとミルナー（Greenaway and Millner 1987, pp. 39–56）は「時系列分析を用いた研究はほとんど行われてこなかった」と述べている。これが本論文執筆の動機である。本論文では，IIT の評価のパターンと貿易におけるトレンドを形成する要因が有益に分析される。

1. グローバリゼーションと新しい世界経済の特徴

グローバリゼーションは，市場統合，貿易の促進，資本の流れの増大，技術の国際移転の強化，そして世界経済の富の創造と成長の最も強い力といわれてきた。同じく，グローバリゼーションは国家間の距離によるコストの削減の帰結として定義されている（Easton 2002）。スティグリッチによると，グローバリゼーションは，基本的には，コミュニケーションと運送の費用を大幅に削減することで国家と民族をより密接に統合するものであり，財貨・サービス・資本・知識とともに，より少ない範囲ではあるが，国家をまたぐ人的資源の流れに対する人為的な障害を取り除くものである（Stiglitz 2002 p. 9）。反グローバル主義者たちはグローバリゼーションを「西洋のヘゲモニー」と認識し，先進国と開発途上国の間に不平等をますます大きくさせると主張する。グローバリゼーションを円滑に促進する機構には，IMF，世界銀行，WTO，国連，そして多国籍企業がある。

グローバリゼーションは，たとえば，自由・公正・開放貿易と自由な資本市場のような特定の政策と関連づけられている。これらの見解はグローバリゼーションのいくつかの側面を代表するものではあるが，グローバリゼーションを生むプロセスに関するいかなる情報も提供するものではない。グローバリゼーションは，実際には，20世紀後半からの現象ではなく19世紀から認められる現象である。ある人はグローバリゼーションが今世紀のそれより19世紀のそれがもっと強力な力を持っていたと語る。たとえば，鉄道，蒸気船，電信，冷凍，そして多大な技術変化が世界の国々を財貨と技術の流れを増大させることによって統合する時に，ヨーロッパの労働力はもっと自由に移動していたのである。このプロセスは異なる立地条件にある国家に財の価格と生産要素の収益の平等化をもたらしたのである。したがって，当然

の疑問は，なぜ今時我々がグローバリゼーションを議論するのかということである。

　この疑問への解答は以下の4つの見解にみられる。第一は，1990年代に入ってからグローバリゼーションは異なる特質を持つ新しい領域を形成したのであり，グローバル経済に深刻な影響を及ぼしてきた。技術革新，インターネット，そして情報技術の著しい発展にともなう「ニュー・エコノミー」の登場は，貿易，投資そして生産諸要素の移動を促進した。また，多くの経済圏に広く影響を及ぼす膨大な投機性資本の移動をももたらしたのである。グローバリゼーションは，協同，政策協調，競争，貿易，技術を通じて，国家間の輪を強化した。しかしながら，グローバリゼーションは，資本と富の集中，無限の投機，そして価値観の衝突をも同時にもたらしている。

　第二の見解は，近年のグローバリゼーションが自由市場思想を再強化している点にかかわる。見えざる手の機能は，国内的にも国際的にも富の集中を引き起こし，それは経済的価値と人間的価値の両方を生み出すという主張である。しかしグローバリゼーションが生み出す，共同体の人間的な側面とは必ずしも一致するとは限らないと思われる財貨，サービス，資本における国際貿易の自由な流れは，経済的な価値を少数の巨大多国籍企業に集積する傾向がある。自由化プロセスの中での資源の再配分は，労働者階層より資本所有者の幸福を増大する傾向がある。経済的価値観と社会的価値観の間のコンフリクトとは，それぞれ別の一連の価値観の間ではなく，価値思想のあり方についての衝突を反映するものである。すなわち，集団目標に関しては強い社会的相互作用を創り出す価値観のさまざまな概念と，利益の蓄積という個別的な追求を強調する経済的な価値観との間の衝突を反映するものである（Sorensen 2002）。価値観の二種類の比較は注意深く分折される必要がある。

　そのうえ，われわれは HOS（Heckscher-Ohlin-Samuelson）貿易理論が予測したような実物経済における要素価格の平等化を観察し得なかったの

である。このプロセスは，能率保存，公正，そして道徳的価値観とは一致しないかもしれない。これらの価値観は，自由市場メカニズムを機能させるのに必要なものであり，共同体における小規模事業の価値観の創造にも必要なものである。国家あるいは国際共同体の中のビッグ・ビジネスによって生まれた価値観には重大な懸念が付きまとう。

　第三に挙げられるのは，グローバリゼーションが世界経済に役に立っているのかということである。多くの人が，富裕者のためには役に立つが世界の貧困層には，役に立たないと主張している（Stiglitz 2002; Khor 2001）。国際機関において交渉されてきた政策は，貧困国と先進国とのギャップを広げ，発展途上国を犠牲にし，先進国を優遇すると主張されてきた。貧困を削減するという繰り返される約束にもかかわらず，貧困生活を送っている人の実際の数は，100万人増えている。このことは世界の総所得が毎年平均2.5％増加していることと同時に起きている（Stiglitz 2002, p. 5）。

　第四に，国家間の相互依存の高まり，経済的競争の増大，不安定への恐怖に関する心配の増大である。グローバリゼーションは多くの地域で安定を生み出したり貧困を削減したりすることはできなかった。たとえば，1997年から1998年の間のアジア危機は多くの国に深刻な影響を与えたのである。

　グローバリゼーション・プロセスと国際貿易は，早い時期から密接なつながりを持っていた。国際貿易は，重商主義者時代から富の源と「成長のエンジン」とじて扱われてきたものである。貿易は，グローバリゼーションに関する今日の政策議論の文脈において主要な課題である。第2次世界大戦以来，国際貿易は，世界の産出量の成長よりも早い速度で成長したのである。世界貿易の急速な成長は，より豊かな国において同一産業内貿易（IIT）がもっと高い割合を占めているようになった。過去20年の間に，先進国の貿易習慣に大きな変化が見られた。たとえば，ニュージーランドが日本の工業製品との交換を目的に日本に一次産業製品を輸出するというような旧式の貿易は似

てはいるが差別化された製品であり，そうではなく今日の貿易は非常に密接な代替品関係にある製品の交換の道を開いてくれたのである。世界においてIITの重要性に関する圧倒的な証拠があるが，それはITTを説明できる新しい理論的なアプローチが開発されてきた結果である。

2. 同一産業内貿易と異種産業間貿易

異種産業間貿易（Inter Industry Trade）は，たとえば農産品と最終工業製品との交換のような，異なる産業に属する財貨の交換のことである。この種の貿易は，先進国と開発途上国のように，異なる要素資源，異なる発展程度の国の間で発生するものである。この場合，産業間に分業と専門化が発生する。異種産業間貿易の専門化による利益は有名なHOS貿易理論によって説明される。

同一産業内貿易は，カナダとアメリカとの間の自動車の交換のように，同じ産業の中で製品の輸出と輸入が同時に行われるものと定義される。この場合，分業と専門化は同じ産業の中で発生する。同一産業内貿易分析は，要素資源と所得レベルという観点から国家間の同質性が大きければ大きいほど，国家間の貿易強度は高くなることを示している（Linder 1961）。政策レベルにおいて，同一産業内国際貿易は，国家間の相違が多ければ多いほどその二国間貿易の強度は大きくなるであろうという，伝統的な常識と違った方向を取る。同一産業内貿易は，開発，要素資源，人的資源そして技術などの水準が似た発展途上国のような国家間での経済的な統合の事例を提供するものである。現在提起されているアジアの経済連合はこのような文脈の中で説明できるものである。しかしながら，そのような連合をめぐる政策的議論には，より大きい貿易相手国がより小さい国家を支配するという理由で，連合の設

立そのものを危惧する意見がある。同一産業内貿易の分析は，このような危惧をふりはらうものである。それは，産業戦略としてより厳密な専門化の方法を採用することで，小さい国家が限界のある国内市場の規模を克服できる方法を暗示するものである。製鉄産業のような広い産業カテゴリーにおける規模の経済からは収益を享受することはできない。同一産業内貿易は，水平的な同一産業内貿易と垂直的な同一産業内貿易の2種類に分類できる。

水平的な同一産業内貿易は，製品がスタイル，デザインなどのような異なる属性によって差別される時に発生する。この場合には，完成品は異なる多様性を持っていても品質は似ている。

垂直的な同一産業内貿易は，製品が異なる品質によって差別化された時に発生する。この場合には，諸国は，異なる品質を持って，完成品の材料，要素，部品，多様性において専門化する。垂直的な同一産業内貿易と水平的な同一産業内貿易との区別は，先進国と発展途上国間の双方の貿易発展の分析において重要である。ヘルビン（Hellvin）によるOECD対中国研究（1996）は，中国とOECDとの間の同一産業内貿易の割合が1980年には工業製品貿易の中で12%を占めたが，1992年には20%にまで増加したことを発見した。同じく，彼は，多くの国家独自の差異によって，中国とOECDメンバー諸国の間に「垂直的な同一産業内貿易」が存在していると特に言及している。中国は，OECDメンバー諸国から資本集約的で高い品質多様性のある製品と引き換えに低コストの労働集約的で低品質の多様な製品を輸出し，専門化する傾向がある。

3. 日本の同一産業内貿易の発展

この節においては，1999年から2001年の間の，日本と中国および選ばれ

た貿易パートナーとの間の同一産業内貿易の規模を説明する。一連の指数は同一産業内貿易を測定するために開発されたものであり，文献上では早くから論じられてきたものである。多様な手法の中でも，グルベルとロイド（Grubel and Lloyd, 1975）の同一産業内貿易指数は最も一般的なものであり，最も広く使われている手法である。多様な IIT 手法の比較研究はタラカン（Tharakan, 1983），コル（Kol, 1988），アキノ（Aquino, 1978），バーノ（Bano, 1991），ヴォナ（Vona, 1991），そしてロイド（Lloyd, 2002）の業績に見ることができる。これらの研究は，IITBi, IITB, IITC, そして IITQ という指数を利用している。これらの同一産業内貿易指数に関しては追記: 方法論(198 頁)において説明する。

　これらの研究は，同一産業内貿易の実情を，1990 年から 2001 年にかけて SITC 0 から SITC 9 までの全ての産業を 3 桁レベルで，国連（UN）の標準国際貿易商品分類（SITC Rev.3）を用いて集計している。日本の同一産業内貿易は，日中貿易に焦点をおいて数多くの個別国を計算した。ニュージーランドを含むアジアの貿易相手国に対する日本の同一産業内貿易と，世界貿易に対する日本の同一産業内貿易も同じく計算された。1990 年から 2001 年までの対中国と対アジア諸国との計算に 3 桁の概略値が使われた。この分析に使われた貿易データは，ニューヨークにある国連の統計局本部商品貿易課からの資料である。全ての輸入額と輸出額はそれぞれの暦年のアメリカ・ドルで表示されている。結果は，表 6・1 から 6・7 までと図 6・1 から 6・3 までに示してある(この研究は一連の研究のひとつであり，同一産業内貿易に関する前の業績を拡張したものである)（Bano & Lane 1986, 1995, Bano 1991, 2002）。

158 第Ⅱ部 東アジアの経済発展と経済問題

(1) SITC 分類による同一産業内貿易の高い水準の産業部門と低い水準の産業部門

表 6・1 は，日本と中国の間での同一産業内貿易の高低を示したものである。比較を目的に，1990 年から 2001 年までがサンプルとして選び出された。結果は，標準国際貿易商品分類（SITC 分類）の第 0 部に属する食料品および動物(生きているもの，主として食用のもの)において高い IIT が存在することが見られる。この分類の中にある 23 の産業の中で 2 つの製品，つまり，コーヒーとその代替品（SITC 071）と食用食品料理（SITC 098）が 1990 年に 55% から 93% まで分布している。2001 年に，マーガリンとショートニング（SITC 091）が 87% IIT で追加製品として表れたことは注目に値する。このグループのほかの全ての商品は期待より低いレベルの IIT と高い産業間貿易を見せている。日本はこのカテゴリーにおいては中国に対して貿易赤字を示している。この分類の貿易はこれらの 2 つのアジア国家における異なる要素資源から生じる伝統的な貿易理論の予測と一致するものである。

SITC 第 1 部に属する産業，食料およびタバコは産業間貿易に見えながら，事実上，産業間貿易ではない。これは面白い結果である。一連の OECD メンバー諸国はこのカテゴリーにおいて高い IIT を経験したのである。たとえば，この分類におけるニュージーランドとオーストラリアとの間の平均 IIT は 65% である（Bano 2002）。この分類において日本は中国に対して貿易赤字である。

第 2 部は食用に適さない原材料(鉱物性燃料は除く)である。1990 年に，このグループにある 23 の製品の中から 3 つに高い程度の IIT がみられた。たとえば，SITC 285 のアルミ，鉱石，コンクリート，その他は 99.84% であり，SITC 282 の鉄の廃棄物とスクラップは 99.84% であり，SITC 288 の非鉄廃棄物とスクラップは 59% である。2001 年には，34 製品の内 3 つが，SITC 269 の使い古した衣服と繊維が 1990 年の 2% から 83% に上がったこ

グローバリゼーションと国際貿易——アジアの視点　159

Table 6·1: High and Low Intra-Industry Trade between Japan-China: 1990 and 2001.

1990

SITC	Description	IITBi
071	Coffee,coffee substitute	92.68
098	Edible prod.preprtns,nes	55.31
073	Chocolate,oth.cocoa prep	24.42
081	Animal feed stuff	11.05
001	Live animals	10.68
042	Rice	3.88
035	Fish,dried,salted,smoked	3.74
048	Cereal preparations	3.16
034	Fish,fresh,chilled,frozn	2.79
025	Eggs,birds,yolks,albumin	2.31
062	Sugar confectionery	2.11
061	Sugars,molasses,honey	0.72
059	Fruit, vegetable juices	0.52
017	Meat,offl.prpd,prsvd,nes	0.44
075	Spices	0.29
037	Fish etc.prepd,prsvd.nes	0.22
036	Crustaceans,molluscs etc	0.11
012	Other meat, meat offal	0.08
054	Vegetables	0.07
074	Tea and mate	0.03
056	Vegtables,prpd,prsvd,nes	0.02
045	Other cereals, unmilled	0.01
058	Fruit,preserved,prepared	0.00

2001

SITC	Description	IITBi
091	Margarine and shortening	87.79
071	Coffee,coffee substitute	58.88
098	Edible prod.preprtns,nes	58.68
001	Live animals	39.34
041	Wheat, meslin, unmilled	27.03
047	Other cereal meal,flours	15.74
034	Fish,fresh,chilled,frozn	14.89
036	Crustaceans,molluscs etc	14.16
072	Cocoa	13.95
073	Chocolate,oth.cocoa prep	11.57
061	Sugars,molasses,honey	8.64
081	Animal feed stuff	5.76
048	Cereal preparations	5.12
062	Sugar confectionery	4.89
035	Fish,dried,salted,smoked	2.33
025	Eggs,birds,yolks,albumin	2.25
075	Spices	1.28
037	Fish etc.prepd,prsvd.nes	0.49
059	Fruit, vegetable juices	0.43
045	Other cereals, unmilled	0.40
057	Fruit,nuts excl.oil nuts	0.33
017	Meat,offl.prpd,prsvd,nes	0.25
058	Fruit,preserved,prepared	0.22
074	Tea and mate	0.15
056	Vegtables,prpd,prsvd,nes	0.14
054	Vegetables	0.10
012	Other meat, meat offal	0.05

1990

SITC	Description	IITBi
112	Alcoholic beverages	8.53
111	Non-alcohol.beverage,nes	2.65

2001

SITC	Description	IITBi
112	Alcoholic beverages	9.41
111	Non-alcohol.beverage,nes	3.27
122	Tobacco, manufactured	1.63
121	Tobacco, unmanufactured	0.49

(T1: Continued) IITBi Hi & Low for Japan & China 1990 and 2001.

1990

SITC Description	IITBi
285 Aluminium ore,conctr.etc	99.84
282 Ferrous waste and scrap	78.40
288 Non-ferrous waste,scrap	59.63
277 Natural abrasives, nes	25.49
251 Pulp and waste paper	11.01
232 Synthetic rubber, etc.	7.18
211 Hides,skins (ex.furs),raw	3.44
268 Wool, other animal hair	2.69
269 Worn clothing,textl.artl	2.06
292 Crude veg.materials, nes	1.62
272 Fertilizers, crude	0.96
248 Wood, simply worked	0.76
278 Other crude minerals	0.54
264 Jute,oth.textl.bast fibr	0.50
273 Stone, sand and gravel	0.39
291 Crude animal materls. nes	0.39
287 Ore,concentr.base metals	033
266 Synthetic fibres	0.09
274 Sulphur,unrstd.iron pyrs	0.09
265 Vegetable textile fibres	0.02
247 Wood rough,rough squared	0.01
263 Cotton	0.00

2001

SITC Description	IITBi
269 Worn clothing,textl.artl	83.39
285 Aluminium ore,conctr.etc	83.26
277 Natural abrasives, nes	70.10
288 Non-ferrous waste,scrap	37.59
244 Cork,natural,raw;waste	32.22
211 Hides,skins(ex.furs),raw	28.69
273 Stone, sand and gravel	24.85
274 Sulphur,unrstd.iron pyrs	17.39
264 Jute,oth.textl.bast fibr	12.90
263 Cotton	11.95
212 Furskins, raw	11.71
231 Natural rubber, etc.	10.44
292 Crude veg.materials, nes	7.95
278 Other crude minerals	7.74
251 Pulp and waste paper	5.01
232 Synthetic rubber, etc.	5.00
268 Wool, other animal hair	4.44
223 Oilseed(oth.fix.veg.oil)	3.31
281 Iron ore, concentrates	2.63
287 Ore,concentr.base metals	2.19
261 Silk	2.06
291 Crude animal materls.nes	1.50
248 Wood, simply worked	1.45
282 Ferrous waste and scrap	0.90
247 Wood rough,rough squared	0.81
266 Synthetic fibres	0.53
222 Oilseed(slt.flx veg.oil)	0.51
265 Vegetable textile fibres	0.37
267 Other man-made fibres	0.29
245 Fuel wood, wood charcoal	0.20
246 Wood in chips, particles	0.07
272 Fertilizers, crude	0.05
289 Prec.metal ores,conctrts	0.02

1990

SITC Description	IITBi
322 Briquettes,lignite,peat	48.86

2001

SITC Description	IITBi
335 Residual petrol.products	98.13

(T1: Continued) IITBi Hi & Low for Japan & China 1990 and 2001.

334 Petroleum products	30.10
335 Residual petrol.products	4.00

334 Petroleum products	95.37
342 Liquefled propane,butane	61.02
322 Briquettes,lignite,peat	8.75
325 Coke,semi-coke,ret.carbn	0.02
321 Coal not a lomerated	0.01

1990

SITC Description	IITBi
411 Animal oils and fats	92.84
421 Fixed veg.fat,oils, soft	3.26
422 Fixed veg.fat,oils,other	5.93
431 Animal,veg.fats,oils,nes	40.69

2001

SITC Description	IITBi
421 Fixed veg.fat,oils, soft	72.72
422 Fixed veg.fat,oils,other	47.63
431 Animal,veg.fats,oils,nes	45.62
441 Animal oils and fats	15.94

1990

SITC Description	IITBi
511 Hydrocarbons,nes,derivts	98.24
512 Alcohol,phenol,etc.deriv	98.03
573 Polymers,vinyl chloride	97.98
541 Medicines,etc.exc.grp542	93.66
598 Misc.chemical prodts.nes	87.35
592 Starches,inulin,etc	78.66
583 Monofilament of plastics	69.70
513 Carboxylic acids,derivts	64.54
516 Other organic chemicals	62.45
515 Organo-inorganic compnds	62.35
562 Fertilizer,except grp272	48.59
523 Metal.salts,inorgan.acid	48.23
542 Medicaments	45.41
575 Oth.plastic,primary form	43.53
514 Nitrogen-funct.compounds	40.37
531 Synth.colours,lakes,etc	39.54
522 Inorganic chem.elements	31.23
579 Plastic waste, scrap etc	18.59
525 Radio-active materials	15.47
524 Other chemical compounds	14.29
551 Essntl.oil,perfume,flavr	13.65
581 Plastic tube,pipe,hose	10.25
582 Plastic plate,sheets,etc	10.17

2001

SITC Description	IITBi
542 Medicaments	93.45
591 Insecticides, etc.	82.70
516 Other organic chemicals	81.49
531 Synth.colours,lakes,etc	78.42
598 Misc.chemical prodts.nes	73.94
515 Organo-inorganic compnds	73.14
512 Alcohol,phenol,etc.deriv	71.92
581 Plastic tube,pipe,hose	66.61
514 Nitrogen-funct.compounds	60.06
551 Essntl.oil,perfume,flavr	59.32
592 Starches,inulin,etc	50.82
554 Soap,cleaners,polish,etc	50.50
522 Inorganic chem.elements	46.87
583 Monofilament of plastics	41.98
523 Metal.salts,inorgan.acid	34.79
553 Perfumery,cosmetics,etc.	29.43
582 Plastic plate,sheets,etc	28.20
513 Carboxylic acids,derivts	26.67
532 Dyeing,tanning materials	23.46
533 Pigments, paints, etc.	22.62
541 Medicines,etc.exc.grp542	22.05
524 Other chemical compounds	19.63
574 Polyacetal,polycarbonate	14.02

(T1: Continued) IITBi Hi & Low for Japan & China 1990 and 2001.

553	Perfumery,cosmetics,etc.	6.00
532	Dyeing,tarning materials	5.98
533	Pigments, paints, etc.	4.48
554	Soap,cleaners,polish,etc	3.41
591	Insecticides, etc.	1.29
593	Explosives,pyrotechnics	0.44
574	Polyacetal,polycarbonate	0.11
572	Polymers of styrene	0.01

575	Oth.plastic,primary form	13.07
511	Hydrocarbons,nes,derivts	8.87
572	Polymers of styrene	6.69
579	Plastic waste, scrap etc	2.35
525	Radio-active materials	2.09
597	Preprd additives,liquids	1.31
573	Polymers,vinyl chloride	1.26
562	Fertilizer,except grp272	0.54
593	Explosives,pyrotechnics	0.49
571	Polymers of ethylene	0.28

1990

SITC	Description	IITBi
682	Copper	94.07
699	Manufacts.base metal,nes	88.79
694	Nails,screws,nuts,etc.	88.36
691	Metallic structures nes	87.00
651	Textile yarn	80.88
654	Oth.textile fabric,woven	79.28
642	Paper,paperboard,cut etc	76.25
656	Tulle,lace,embroidry.etc	75.55
612	Manufact.leather etc.nes	74.06
653	Fabrics,man-made fibres	71.24
665	Glassware	70.58
681	Silver,platinum,etc.	68.17
683	Nickel	65.84
684	Aluminium	57.94
657	Special yarn,txtl.fabric	57.22
677	Railway track iron,steel	57.12
652	Cotton fabrics, woven	56.84
693	Wire products excl.elect	46.64
611	Leather	44.38
695	Tools	43.54
613	Furskins,tanned,dressed	39.62
662	Clay,refrct.constr.matrl	38.10
678	Wire of iron or steel	36.94
697	Household equipment,nes	36.33
673	Flat-rolled iron etc.	33.67
655	Knit.crochet.fabric nes	32.72
676	Iron,stl.bar,shapes etc.	31.83

2001

SITC	Description	IITBi
625	Rubber tyres,tubes,etc.	96.33
694	Nails,screws,nuts,etc.	92.90
683	Nickel	90.79
663	Mineral manufactures,nes	83.44
651	Textile yarn	83.07
629	Articles of rubber, nes	81.38
681	Silver,platinum,etc.	80.27
665	Glassware	79.45
695	Tools	78.91
684	Aluminium	78.80
692	Containers,storage,trnsp	71.14
657	Special yarn,txtl.fabric	58.90
642	Paper,paperboard,cut etc	58.73
678	Wire of iron or steel	56.91
652	Cotton fabrics, woven	55.08
693	Wire products excl.elect	53.53
699	Manufacts.base metal,nes	52.43
667	Pearls,precious stones	51.95
656	Tulle,lace,embroidry.etc	50.02
611	Leather	48.06
641	Paper and paperboard	47.86
621	Materials of rubber	40.01
679	Tubes,pipes,etc.iron,stl	39.70
654	Oth.textile fabric,woven	37.69
664	Glass	33.39
613	Furskins,tanned,dressed	32.19
671	Pig iron,spiegeleisn,etc	20.07

(T1: Continued) IITBi Hi & Low for Japan & China 1990 and 2001.

696 Cutlery	28.19	691 Metallic structures nes	18.36
664 Glass	26.58	686 Zinc	13.08
663 Mineral manufactures,nes	24.16	633 Cork manufactures	12.91
629 Articles of rubber, nes	23.83	653 Fabrics,man-made fibres	12.14
621 Materials of rubber	15.43	662 Clay,refrct.constr.matrl	12.08
641 Paper and paperboard	14.40	655 Knit.crochet.fabric nes	10.44
633 Cork manufactures	8.30	687 Tin	10.22
634 Veneers, plywood, etc.	7.73	673 Flat-rolled iron etc.	10.03
666 Pottery	7.22	685 Lead	9.81
679 Tubes,pipes,etc.iron,stl	7.09	661 Lime,cement,constr.matrl	8.56
692 Containers,storage,trnsp	5.65	682 Copper	8.41
686 Zinc	3.56	689 Misc.non-ferr.base metal	8.24
635 Wood manufactures, nes	3.52	634 Veneers, plywood, etc.	7.54
672 Ingots etc.iron or steel	3.19	696 Cutlery	5.43
689 Misc.non-ferr.base metal	1.80	612 Manufact.leather etc.nes	4.58
667 Pearls,precious stones	1.76	697 Household equipment,nes	3.55
658 Textile articles nes	1.58	659 Floor coverings, etc.	3.48
661 Lime,cement,constr.matrl	1.20	676 Iron,stl.bar,shapes etc.	3.07
659 Floor coverings, etc.	1.03	677 Railway track iron,steel	2.57
671 Pig iron,spiegeleisn,etc	1.01	658 Textile articles nes	1.75
685 Lead	0.90	666 Pottery	1.73
687 Tin	0.26	674 Flat-rolled plated iron	1.44
625 Rubber tyres,tubes,etc.	0.22	635 Wood manufactures, nes	1.28
675 Flat-rolled, alloy steel	0.02	672 Ingots etc.iron or steel	0.82
674 Flat-rolled plated iron	0.00	675 Flat-rolled, alloy steel	0.33

1990

SITC Description	IITBi
751 Office machines	77.77
773 Electr distribt.eqpt nes	70.00
775 Dom. elec,non-elec.equipt	62.06
771 Elect power machny.parts	61.88
762 Radio-broadcast receiver	58.40
764 Telecomm.equip.parts nes	51.09
747 Taps,cocks,valves,etc.	51.04
759 Parts,for office machins	47.61
716 Rotating electric plant	47.58
792 Aircraft,assoctd.equipnt	46.33
718 Oth.powr.genrtng.machnry	45.88
772 Elec.switch.relay.circut	37.95

2001

SITC Description	IITBi
741 Heatng,coolng equip,part	95.27
772 Elec.switch.relay.circut	84.11
735 Parts,nes,for mach-tools	83.39
743 Pumps nes,centrifugs etc	83.16
718 Oth.powr.genrtng.machnry	81.75
764 Telecomm.equip.parts nes	81.43
745 Oth.nonelec mch,tool,nes	78.83
778 Electric.mach.appart.nes	77.90
759 Parts,for office machins	76.17
747 Taps,cocks,valves,etc.	75.00
748 Transmissions shafts etc	73.12
721 Agric.machines,ex.tractr	69.20

(T1: Continued) IITBi Hi & Low for Japan & China 1990 and 2001.

SITC	Description	IITBi	SITC	Description	IITBi
778	Electric.mach.appart.nes	37.14	746	Ball or roller bearings	65.01
785	Cycles,motorcycles etc.	28.86	716	Rotating electric plant	61.79
752	Automatc.data proc.equip	22.10	773	Electr distribt.eqpt nes	59.54
731	Metal removal work tools	19.26	793	Ship,boat,float.structrs	59.00
745	Oth.nonelec mch,tool,nes	19.18	742	Pumps for liquids,parts	57.09
763	Sound recorder,phonogrph	18.89	774	Electro-medcl,xray equip	49.54
748	Transmissions shafts etc	18.64	744	Mechanical handlng equip	48.17
727	Food-process.mch.non dom	18.31	771	Elect power machny.parts	43.44
735	Parts,nes,for mach-tools	18.22	791	Railway vehicles.equipnt	38.72
742	Pumps for liquids,parts	16.27	784	Parts,tractors,motor veh	37.77
721	Agric.machines,ex.tractr	15.62	776	Transistors,valves,etc.	37.12
784	Parts,tractors,motor veh	11.64	723	Civil engineering equipt	27.94
791	Railway vehicles.equipnt	11.04	749	Non-elect mach.parts,etc	24.65
723	Civil engineering equipt	10.44	751	Office machines	23.64
749	Non-elect mach.patts,etc	9.44	725	Paper,pulp mill machines	21.95
786	Trailers,semi-trailr,etc	7.43	785	Cycles,motorcycles etc.	21.83
744	Mechanical handlng equip	6.53	714	Engines,motors non-elect	21.48
725	Paper,pulp mill machines	6.43	792	Aircraft,assoctd.equipnt	19.97
776	Transistors,valves,etc.	5.96	713	Intrnl combus pstn engin	18.78
712	Steam turbines	5.04	724	Textile,leather machines	18.76
743	Pumps nes,centritugs etc	4.92	752	Automatc.data proc.equip	18.39
724	Textile,leather machines	4.54	737	Metalworking machnry nes	16.38
746	Ball or roller bearings	3.48	728	Oth.mach,pts,spcl indust	15.32
728	Oth.mach,pts,spcl indust	2.77	726	Printng,bookbindng machs	13.64
737	Metalworking machnry nes	2.20	786	Trailers,semi-trailr,etc	13.49
761	Television receivers etc	1.93	731	Metal removal work tools	13.48
733	Mach-tools,metal-working	1.83	775	Dom.elec,non-elec.equipt	10.23
741	Heatng,coolng equip,part	1.63	712	Steam turbines	10.17
726	Printng,bookbindng machs	1.15	727	Food-process.mch.non dom	8.23
793	Ship,boat,float.structrs	0.96	763	Sound recorder,phonogrph	7.85
713	Intml combus pstn engin	0.95	761	Television receivers etc	6.31
714	Engines,motors non-elect	0.66	733	Mach-tools,metal-working	2.06
722	Tractors	0.28	762	Radio-broadcast receiver	1.33
774	Electro-medcl,xray equip	0.09	781	Pass.motor vehcls.ex.bus	0.59
			783	Road motor vehicles nes	0.55
			782	Goods,spcl transport veh	0.03

1990

SITC	Description	IITBi
893	Articles,nes,of plastics	81.19

2001

SITC	Description	IITBi
873	Meters,counters,nes	96.20

(T1: Continued) IITBi Hi & Low for Japan & China 1990 and 2001.

897	Gold,silverware,jewl nes	80.51
884	Optical goods nes	79.92
813	Lightng fixtures etc.nes	71.71
883	Cine.film exposd.develpd	66.67
895	Office,stationery suppls	52.56
811	Prefabricated buildings	42.22
871	Optical instruments,nes	39.18
873	Meters,counters,nes	37.05
898	Musical instruments,etc.	36.54
899	Misc manufctrd goods nes	34.73
892	Printed matter	30.50
872	Medical instruments nes	28.61
885	Watches and clocks	24.53
881	Photograph appar.etc.nes	21.67
896	Works of art,antique etc	17.30
821	Furniture,cushions,etc	16.23
846	Clothing accessrs,fabric	16.07
874	Measure,control instrmnt	9.98
894	Baby carriage,toys,games	5.04
848	Clothng,nontxtl;headgear	4.29
882	Photo.cinematogrph.suppl	1.74
831	Trunk,suit-cases,bag,etc	1.27
845	Othr.textile apparel,nes	0.67
851	Footwear	0.60
842	Women,girl clothng,xknit	0.47
841	Mens,boys clothng,x-knit	0.25
844	Women,girls clothng.knit	0.15
843	Mens,boys clothing,knit	0.11

884	Optical goods nes	93.78
892	Printed matter	86.42
871	Optical instruments,nes	66.68
881	Photograph appar.etc.nes	65.23
811	Prefabricated buildings	60.59
883	Cine.film exposd.develpd	52.91
872	Medical instruments nes	49.67
812	Plumbng,sanitry,eqpt.etc	44.06
895	Office,stationery suppls	42.13
893	Articles,nes,of plastics	36.90
874	Measure,control instrmnt	36.76
899	Misc manufctrd goods nes	29.74
898	Musical instruments,etc.	26.75
885	Watches and clocks	23.29
897	Gold,silverware,jewl nes	16.52
882	Photo.cinematogrph.suppl	13.11
891	Anms and ammunition	9.70
846	Clothing accessrs,fabric	6.76
896	Works of art,antique etc	6.08
821	Furniture,cushions,etc.	5.25
813	Lighmg fixtures etc.nes	4.58
894	Baby carriage,toys,games	4.15
848	Clothng,nontxtl;headgear	1.17
851	Footwear	0.48
845	Othr.textile apparel,nes	0.31
841	Mens,boys clothng,x-knit	0.16
843	Mens,boys clothing,knit	0.12
842	Women,girl clothng,xknit	0.06
831	Trunk,suit-cases,bag,etc	0.05
844	Women,girls clothng.knit	0.04

SITC	Description	IITBi
931	Spec.transact.not classd	82.95
971	Gold,nonmontry excl ores	67.75

SITC	Description	IITBi
971	Gold,nonmontry excl ores	83.97
931	Spec.transact.not classd	66.16

とを含めて，高いレベルの IIT がみられた。SITC 277 である自然研磨剤は，1990 年の 20% から 2001 年には 70% に上がっている。この分類においても，日本は中国に対して貿易赤字である。時間の経過とともにこのカテゴリーに新しい製品が導入されることは注目に値する。SITC 第 3 部と SITC 第 4 部は高いまたは低いレベルの IIT を示す産業がほとんどない。この結果は石油と石油製品において IIT の著しい成長があったことを示している。

SITC 第 5 部の化学工業製品の中で，IIT の分布に広い分散が観測された。たとえば，有機化学品と無機化学品と医薬品は IIT の高い集中度を示したのである。とくに，1990 年と 2001 年の両方における炭化水素（SITC511）において，医薬（STIC542）において，内服薬（SITC581）において，そして SITC 598, 591, 592, 583, 513, 554, 551, 515 において IIT の集中度は高い。対照的にいくつかの化学工業製品は相対的に低い IIT 集中度を示す。これらの産業にわたる平均 IIT 集中度は 1990 年には 46% 程度であったのに対して 2001 年には 34% になった。それは，これらのカテゴリーにおける日本の貿易における対アメリカとニュージーランドを含む対 OECD 会員国の割合が大きいことで説明できる。

SITC 第 6 部は原料別製品である。このグループにおいては IIT の高い集中度が見られる，とくに SITC682 においては，銅が 94% である。1990 年には，IIT の高い割合が SITC652 である紡織用繊維の糸，織物及び繊維製品の 56% から SITC699 である金属製品の 88% まで及んでいる。2001 年には，IIT の高い割合は，SITC625 ではゴム・タイヤ，チューブその他が 96% を，SITC629 ではゴム製品が 81% を，SITC694 では釘，スクリュー，ナットその他が 92% を，SITC663 ではミネラル工業製品が 83% を占めている。同じく，IIT の高い割合は，SITC642 では紙，板紙，カットその他が 58% を占めている。このカテゴリーの平均値は 1990 年には 32% を，2001 年には 29% を占めている。この SITC 部門の一連の製品は IIT

の高い割合を見せている。SITC 554 である石鹸，クリーナー，光沢剤が医薬品の中で，50%から93%程度まで上がった。この結果は，特化が，同種産業の成長潜在力を持っている，選ばれた製品の広範囲にわたって集中することを意味する。他の産業は相対的に IIT のレベルが低いことを示している。

　SITC 第 7 部は機械類および輸送機器類である。このカテゴリーにおける一連の産業は IIT の高い割合を示している。たとえば，事務用機器 (SITC751)，装置(電気分配 773)，家庭電器製品，非電気式機器 (SITC775)，電力機器および部品 (SITC771)，無線放送受信機 (SITC762)，通信装備および部品 (SITC764)，そして蛇口，栓，バルブその他 (SITC747) がそれである。IIT の集中度 (intensity) は，1990 年に，SITC747 での 51%から SITC751 での 77%以上にまで達した。2001 年には，このカテゴリーの 17 の製品グループが IIT の高い割合を示している。日本と中国との間には，冷暖房機および部品 (SITC741)，通信装備および部品，農業用機械 (SITC721)，船舶，ボート，フロート (SITC793)，ポンプ装備および部品 (SITC742)，電気回転設備 (SITC716)，ボールベアリングまたはローラーベアリング (SITC746)，変速機軸その他 (SITC748) で IIT の高い割合が生じている。1990 年には，IIT の割合が 50%以上を見せたのは 7 つの産業であった。2001 年には，17 の産業において，ポンプ装備および部品が 57%と冷暖房機および部品が 95%に達し，IIT の高い割合を示した。日本と中国との間には，異なるタイプの家庭電気製品／非電気式機器の交換が行われるようである。この部門は，輸出利益が創出されている部門である。日本は中国に輸出超過である。これらの製品は，IIT において将来の成長潜在力を持っているものである。

　SITC 第 8 部は雑製品である。このカテゴリーにおいては，一連の産業で IIT の高い割合をみせている。これらの産業においては，同様に IIT の分布に広い分散がみられる。たとえば，SITC893，SITC897，SITC884，

SITC883, SITC881, そして SITC811 において IIT の高い集中度が見られる。1990年と2001年とを比較した結果は, 産業内部において, 分業と専門化が生まれていることを暗示するものである。IIT において専門化された多くの製品が, 生産ラインの狭い範囲において専門化が行われ, その結果高いレベルの IIT が発生している。

日本は, いくつかの異常な IIT 関係を展開してきたかのように見える。最も目立つ側面は, SITC 第0部から SITC 第4部までのような非工業商品における高いレベルの IIT であろう。ある意味では, これは従来の貿易と新しい貿易との調和を示すものである。中国は, 労働集約的な食品の加工処理と食品の調理において, 比較優位の領域に集中し続けてきたが, しかし, 多様性を求める消費者の需要を満足させるために, 食品をもっと加工するなどの方法で, いくつかの製品に関しては中国独特の差別化を展開してきている。

表6·2は, 2001年の全ての産業にかけて, 日本の輸出, 輸入, 総貿易量, そして SITC の3つの数字レベルで測定された IIT を示したものである。

Table 6·2: Intra Industry Trade and Inter Industry Trade between Japan and China in 2003 (3-digrt SITC)

SITC Description	IITBi GLindex	Import (US$000)	Export (US$000)	Tot Trade (Xi+Mi)	Balasa Index	(Xi-Mi)
001 Live animals	39.34	5746	1407	7153	60.66	−4339
012 Other meat, meat offal	0.05	331558	88	331646	99.95	−331470
017 Meat,offl.prpd,prsvd,nes	0.25	435846	536	436382	99.75	−435310
025 Eggs,birds,yolks,albumin	2.25	5891	67	5958	97.75	−5824
034 Fish.fresh,chilled,frozn	14.89	653574	52575	706149	85.11	−600999
035 Fish,dried,salted,smoked	2.33	51926	611	52537	97.67	−51315
036 Crustaceans,molluscs etc	14.16	402166	30642	432808	85.84	−371524
037 Fish etc.prepd,prsvd.nes	0.49	1127839	2784	1130623	99.51	−1125055
041 Wheat, meslin, unmilled	27.03	96	15	111	72.97	−81
045 Other cereals, unmilled	0.40	19789	40	19829	99.60	−19749
047 Other cereal meal.flours	15.74	316	27	343	84.26	−289
048 Cereal preparations	5.12	51700	1358	53058	94.88	−50342

054	Vegetables	0.10	932127	461	932588	99.90	−931666
056	Vegetables,prpd,prsvd,nes	0.14	607714	440	608154	99.86	−607274
057	Fruit,nuts excl.oil nuts	0.33	82172	136	82308	99.67	−82036
058	Fruit,preserved,prepared	0.22	374916	417	375333	99.78	−374499
059	Fruit, vegetablejuices	0.43	39464	86	39550	99.57	−39378
061	Sugars,molasses,honey	8.64	38239	1726	39965	91.36	−36513
062	Sugar confectionery	4.89	16795	421	17216	95.11	−16374
071	Coffee,coffee substitute	58.88	568	237	805	41.12	−331
072	Cocoa	13.95	3	40	43	86.05	37
073	Chocolate,oth.cocoa prep	11.57	5391	331	5722	88.43	−5060
074	Tea and mate	0.15	132020	100	132120	99.85	−131920
075	Spices	1.28	81112	524	81636	98.72	−80588
081	Animal feed stuff	5.76	193049	5728	198777	94.24	−187321
091	Margarine and shortening	87.79	340	266	606	12.21	−74
098	Edible prod.preprtns,nes	58.68	143127	59432	202559	41.32	−83695
	Av iitbi and totals	5.44	5733484	160495	5893979	94.56	−5572989
111	Non-alcohol.beverage,nes	3.27	10575	176	10751	96.73	−10399
112	Alcoholic beverages	9.41	28813	1422	30235	90.59	−27391
121	Tobacco, unmanufactured	0.49	9402	23	9425	99.51	−9379
122	Tobacco, manufactured	1.63	9015	74	9089	98.37	−8941
	Av iitbi and totals	5.70	57805	1695	59500	94.30	−56110
211	Hides,skins(ex.furs),raw	28.69	5196	31028	36224	71.31	25832
212	Furskins,raw	11.71	209	13	222	88.29	−196
222	Oilseed(sft.fix veg.oil)	0.51	109291	281	109572	99.49	−109010
223	Oilseed(oth.fix.veg.oil)	3.31	2077	35	2112	96.69	−2042
231	Natural rubber, etc.	10.44	26	472	498	89.56	446
232	Synthetic rubber, etc.	5.00	3173	123630	126803	95.00	120457
244	Cork,natural,raw;waste	32.22	151	29	180	67.78	−122
245	Fuel wood, wood charcoal	0.20	49447	50	49497	99.80	−49397
246	Wood in chips, particles	0.07	79018	28	79046	99.93	−78990
247	Wood rough,rough squared	0.81	15457	63	15520	99.19	−15394
248	Wood, simply worked	1.45	265437	1939	267376	98.55	−263498
251	Pulp and waste paper	5.01	1358	52883	54241	94.99	51525
261	Silk	2.06	41534	433	41967	97.94	−41101
263	Cotton	11.95	4909	312	5221	88.05	−4597
264	Jute,oth.textl.bast fibr	12.90	29	2	31	87.10	−27
265	Vegetable textile fibres	0.37	5931	11	5942	99.63	−5920
266	Synthetic fibres	0.53	691	261507	262198	99.47	260816
267	Other man-made fibres	0.29	112	77700	77812	99.71	77588
268	Wool, other animal hair	4.44	79122	1798	80920	95.56	−77324
269	Worn clothing,textl.artl	83.39	1766	1263	3029	16.61	−503
272	Fertilizers, crude	0.05	34051	9	34060	99.95	−34042

273	Stone, sand and gravel	24.85	59066	8380	67446	75.15	−50686
274	Sulphur,unrstd.iron pyrs	17.39	1643	17255	18898	82.61	15612
277	Natural abrasives, nes	70.10	3193	1723	4916	29.90	−1470
278	Other crude minerals	7.74	276410	11128	287538	92.26	−265282
281	Iron ore, concentrates	2.63	2	150	152	97.37	148
282	Ferrous waste and scrap	0.90	1700	375966	377666	99.10	374266
285	Aluminium ore,conctr.etc	83.26	4474	6273	10747	16.74	1799
287	Ore,concentr.base metals	2.19	23661	262	23923	97.81	−23399
288	Non-ferrous waste,scrap	37.59	20065	86688	106753	62.41	66623
289	Prec.metel ores,conctrts	0.02	16196	2	16198	99.98	−16194
291	Crude animal materls.nes	1.50	179065	1354	180419	98.50	−177711
292	Crude veg.materials, nes	7.95	205444	8507	213951	92.05	−196937
	Av iitbi and totals	5.94	1489904	1071174	2561078	94.06	−418730
321	Coal,not agglomerated	0.01	949142	37	949179	99.99	−949105
322	Briquettes,lignite,peat	8.75	2273	104	2377	91.25	−2169
325	Coke,semi-coke,ret.carbn	0.02	159668	15	159683	99.98	−159653
334	Petroleum products	95.37	161363	177046	338409	4.63	15683
335	Residual petrol.products	98.13	51954	50048	102002	1.87	−1906
342	Liquefied propane,butane	61.02	3469	1523	4992	38.98	−1946
	Av iitbi and totals	27.38	1327869	228773	1556642	72.62	−1099096
411	Animal oils and fats	15.94	1189	103	1292	84.06	−1086
421	Fixed veg.fat,oils, sort	72.72	1915	1094	3009	27.28	−821
422	Fixed veg.fat,oils,other	47.63	2684	839	3523	52.37	−1845
431	Animal,veg.fats,oils,nes	45.62	745	2521	3266	54.38	1776
	Av iitbi and totals	50.15	6533	4557	11090	49.85	−1976
511	Hydrocarbons,nes,derivts	8.87	30507	657064	687571	91.13	626557
512	Alcohol,phenol,etc.deriv	71.92	83410	148534	231944	28.08	65124
513	Carboxylic acids,derivts	26.67	64118	416671	480789	73.33	352553
514	Nitrogen-funct.compounds	60.06	99589	232042	331631	39.94	132453
515	Organo-inorganic compnds	73.14	104644	181497	286141	26.86	76853
516	Other organic chemicals	81.49	51575	75002	126577	18.51	23427
522	lnorganic chem.elements	46.87	325645	99666	425311	53.13	−225979
523	Metal.salts,inorgan.acid	34.79	136596	28766	165362	65.21	−107830
524	Other chemical compounds	19.63	96816	10539	107355	80.37	−86277
525	Radio-active materials	2.09	72926	769	73695	97.91	−72157
531	Synth.colours,lakes,etc	78.42	35521	22910	58431	21.58	−12611
532	Dyeing,tanning materials	23.46	7900	1050	8950	76.54	−6850
533	Pigments, paints, etc.	22.62	24644	193246	217890	77.38	168602
541	Medicines,etc.exc.grp542	22.05	118680	14705	133385	77.95	−103975
542	Medicaments	93.45	37663	42945	80608	6.55	5282
551	Essntl.oil,perfume,flavr	59.32	10759	4537	15296	40.68	−6222

553	Perfumery,cosmetics,etc.	29.43	44807	7731	52538	70.57	−37076
554	Soap,cleaners,polish,etc	50.50	14150	41888	56038	49.50	27738
562	Fertilizer,except grp272	0.54	36063	98	36161	99.46	−35965
571	Polymers of ethylene	0.28	229	162439	162668	99.72	162210
572	Polymers of styrene	6.69	3912	113007	116919	93.31	109095
573	Polymers,vinyl chloride	1.26	1874	295708	297582	98.74	293834
574	Polyacetal,polycarbonate	14.02	13110	173929	187039	85.98	160819
575	Oth.plastic,primary form	13.07	24959	357083	382042	86.93	332124
579	Plastic waste, scrap etc	2.35	532	44808	45340	97.65	44276
581	Plastic tube,pipe,hose	66.61	16016	32075	48091	33.39	16059
582	Plastic plate,sheets,etc	28.20	37076	225868	262944	71.80	188792
583	Monofilament of plastics	41.98	2605	692	3297	58.02	−1913
591	Insecticides, etc.	82.70	15774	22374	38148	17.30	6600
592	Starches,inulin,etc	50.82	10723	31480	42203	49.18	20757
593	Explosives,pyrotechnics	0.49	24902	61	24963	99.51	−24841
597	Preprd additives,liquids	1.31	294	44761	45055	98.69	44467
598	Misc.chemical prodts.nes	73.94	138992	236970	375962	26.06	97978
	Av iitbi and totals	34.43	1687011	3920915	5607926	65.57	2233904
611	Leather	48.06	12259	38753	51012	51.94	26494
612	Manufact.leather etc.nes	4.58	15787	370	16157	95.42	−15417
613	Furskins,tanned,dressed	32.19	8576	1645	10221	67.81	−6931
621	Materials of rubber	40.01	8553	34204	42757	59.99	25651
625	Rubber tyres,tubes,etc.	96.33	10067	10835	20902	3.67	768
629	Articles of rubber, nes	81.38	60152	87678	147830	18.62	27526
633	Cork manufactures	12.91	2173	150	2323	87.09	−2023
634	Veneers, plywood, etc.	7.54	113531	4448	117979	92.46	−109083
635	Wood manufactures, nes	1.28	428663	2757	431420	98.72	−425906
641	Paper and paperboard	47.86	74840	237926	312766	52.14	163086
642	Paper,paperboard,cut etc	58.73	119121	49517	168638	41.27	−69604
651	Textile yarn	83.07	233603	165974	399577	16.93	−67629
652	Cotton fabrics, woven	55.08	190900	502299	693199	44.92	311399
653	Fabrics,man-made fibres	12.14	57371	888105	945476	87.86	830734
654	Oth.textile fabric,woven	37.69	89935	387276	477211	62.31	297341
655	Knit.crochet.fabric nes	10.44	10220	185565	195785	89.56	175345
656	Tulle,lace,embroidry.etc	50.02	35085	105185	140270	49.98	70100
657	Special yarn,txtl.fabric	58.90	94872	227269	322141	41.10	132397
658	Textile articles nes	1.75	1294651	11441	1306092	98.25	−1283210
659	Floor coverings, etc.	3.48	128629	2278	130907	96.52	−126351
661	Lime,cement,constr.matrl	8.56	676953	30283	707236	91.44	−646670
662	Clay,refrct.constr.matrl	12.08	74275	4775	79050	87.92	−69500
663	Mineral manufactures,nes	83.44	72028	100623	172651	16.56	28595
664	Glass	33.39	76584	382166	458750	66.61	305582
665	Glassware	79.45	58447	38520	96967	20.55	−19927

172　第Ⅱ部　東アジアの経済発展と経済問題

666	Pottery	1.73	89020	779	89799	98.27	−88241
667	Pearls,precious stones	51.95	34559	12128	46687	48.05	−22431
671	Pig iron,spiegeleisn,etc	20.07	283077	31578	314655	79.93	−251499
672	Ingots etc.iron or steel	0.82	384	93561	93945	99.18	93177
673	Flat-rolled iron etc.	10.03	28266	535383	563649	89.97	507117
674	Flat-rolled plated iron	1.44	2445	337771	340216	98.56	335326
675	Flat-rolled, alloy steel	0.33	995	593430	594425	99.67	592435
676	Iron,stl.bar,shapes etc.	3.07	1822	116732	118554	96.93	114910
677	Railway track iron,steel	2.57	33	2540	2573	97.43	2507
678	Wire of iron or steel	56.91	11068	27827	38895	43.09	16759
679	Tubes,pipes,etc.iron,stl	39.70	84435	340976	425411	60.30	256541
681	Silver,platinum,etc.	80.27	12567	18746	31313	19.73	6179
682	Copper	8.41	22198	505839	528037	91.59	483641
683	Nickel	90.79	17430	14489	31919	9.21	−2941
684	Aluminium	78.80	137753	211882	349635	21.20	74129
685	Lead	9.81	27571	1422	28993	90.19	−26149
686	Zinc	13.08	53159	3719	56878	86.92	−49440
687	Tin	10.22	39086	2104	41190	89.78	−36982
689	Misc.non-ferr.base metal	8.24	144154	6191	150345	91.76	−137963
691	Metallic structures nes	18.36	138577	14009	152586	81.64	−124568
692	Containers,storage,trnsp	71.14	20375	11249	31624	28.86	−9126
693	Wre products excl.elect	53.53	11361	31083	42444	46.47	19722
694	Nails,screws,nuts,etc.	92.90	79628	69067	148695	7.10	−10561
695	Tools	78.91	105939	162570	268509	21.09	56631
696	Cutlery	5.43	61756	1722	63478	94.57	−60034
697	Household equipment,nes	3.55	200312	3617	203929	96.45	−196695
699	Manufacts.base metal,nes	52.43	526844	187173	714017	47.57	−339671
	Av IITBi and totals	29.16	6082089	6837629	12919718	70.84	755540
711	Steam gener.boilers,etc.	90.39	14543	17637	32180	9.61	3094
712	Steam turbines	10.17	3905	72927	76832	89.83	69022
713	Intml combus pstn engin	18.78	38374	370245	408619	81.22	331871
714	Engines,motors non-elect	21.48	4022	484	4506	78.52	−3538
716	Rotating electric plant	61.79	600281	268341	868622	38.21	−331940
718	Oth.powr.genrtng.machnry	81.75	20625	29834	50459	18.25	9209
721	Agric.machines,ex.tractr	69.20	10681	20188	30869	30.80	9507
723	Civil engineering equipt	27.94	43261	266433	309694	72.06	223172
724	Textile,leather machines	18.76	71075	686774	757849	81.24	615699
725	Paper,pulp mill machines	21.95	3039	24647	27686	78.05	21608
726	Printng,bookbindng machs	13.64	14110	192746	206856	86.36	178636
727	Food-process.mch.non dom	8.23	1241	28905	30146	91.77	27664
728	Oth.mach,pts,spcl indust	15.32	110057	1326318	1436375	84.68	1216261
731	Metal removal work tools	13.48	23293	322236	345529	86.52	298943
733	Mach-tools,metal-working	2.06	1391	133884	135275	97.94	132493

グローバリゼーションと国際貿易——アジアの視点　173

735	Parts,nes,for mach-tools	83.39	40277	56318	96595	16.61	16041
737	Metalworking machnry nes	16.38	13059	146429	159488	83.62	133370
741	Heatng,coolng equip,part	95.27	322117	354116	676233	4.73	31999
742	Pumps for liquids,parts	57.09	54439	136267	190706	42.91	81828
743	Pumps nes,centrifugs etc	83.16	226299	317949	544248	16.84	91650
744	Mechanical handlng equip	48.17	73158	230564	303722	51.83	157406
745	Oth.nonelec mch,tool,nes	78.83	60855	93546	154401	21.17	32691
746	Ball or roller bearings	65.01	73535	152675	226210	34.99	79140
747	Taps,cocks,valves,etc.	75.00	79559	132604	212163	25.00	53045
748	Transmissions shafts etc	73.12	94639	164206	258845	26.88	69567
749	Non-elect mach.parts,etc	24.65	34139	242851	276990	75.35	208712
751	Office machines	23.64	283768	38033	321801	76.36	−245735
752	Automatc.data proc.equip	18.39	1878691	190213	2068904	81.61	−1688478
759	Parts,for office machins	76.17	1545171	950510	2495681	23.83	−594661
761	Television receivers etc	6.31	656656	21405	677961	93.69	−635151
762	Radio-broadcast receiver	1.33	435839	2922	438761	98.67	−432917
763	Sound recorder,phonogrph	7.85	617589	25227	842816	92.15	−592362
764	Telecomm.equip.parts nes	81.43	2147617	1475029	3622646	18.57	−672588
771	Elect power machny.paris	43.44	1034318	286988	1321306	56.56	−747330
772	Elec.switch.relay.circut	84.11	930128	1281442	2211570	15.89	351314
773	Electr distribt.eqpt nes	59.54	830949	352248	1183197	40.46	−478701
774	Electro-medcl,xray equip	49.54	65510	198958	264468	50.46	133448
775	Dom.elec,non-elec.equipt	10.23	675983	36438	712421	89.77	−639545
776	Transistors,valves,etc.	37.12	567982	2492301	3060283	62.88	1924319
778	Electric.mach.appart.nes	77.90	712585	1116917	1829502	22.10	404332
781	Pass.motor vehcls.ex.bus	0.59	1125	380793	381918	99.41	379668
782	Goods,spcl transport veh	0.03	13	74297	74310	99.97	74284
783	Road motor vehicles nes	0.55	108	38830	38938	99.45	38722
784	Parts,tractors,motor veh	37.77	174212	748203	922415	62.23	573991
785	Cycles,motorcycles etc.	21.83	374067	45823	419890	78.17	−328244
786	Trailers,semi-trailr,etc	13.49	51423	3719	55142	86.51	−47704
791	Railway vehicles.equipnt	38.72	4632	1112	5744	61.28	−3520
792	Aircraft,assoctd.aquipnt	19.97	79	712	791	80.03	633
793	Ship,boat,float.structrs	59.00	68110	28498	96608	41.00	−39612
	Av IITBi and totals	49.60	15088429	15579742	30668171	50.40	491313
811	Prefabricated buildings	60.59	2621	1139	3760	39.41	−1482
812	Plumbng,sanitry,eqpt.etc	44.06	14439	4080	18519	55.94	−10359
813	Lightng fixtures etc.nes	4.58	156703	3673	160376	95.42	−153030
821	Furniture,cushions,etc.	5.25	1324329	35695	1360024	94.75	−1288634
831	Trunk,suit-cases,bag,etc	0.05	1314035	329	1314364	99.95	−1313706
841	Mens,beys clothng,x-knit	0.16	3096878	2517	3099395	99.84	−3094361
842	Women,girl clothng,xknlt	0.06	3599645	1077	3600722	99.94	−3598568
843	Mens,beys clothing,knit	0.12	589382	361	589743	99.88	−589021

174　第Ⅱ部　東アジアの経済発展と経済問題

844	Women,girls clothng.knit	0.04	1038758	202	1038960	99.96	−1038556
845	Othr.textile apparel,nes	0.31	5139474	7986	5147460	99.69	−5131488
846	Clothing accessrs,fabric	6.76	701355	24544	725899	93.24	−676811
848	Clothng,nontxtl;headgear	1.17	624165	3670	627835	98.83	−620495
851	Footwear	0.48	2021551	4909	2026460	99.52	−2016642
871	Optical instruments,nes	66.68	132003	263908	395911	33.32	131905
872	Medical instruments nes	49.67	192485	63594	256079	50.33	−128891
873	Meters,counters,nes	96.20	8621	9303	17924	3.80	682
874	Measure,control instrmnt	36.76	132197	587098	719295	63.24	454901
881	Photograph appar.etc.nes	65.23	277071	134115	411186	34.77	−142956
882	Photo.cinematogrph.suppl	13.11	12590	179440	192030	86.89	166850
883	Cine.film exposd.develpd	52.91	50	139	189	47.09	89
884	Optical goods nes	93.78	297555	337055	634610	6.22	39500
885	Watches and clocks	23.29	363824	47961	411785	76.71	−315863
891	Arms and ammunition	9.70	157	8	165	90.30	−149
892	Printed matter	86.42	40038	52617	92655	13.58	12579
893	Articles,nes,of plastics	36.90	850564	192436	1043000	63.10	−658128
894	Baby carriage,toys,games	4.15	1953279	41359	1994638	95.85	−1911920
895	Office,stationery suppls	42.13	88265	23557	111822	57.87	−64708
896	Works of art,antique etc	6.08	15822	496	16318	93.92	−15326
897	Gold,silverware,jewi nes	16.52	74632	6718	81350	83.48	−67914
898	Musical instruments,etc.	26.75	295397	45616	341013	73.25	−249781
899	Misc manufctrd goods nes	29.74	762841	133236	896077	70.26	−629605
	Av IITBi and totals	10.26	25120726	2208838	27329564	89.74	−22911888
931	Spec.transact.not classd	66.16	478859	968628	1447487	33.84	489769
971	Gold,nonmont excl ores	83.97	7509	10377	17886	16.03	2868
	Av IITBi and totals	66.38	486368	979005	1465373	33.62	492637

Total Overall
Av-IITBi = Grubel-Lloyd　29.06
Av-IITQi = Aquino Index　34.74
Av-IITCi = Grubel-Lloyd
　adjusted Index　41.29

IIT は 1990 年から 2001 年まで計算したものであるが，それぞれの年の結果は制約要因の間隔によってここには含まれていない。

　表6・3は，日本とニュージーランドを含む選ばれた国家と全体としての世界との間の IIT にかんする概算シェアを示している。その際 3 つの異なる測定方法が応用された。それらは，G-L 指数，G-L 貿易不均衡調整指数，

グローバリゼーションと国際貿易——アジアの視点 175

Table 6·3: Japan's Intra-Industry Trade by country (China, S. Korea, India, Vietnam & New Zealand) and with world over time 1990–2001, 3 digit SITC summary values.

	Year	1990	1991	1992	1993	1994	1995	1996	1997	1998	1999	2000	2001
World	IITBi	30.39	30.81	30.00	28.51	32.18	36.53	40.26	38.38	38.50	39.22	40.10	41.59
	IITCi	36.98	39.26	40.85	35.92	42.45	44.80	46.51	43.32	46.00	46.04	45.50	45.10
	IITQi	58.57	59.03	60.14	56.68	59.90	59.61	59.77	56.83	56.35	55.12	54.46	53.63
China	IITBi	20.13	22.05	19.92	17.70	19.85	24.51	25.13	27.21	29.36	29.38	30.06	29.06
	IITCi	25.45	26.23	22.88	18.42	23.61	31.17	34.85	39.83	41.14	41.23	42.27	41.29
	IITQi	32.09	34.74	32.22	29.78	31.57	33.01	32.39	34.93	36.99	36.20	35.95	34.74
S. Korea	IITBi	34.15	33.36	33.96	34.58	38.04	38.04	41.39	43.35	44.97	41.53	42.90	46.42
	IITCi	42.38	43.71	43.05	45.53	53.09	53.09	58.53	60.30	51.04	50.38	53.38	57.32
	IITQi	50.34	50.10	50.36	49.41	47.85	47.85	51.61	55.99	57.69	56.09	58.05	60.93
India	IITBi	10.22	9.58	9.41	9.85	8.32	9.39	9.40	14.11	11.53	10.51	12.91	16.04
	IITCi	11.75	10.00	10.24	11.40	9.44	9.45	9.56	18.77	16.45	14.50	16.79	18.82
	IITQi	21.64	31.05	30.01	27.76	31.94	28.79	28.04	36.81	37.15	32.62	36.26	30.16
Veitnam	IITBi	9.71	8.85	14.25	6.93	10.92	9.66	10.19	11.84	15.28	16.62	20.91	21.76
	IITCi	17.95	13.77	20.25	7.84	12.38	11.66	11.41	14.05	16.77	18.15	24.03	26.78
	IITQi	29.26	28.70	30.86	30.26	33.49	29.28	32.38	24.32	25.51	31.09	33.84	30.32
New Zealand	IITBi	5.67	3.77	5.32	4.53	4.26	4.44	4.14	4.97	5.94	5.32	6.30	*
	IITCi	7.46	3.87	5.35	4.56	4.36	4.65	4.50	5.10	6.59	6.62	6.40	*
	IITQi	19.43	27.56	18.96	18.59	18.28	17.55	20.93	17.74	24.47	23.47	20.80	*

Calculated from data: United Nations Statistical head Office New York.
*New Zealand Data until 2000. Author's own calculations

そして各国と世界における3桁のSITC分類によるアキノIIT調整索引がそれである。最初の予想は，日本も全体としての世界も，IITのシェアが時間の経過とともに成長するのではないかということであった。しかしながら，OECDメンバー諸国の平均と比較してみると，日本のIITの割合は相対的に低い。先行研究によるとOECDメンバー諸国はIITの割合が60％を越えていることが分かっている。

(2) 世界と選ばれた貿易相手国に対する日本のIIT
測定された指数はIITの多様な程度を示している。G-D指数は1990年

には30％であったが，2001年には約42％まで増加している。これに反して，G-L 調整測定は，1990年の37％から2001年の45％に及ぶ相対的に高いIITの程度を示す。アキノ測定法では，日本のIITのもっと高い範囲を示す。IITの集中度は，1990年の58.57％から2001年の53.63％までおよんでいる。アキノ測定では，1990年から1996年まで，OECDレベルである60％台まで増加したが，1997年から56％にまで減少したことは記録に値する。これは，アジア危機の結果であるだろう。

① 日本の対中国向け IIT

日本の対中国向けの IIT は，1990年には20％（G-L 指数）であったが2001年には29％まで増加している。時期によっていくつかの変動はある。両方の調整測定は，G-L 調整指数によると1990年の25％から2001年の41％に，アキノ指数によると1990年の32％から2001年の34％にそれぞれ達し，IITはより高い割合を見せている。

中国は，1978年に経済改革を始めた。国際貿易という側面からは，貿易再建政策の主な狙いは国家の輸入支払いを充足させるに十分な外国為替を保証する輸出を強化することであった。1990年代における開放政策は，経済の急激な成長を導くことになった。現在，中国は世界で第5番目の貿易大国である。中国の大きな市場規模，豊富な人的資源，労働者層の間のしっかりした労働倫理，技術の急速な成長，そして人的資本は，中国経済の急速な成長を導く重要な要素である。需要の側面から，国家の一人当り所得が成長するにつれて需要が多様化し，高い品質の差別化された製品も成長し，これがIITを生み出す傾向がある。日本と中国の間に貿易集中の程度が増加していることも特記すべきである。

② 日本の対韓国向け IIT

結果は3つの測定手段全てにおいて，相対的に高いレベルのIITであることが示されている。G-L指数は1990年の34％から2001年には46％に

増加している。G-L調整指数においては，1990年の42%から2001年には57%に増加している。他方，アキノ調整指数では，1990年の50%から2001年には61%に増加している。

③ 日本の対インド向け，対ヴェトナム向けIIT

これらの経済圏向け日本のIIT比率は相対的に低い。対インドのG-LIIT指数は1990年の10%から2001年には16%に増加した。G-L調整指数は1990年の約12%から2001年には約19%に増加している。アキノ測定では，G-L指数と比べても1990年には21%から2001年には30%に増加するという，比較的に高い数値を持続的に示している。これら3つの測定法は12年間の研究のうちにいくつかの変動を見せている。

④ 日本の対ニュージーランド貿易

日本はニュージーランドにとって，3番目に大きい貿易パートナーである。両国はともにOECDメンバー諸国である。日本とニュージーランドとの間では，多くの個別的な製品において高いレベルのIITを享有している(表6にIIT比率が高いか低いかが報告されている)。しかしながら，平均G-L指数では，1990年の5.67%から2000年には6.30%までわずかに増加したが，低いレベルのままである。G-L調整指数では1990年の約7%から2000年には6.40%になっている。アキノ調整指数では1990年には19%，2000年には約21%にわずかに増加している。

表6・4は，1990年と2001年の3桁レベルの全てのSITC製品グループにかけて，G-L指数の概算された値の要約を報告したものである。結果は，時間の経過とともに世界とアジア国家に対して日本のIITが増加していることを示している。3つのIIT指数はIITの異なる強度を示している。IITの循環的な多様性が部門間に観察された。表6・5は，年度ごとの輸出，輸入，総貿易，そしてその%変化数値の3桁一覧を表示したものである。

これらの結果は，日本がSITC第5部である化学製品，SITC第6部で

178　第 II 部　東アジアの経済発展と経済問題

Table 6·4: Intra Industry Trade between Japan & China (Year 1990 & 2001):
SITC 0-9 Product Groups at the SITC 3-digit Levels
(Summary values across industries).

1990	SITC Description	G-L index IITBi	G- - Adjusted IITCi	Aquino Index IITQi
0	Food & Live Animals	1.93	99.98	26.97
1	Beverage & Tobacco	5.48	100.00	72.42
2	Crude materials inedible except fuels	2.90	9.66	3.96
3	Mineral Fuels Lubricants & related materials	23.98	100.00	77.77
4	Animal & Vegetable Oils and fats	13.25	100.00	46.43
5	Chemicals	45.76	52.00	45.81
6	Manufactured Goods Classified cheifly by materials	32.39	35.96	32.64
7	Machinery & Transport equipment	22.45	73.20	41.69
8	Miscellaneous Manufactured Articles	7.70	37.64	19.13
9	Commodities & Transactions not classified	82.87	100.00	99.84

2001	SITC Description	G-L index IITBi	G-L Adjusted IITCi	Aquino Index IITQi
0	Ford & Live Animals	5.44	99.98	30.19
1	Beverage & Tobacco	5.70	100.00	65.95
2	Crude materials inedible except fuels	5.94	7.10	6.09
3	Mineral Fuels Lubricants & related materials	27.38	93.14	16.39
4	Animal & Vegetable Oils and fats	50.15	61.03	56.08
5	Chemicals	34.43	57.22	43.05
6	Manufactured Goods Classified cheifly by materials	29.16	30.97	29.74
7	Machinery & Transport equipment	49.60	50.41	49.63
8	Miscellaneous Manufactured Articles	10.26	63.49	19.85
9	Commodities & Transactions not classified	66.38	100.00	99.52

Table 6·5: SITC3 digit: Trade between Japan and China over time 1990–2001

Year	Import (US$Bil)	%age Increase	Export (US$Bil)	%age Increase	Xi + Mi (US$Bil)	%age Increase
1990	8.94		5.85		14.79	
1991	11.41	27.64	8.2	41.47	19.69	33.11
1992	14.19	24.36	10.93	32.14	25.13	27.63
1993	18.52	30.52	17.14	56.74	35.66	41.93
1994	25.71	36.81	18.64	8.75	44.35	24.36
1995	33.93	31.97	21.99	17.98	55.92	26.09

1996	38.65	13.90	21.79	−0.92	60.43	8.07
1997	41.80	8.16	21.68	−0.49	63.48	5.04
1998	36.21	−13.38	20.08	−7.37	56.29	−11.33
1999	42.16	16.46	23.34	16.19	65.50	16.36
2000	54.96	30.33	30.32	29.94	85.28	30.19
2001	57.08	3.87	30.99	2.21	88.07	3.28

Table 6·6: Japan-New Zealand Intra Industry Trade 3-digit SITC 1990–2000 (High and Low IIT).

1990 Intra-industry trade	GL	2000 Intra-industry trade	GL
SITC Description	IITBi	SITC Description	IITBi
037 Fish etc.prepd,prsvd.nes	80.96	062 Sugar confectionery	87.50
061 Sugars,molasses,honey	44.62	047 Other cereal meal,flours	67.61
062 Sugar confectionery	30.77	048 Cereal preparations	53.14
098 Edible prod.preprtns,nes	30.26	037 Fish etc.prepd,prsvd.nes	22.55
048 Cereal preparations	15.36	017 Meat,offl.prpd,prsvd,nes	21.41
047 Other cereal meal,flours	12.74	098 Edible prod.preprtns,nes	19.20
056 Vegtables,prpd,prsvd,nes	10.63	056 Vegetables,prpd,prsvd,nes	15.13
035 Fish,dried,salted,smoked	4.51	045 Other cereals, unmilled	13.76
036 Crustaceans,molluscs etc	3.93	074 Tea and mate	13.25
058 Fruit,preserved,prepared	0.92	061 Sugars,molasses,honey	8.08
081 Animal feed stuff	0.88	036 Crustaceans,molluscs etc	7.08
017 Meat,offl.prpd,prsvd,nes	0.77	058 Fruit,preserved,prepared	5.38
034 Fish,fresh,chilled,frozn	0.38	035 Fish,dried,salted,smoked	4.83
057 Fruit,nuts excl.oil nuts	0.06	034 Fish,fresh,chilled,frozn	0.59
054 Vegetables	0.03	059 Fruit, vegetable juices	0.58
012 Other meat, meat offal	0.00	057 Fruit,nuts excl.oil nuts	0.49
111 Non-alcohol.beverage,nes	82.35	111 Non-alcohol.beverage,nes	32.62
112 Alcoholic beverages	16.16	112 Alcoholic beverages	24.20
273 Stone, sand and gravel	36.36	245 Fuel wood, wood charcoal	76.92
292 Crude veg.materials, nes	19.07	273 Stone, sand and gravel	40.96
278 Other crude minerals	2.87	292 Crude veg.materials, nes	29.68
222 Oilseed(sft.fix veg.oil)	1.36	291 Crude animal materls.nes	1.07
291 Crude animal materls.nes	0.25	211 Hides,skins(ex.furs),raw	1.04
211 Hides,skins(ex.furs),raw	0.02	288 Non-ferrous waste,scrap	0.14

Table 6·6: Continued: Japan-NZ Intra Industry Trade by industry 3-digit SITC — 1990 & 2000 (High and Low IIT).

334 Petroleum products	1.86

334 Petroleum products	0.81
335 Residual petrol.products	1.21

411 Animal oils and fats	7.31
431 Animal,veg.fats,oils,nes	0.05

411 Animal oils and fats	5.96
431 Animal,veg.fafs,oils,nes	0.10

541 Medicines,etc.exc.grp542	97.07
553 Perfumery,cosmetics,etc.	36.92
522 Inorganic chem.elements	16.61
554 Soap,cleaners,polish,etc	13.46
533 Pigments, paints, etc.	5.92
512 Alcohol,phenol,etc.deriv	5.52
513 Carboxylic acids,derivts	4.85
591 Insecticides, etc.	4.19
581 Plastic tube,pipe,hose	3.48
523 Metal.salts,inorgan.acid	0.21
575 Oth.plastic,primary form	0.10
571 Polymers of ethylene	0.02

542 Medicaments	90.82
583 Monofilament of plastics	82.26
541 Medicines,etc.exc.grp542	77.86
523 Metal.salts,inorgan.acid	47.29
513 Carboxylic acids,derivts	42.95
554 Soap,cleaners,polish,etc	42.71
514 Nitrogen-funct.compounds	32.94
597 Preprd additives,liquids	27.59
582 Plastic plate,sheets,etc	26.05
592 Starches,inulin,etc	4.16
551 Essnti.oil,perfume,flavr	3.85
574 Polyacetal,polycarbonate	3.84

659 Floor coverings, etc.	95.99
699 Manufacts.base metal,nes	94.08
612 Manufact.leather etc.nes	64.00
635 Wood manufactures, nes	51.91
658 Textile articles nes	43.37
673 Flat-rolled iron etc.	42.31
664 Glass	30.29
692 Containers,storage,trnsp	25.81
633 Cork manufactures	15.18
682 Copper	14.41
697 Household equipment,nes	12.13
611 Leather	11.13
654 Oth.textile fabric,woven	8.33
651 Textile yarn	5.45
665 Glassware	4.76
641 Paper and paperboard	3.61
678 Wire of iron or steel	3.51
684 Aluminium	2.40
679 Tubes,pipes,etc.iron,stl	1.86

673 Flat-rolled iron etc.	77.07
682 Copper	74.88
633 Cork manufactures	69.39
658 Textile articles nes	69.05
699 Manufacts.base metal,nes	59.79
666 Pottery	53.29
651 Textile yarn	39.06
662 Clay,refrct.constr.matrl	32.16
663 Mineral manufactures,nes	28.98
691 Metallic structures nes	28.85
667 Pearls,precious stones	28.57
659 Floor coverings, etc.	20.88
664 Glass	16.31
661 Lime,cement,constr.matrl	15.38
693 Wire products excl.elect	13.96
612 Manufact.leather etc.nes	12.99
629 Articles of rubber, nes	10.57
641 Paper and paperboard	10.12
694 Nails,screws,nuts,etc.	8.85

Table 6·6: Continued: Japan-NZ Intra Industry Trade by industry 3-digit SITC — 1990 & 2000 (High and Low IIT).

642	Paper,paperboard,cut etc	1.56	678	Wire of iron or steel	8.44
695	Tools	1.56	665	Glassware	7.13
657	Special yarn,txtl.fabric	1.04	654	Oth.textile fabric,woven	6.96
696	Cutlery	0.99	684	Aluminium	6.83
629	Articles of rubber, nes	0.91	695	Tools	6.50
691	Metallic structures nes	0.84	621	Materials of rubber	4.73
693	Wire products excl.elect	0.74	655	Knit.crochet.fabric nes	3.92
655	Knit.crochet.fabric nes	0.44	611	Leather	2.93
662	Clay,refrct.constr.matrl	0.14	657	Special yarn,txtl.fabric	2.65
663	Mineral manufactures,nes	0.12	635	Wood manufactures, nes	1.89
653	Fabrics,man-made fibres	0.08	697	Household equipment,nes	1.85
621	Materials of rubber	0.05	679	Tubes,pipes,etc.iron,stl	1.30
625	Rubber tyres,tubes,etc.	0.01	656	Tulle,lace,embroidry.etc	1.17

793	Ship,boat,float.structrs	88.30	727	Foed-process.mch non dom	96.49
786	Trailers,semi-trailr,etc	83.98	721	Agric.machines,ex.tractr	75.76
721	Agric.machines,ex.tractr	68.27	747	Taps,cocks,valves,etc.	64.65
775	Dom.elec,non-elec.equipt	58.31	778	Electric.mach.appart.nes	53.59
724	Textile,leather machines	35.52	712	Steam turbines	53.33
718	Oth.powr.genrtng.machnry	32.98	775	Dom.elec,non-elec.equipt	51.09
791	Railway vehicles.equipnt	25.64	793	Ship,boat,float.structrs	48.26
714	Engines,motors non-elect	16.62	786	Trailers,semi-trailr,etc	45.83
728	Oth.mach,pts,spcl indust	15.38	724	Textile,leather machines	35.68
744	Mechanical handing equip	9.79	718	Oth.powr.genrtng.machnry	19.48
748	Transmissions shafts etc	8.04	749	Non-elect mach.parts,etc	14.20
743	Pumps nes,centrifugs etc	5.99	773	Electr distribt.eqpt nes	13.68
747	Taps,cocks,valves,etc.	4.21	716	Rotating electric plant	12.94
725	Paper,pulp mill machines	3.39	735	Parts,nes,for mach-tools	9.48
726	Printng,bookbindng machs	2.37	743	Pumps nes,centrifugs etc	7.41
792	Aircraft,assoctd.equipnt	1.60	776	Transistors,valves,etc.	4.94
741	Heatng,coolng equip,part	1.53	759	Parts,for office machins	4.43
778	Electric.mach.appart.nes	0.99	772	Elec.switch.relay.circut	4.35
737	Metalworking machnry nes	0.90	737	Metalworking machnry nes	4.16
733	Mach-tools,metal-working	0.86	745	Oth.nonelec mch,tool,nes	3.77
745	Oth.nonelec mch,tool,nes	0.75	713	Intrnl combus pstn engin	3.43
735	Parts,nes,for mach-tools	0.51	748	Transmissions shafts etc	2.20
749	Non-elect mach.parts,etc	0.39	771	Elect power machny.parts	1.70
784	Paris,tractors,motor veh	0.38	728	Oth.mach,pts,spcl indust	1.48

Table 6·6: Continued: Japan-NZ Intra Industry Trade by industry 3-digit SITC — 1990 & 2000 (High and Low IIT).

773 Electr distribt.eqpt nes	0.35
716 Rotating electric plant	0.21
772 Elec.switch.relay.circut	0.21
764 Telecomm.equip.parts nes	0.12
713 Intrnl combus pstn engin	0.09
742 Pumps for liquids,parts	0.07
776 Transistors,valves,etc.	0.05
723 Civil engineering equipt	0.03
759 Parts,for office machins	0.01

752 Automatc.data proc.equip	1.12
741 Heatng,coolng equip,part	0.94
733 Mach-tools,metal-working	0.92
744 Mechanical handlng equip	0.80
764 Telecomm.equip.parts nes	0.73
742 Pumps for liquids,parts	0.43
784 Parts,tractors,motor veh	0.17
731 Metal removal work tools	0.16
723 Civil engineering equipt	0.12

897 Gold, silverware,jewl nes	96.95
851 Footwear	89.86
896 Works of art,antique etc	72.00
844 Women,girls clothng.knit	68.97
811 Prefabricated buildings	60.11
842 Women,girl clothng,xknit	57.14

842 Women,girl clothng,xknit	93.79
872 Medical instruments nes	88.61
851 Footwear	86.71
896 Works of art,antique etc	70.27
831 Trunk,suit-cases,bag,etc	60.14
874 Measure,control instrmnt	54.44

899 Misc manufctrd goods nes	48.00
893 Articles,nes,of plastics	47.37
872 Medical instruments nes	46.46
892 Printed matter	38.43
812 Plumbng,sanitry,eqpt.etc	35.56
831 Trunk,suit-cases,bag,etc	28.41
821 Furniture,cushions,etc.	25.82
845 Othr.textile apparel,nes	24.41

848 Clothng,nontxtl;headgear	46.41
897 Gold,silverware,jewl nes	45.05
821 Furniture,cushions,etc.	43.68
813 Lightng fixtures etc.nes	38.58
846 Clothing accessrs,fabric	33.63
893 Articles,nes,of plastics	33.25
899 Misc manufctrd goods nes	32.19
845 Othr.textile apparel,nes	20.54

Source: Calculated from: Data from United Nations Statistical Head Office, Commodity Trade Division, New York

ある工業製品，そして SITC 第 7 部である機械類，輸送用機器において IIT の占有率が増加してきていること，また中国は加工食品原材料（SITC 第 0－4 部），非食品原材料（SITC 第 2 部），そして工業製品（SITC 第 8 部）において比較優位を持っていることを物語る。これらの分野は，対中国向け ITT 比率が低いことを示しており，定義上高い割合の産業間貿易を見せている。機械類，輸送用機器における日本の対中国との ITT 比率は，2001

年に約 51% で最高を記録した。このグループの品目はほとんど資本集約的な製品である。この部門の成長が著しいことは特記すべきことである。中国が輸出部門を自由化したことは良く知られているが，しかしながら，日本も中国もその輸入部門はまだ保護されているのが実情である。IIT の比率の大幅な増加は，中国による日本からの輸入の増加によるところが多い。日本の商品輸出額は 1990 年の 58 億ドルから 2001 年には 309 億 9 千万ドルまで増加の一途をたどっており，その間，輸出は 1990 年の 89 億 4 千万ドルから 2001 年の 570 億 8 千万ドルにまで増加した。成長率は，年毎に広く変動した。1996 年から 1998 年まで実際にはわずかなマイナス成長を見せた。1997 年から 1998 年までにおいては輸出と輸入の両方においてアジア危機の影響が観測される。

　各々の産業レベルにおいて，一連の製品はインドとヴェトナムを含む全ての選ばれた諸国において IIT の高いシェアを持っている。3 桁の SITC レベルの産業にかけて IIT の平均比率は，多様な要因によって低い。OECD メンバー諸国に関する以前に行われた研究は，工業製品（SITC 第 5 部から第 8 部まで）に焦点が当てられていた。この研究には，SITC 第 0 部から第 4 部までの，OECD メンバー諸国では低い IIT 比率が見られる 1 次産業製品と，SITC 第 5 部から第 9 部までの製品差別化の程度が高い工業製品の両者が含まれている。ついでに述べると，SITC 第 5 部門から第 9 部門におけるいくつかの製品は，高い価値と低い輸送コストを持ち，高い IIT 比率を生み出す傾向がある規模の経済を享受する。全ての産業にかけて平均化することが行われているが，それは，たとえば，G-L 指数のような国家分析における低い IIT 比率に反映されている IIT のシェアを概算することでなされている。G-L 指数のこの側面はグルベルとロイド（Grubel and Lloyd, 1975）によって議論されたことがある。調整測定は貿易不均衡効果を促えるし，相対的に IIT 比率のもっと高い強化を示す。文献から例証すると，

OECD メンバー諸国の IIT の平均レベルはおおよそ 2/3 である(あるいはニュージーランド，オーストラリア，そして日本を除いては 60% 以上)。中国にとっては，G-L 指数はわずかな変動のために安定したものであるが，しかし，調整測定は上がっている。IIT における増加は全てのケースにおいて連続的なものではない。調整した測定と無調整の測定の両方を用いることは記録に値する。IIT の比率は，1992 年と 1994 年，そして 1997 年の対中国と対世界は低下している。無調整の測定と貿易不均衡の調整後の測定を用いれば，1993 年から 2001 年までの日本と韓国との間の IIT の比率は上がった。変動は期待されていたが，これは国家レベルあるいは国際レベルの循環的な要因によるものではない。

　一連のアジア経済は，同一産業内の専門化に起因すると思われる，相対的に少ない数の製品グループにおいて比較優位を享受している。特別な産業に属する全ての製品を専門化する代わりに，これらの諸国は，産業部門内の相対的に少ない数の製品のみに集中したのである。これは，グローバリゼーションのプロセスの中で日本とアジア諸国との間に将来に生じる貿易の形態に影響を及ぼすかもしれないということから，重要なことである。もし，日本とアジア諸国が，IIT を生み出す分業と専門化に従事するとなれば，それは，IIT のより一層の発展のための潜在力となる。調整コストは (Stolper-Samuelson 理論によって予測された)，産業内部の資源の再配分が必要ではないということから苦にはならない。過去においては，先進工業国家と開発途上国との間の貿易は，要素資源と技術の相異に基づき，同一産業内貿易のタイプになる傾向があると思われてきた。日本が対 OECD メンバー諸国と対世界貿易に対しての IIT 比率は相対的に低いレベルであるが，タイ，韓国，中国に対する貿易では，IIT 比率が高い水準にあることは記録に値する。

　結論をいえば，日本の対アジア諸国との貿易関係が IIT の高い比率を生み出していることを示している。グローバリゼーション・プロセスを通じて

の地域統合は，特定の製品についての地域的な分業とより大きい専門化を導くかもしれないと期待することは妥当である。これらの変化は，日本とこれらの国との垂直的・水平的な IIT の成長を強化するであろう。図 6・1, 2(a) から 2(f) まで，そして図 6・3(a) から図 6・3(c) までは，IIT 指数の関連のあるパフォーマンスがこれらの諸国すべてに時間をかけすぎていることが示されている。『エコノミスト』誌（1998 年 7 月 28 日）によって発行された

Figure 6・1

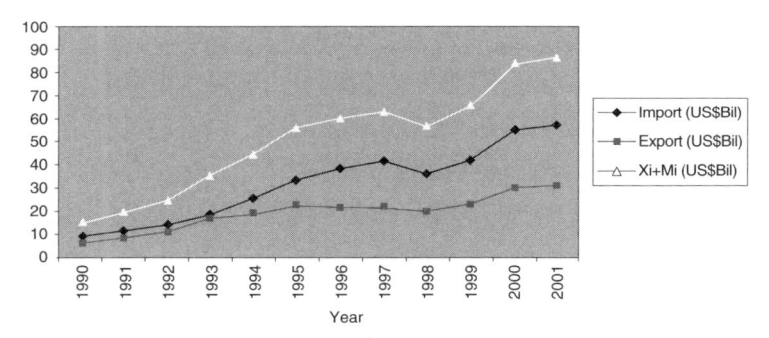

Trade between Japan & China over time 1990-2001

Figure 6・2　Intra-industry trade over time: Comparative performance of IIT indicators

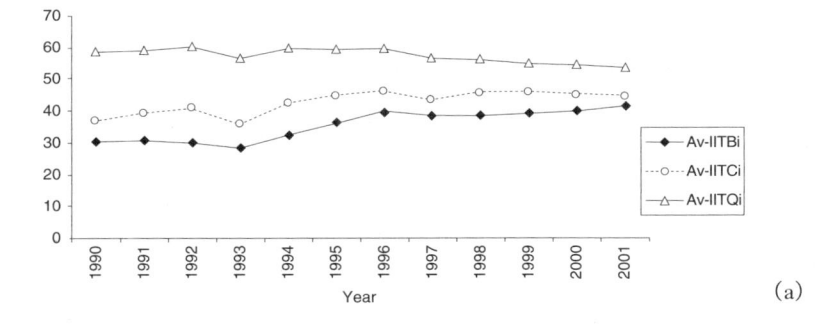

IIT Overtime between Japan & World 1990-2001

(a)

186 第Ⅱ部 東アジアの経済発展と経済問題

IIT Overtime between Japan & China 1990-2001

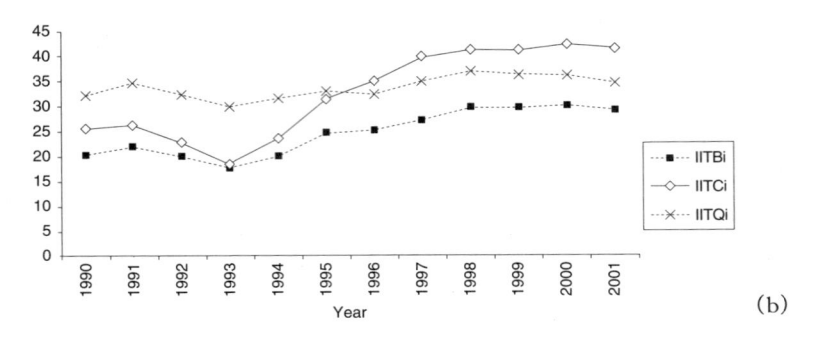

(b)

IIT Overtime between Japan & S.Korea 1990-2001

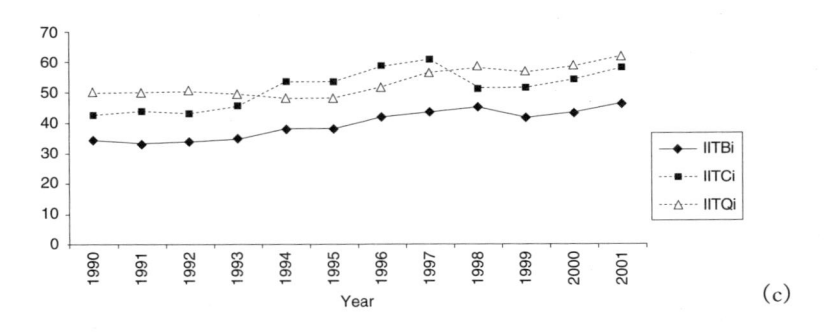

(c)

IIT Overtime between Japan & India 1990-2001

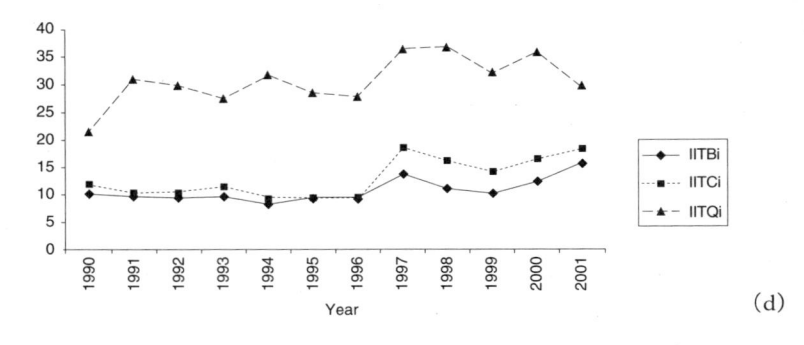

(d)

グローバリゼーションと国際貿易——アジアの視点　187

IIT Overtime between Japan & VeitNam 1990-2001

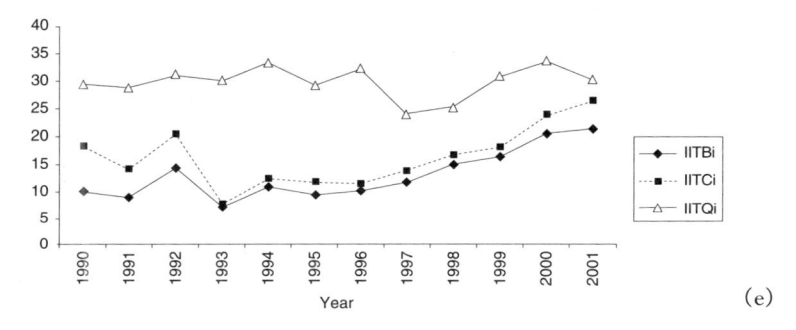

(e)

IIT Overtime between Japan & New Zealand 1990-2000

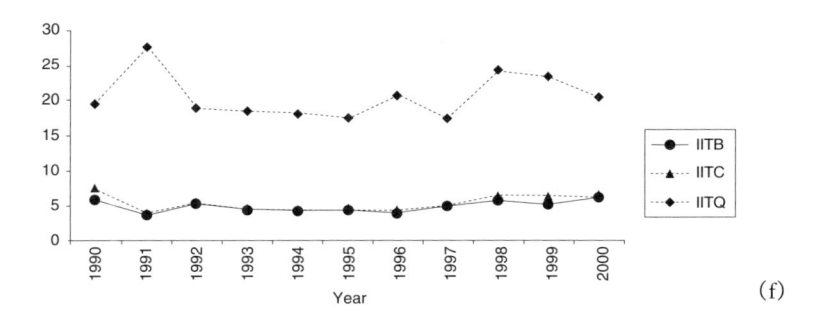

(f)

188 第Ⅱ部 東アジアの経済発展と経済問題

Figure 6·3　IITBi of Japan with World & other Countries comparison at 3-digit SITC

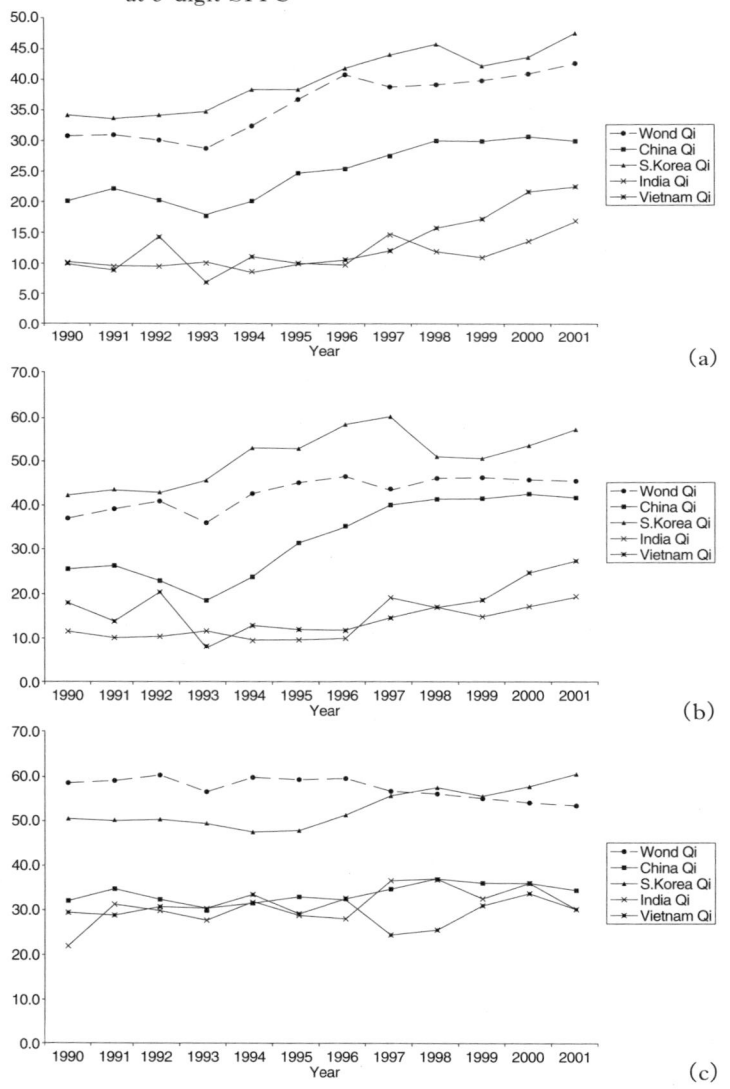

(a)

(b)

(c)

「円と人民元」という記事では，日本・中国間の貿易の流れに影響を及ぼす一連の要因を議論している．とくに，この記事では，日本企業の自社製品の中国への積送品は中国から日本への完成品の輸入という結果になると考えている．記事では，この傾向は，最近中国の安い労働力と日本の官僚的で煩雑な手続きによって増加していることが示されている．終身雇用制と年功序列制が，日本の製造部門の非効率性を増すこととなる．この記事では，長引く日本の不況は，以前の愛国者的な義務として高い日本製品を選択し続けてきた，日本社会における心の変化に理由があると考えている．同様に，最近になってから，「円と人民元」が両国の間の貿易に影響を及ぼす重要な要因になることを示している．

(3) 日本の対ニュージーランド向けIIT比率の展開

表6・6は，選択された産業の1990年から2001年までの3桁のSITCレベルにおける，ニュージーランドと日本の間のIITの高低の程度が示されている．結果は，一連の産業におけるIITの多様な程度を裏付けるものである．たとえば，SITC037である「加工魚と冷凍魚」は1990年には約81%でIITの高い程度のレベルであったが，2000年には約23%までに減少した．SITC062である「砂糖菓子類」は，2000年に87%の高いIITレベルを表し，次に「他の穀類，小麦粉」68%，「穀類加工品」53%となっている．

1990年には，SITC541である「内科医薬品」のみIIT比率が集中的に高かった（97%）が，2000年には，この製造部門において3つの製品カテゴリーが高いIIT比率を見せている．つまり，SITC542の「医薬品」が約91%を，SITC583の「人造プラスチック」が82%を，SITC541の「内科医薬品」が77.86%を占める．このカテゴリー以外の製品は低いIIT比率を示し，産業間貿易比率の高さを示している．これらの結果は，これら2

第 II 部　東アジアの経済発展と経済問題

Table 6·7: Japan's IIT by country over time 1990–2001: SITC 3-digit summary values

IIT Over time between Japan & World

Year	Av-IITBi	Av-IITCi	Av-IITQi
1990	30.39	36.98	58.57
1991	30.81	39.26	59.03
1992	30.00	40.85	60.14
1993	28.51	35.92	56.68
1994	32.18	42.45	59.90
1995	36.53	44.80	59.61
1996	40.26	46.51	59.77
1997	38.38	43.32	56.83
1998	38.50	46.00	56.35
1999	39.22	46.04	55.12
2000	40.10	45.50	54.46
2001	41.59	45.10	53.63

IIT Over time between Japan & Vietnam

Year	IITBi	IITCi	IITQi
1990	9.71	17.95	29.26
1991	8.85	13.77	28.70
1992	14.25	20.25	30.86
1993	6.93	7.84	30.26
1994	10.92	12.38	33.49
1995	9.66	11.66	29.28
1996	10.19	11.41	32.38
1997	11.84	14.05	24.32
1998	15.28	16.77	25.51
1999	16.62	18.15	31.09
2000	20.91	24.03	33.84
2001	21.76	26.78	30.32

IIT Over time between Japan & China

Year	IITBi	IITCi	IITQi
1990	20.13	25.45	32.09
1991	22.05	26.23	34.74
1992	19.92	22.88	32.22
1993	17.70	18.42	29.78
1994	19.85	23.61	31.57
1995	24.51	31.17	33.01
1996	25.13	34.85	32.39
1997	27.21	39.83	34.93
1998	29.36	41.14	36.99
1999	29.38	41.23	36.20
2000	30.06	42.27	35.95
2001	29.06	41.29	34.74

IIT Over time between Japan & India

Year	IITBi	IITCi	IITQi
1990	10.22	11.75	21.64
1991	9.58	10.00	31.05
1992	9.41	10.24	30.01
1993	9.85	11.40	27.76
1994	8.32	9.44	31.94
1995	9.39	9.45	28.79
1996	9.40	9.56	28.04
1997	14.11	18.77	36.81
1998	11.53	16.45	37.15
1999	10.51	14.50	32.62
2000	12.91	16.79	36.26
2001	16.04	18.82	30.16

IIT Over time between Japan & South Korea				IIT Over time between Japan & New Zealand			
Year	IITBi	IITCi	IITQi	Year	IITBi	IITCi	IITQi
1990	34.15	42.38	50.34	1990	5.67	7.46	19.43
1991	33.36	43.71	50.10	1991	3.77	3.87	27.56
1992	33.96	43.05	50.36	1992	5.32	5.35	18.96
1993	34.58	45.53	49.41	1993	4.53	4.56	18.59
1994	38.04	53.09	47.85	1994	4.26	4.36	18.28
1995	38.04	53.09	47.85	1995	4.44	4.65	17.55
1996	41.39	58.53	51.61	1996	4.14	4.50	20.93
1997	43.35	60.30	55.99	1997	4.97	5.10	17.74
1998	44.97	51.04	57.69	1998	5.94	6.59	24.47
1999	41.53	50.38	56.09	1999	5.32	6.62	23.47
2000	42.90	53.38	58.05	2000*	6.30	6.41	20.80
2001	46.42	57.32	60.93				

*New Zealand data only available till 2000.
Source: United Nations Statistical Head Office New York USA. Author's calculations.

つの貿易相手国間の産業特有の専門化と分業における比較優位が変化していることを示唆する。SITC 第6部においては，このグループの30産業のうち3産業が，1990年に IIT の高い強度を見せていた。IIT の強度は，約52％の「木製品」からほぼ96％の「床カバーリングと金属製品」まで，多様である。IIT の数値は，53％の「陶器類」から77％の「平鉄板巻き」までおよぶ。この分類における他の製品グループは，IIT 比率が低い水準を示している。SITC 第7部は，「機械類，輸送用機器」を含む。「船舶，ボート，船舶を除く浮き構造物」，「トレーラ，セミ・トレーラ」，「農業用機器」，そして「家電製品，非電気式装置」のような一連の製品は，1990年には高い IIT 集中度を見せているし，2000年にはその強度が増加している。「食品加工機器」と「蛇口，コックス，そしてバルブ」そして「ストリム・タービン」のような追加的な産業も同様である。IIT 指数は，51％から96％まで多様である。この分類におけるほかの産業は，低い IIT 比率を見せているし，高

い異種産業間貿易比率を見せている。SITC 第 8 部は「雑製品」を含む。「金，銀，宝石類」と「はきもの」は，1990 年にはそれぞれ最も高い IIT 数値（96.95% と 89.86%）を示した。女性・婦人用衣類が 1990 年の約 57% から 2000 年には 94% まで増加した反面，男子・紳士用衣類は高い異種産業間貿易比率を見せている。「金，銀」における IIT の強度は，2000 年には減少した。

　国際貿易パターンに関する現在の規範は，発展段階の異なる諸国が同一産業の中で製品の異なる多様性において専門化することである。国の総貿易における IIT の割合は，1 人当たり所得の著しい増加と運送費用の低下によって 2 つの国の市場規模の拡大とともに増加することは明らかである。たとえば，日本の対中国・対韓国貿易はこれらの国家間の IIT と異種産業間貿易とともに強化され，それぞれの市場を統合したのである。垂直的な IIT 専門化は，双方的に IIT の割合が高ければ高いほど，貿易相手国の 1 人当たり所得の差異がより大きくなることを示す(国家の低い 1 人当たり所得は低い質の労働集約的な製品を専門化する傾向があり，高い所得の国家は，国内と外国の異なる所得集団の需要を満足させるために，高い品質の差別化された製品に特化する傾向がある)。日本・中国・韓国・インドの貿易はこのフレームワークに当てはまる。

　政策面から見ると，外国貿易部門を比較し，経済的パフォーマンスを評価するために，貿易相手国との IIT と異種産業間貿易との相互作用について説明することは，非常に重要なことである。異種産業間貿易に焦点を当てることはもはやできない。IIT が，異種産業間貿易に比べて，規模の経済，製品差別化，多様性のための消費者選択，調整問題がより少ないこと，社会的コンフリクトも少ないことに起因する追加的な収益をもたらすことが認められている。以下においては，アジア地域における持続的な成長のための含意について述べていく。

ある国が，品質において他の国から差別化する特別な製品について専門化するという「垂直的な IIT 特化」のような，貿易の自由化とグローバリゼーションのプロセスの中で生じる IIT の形態に注目することも重要である。要素の強度は，品質によって差別化された同質の製品の間に差異をつける傾向がある。水平的な IIT での専門化は，機能，スタイル，外観を差別化している製品で行われる。さらなる研究がこの課題に集中されよう。いくつかのアジアの経済諸国は，低賃金，労働集約的な製品に基づく従来の製品で専門化し続けるであろう。事実が示すところによれば，開発途上国地域の賃金率が高賃金経済圏の賃金率に追いつこうとしている。このことは，高品質で差別化された製品の需要増加を生み出すかもしれないが，このことは，日本とこれらのアジアの諸国との間の IIT をさらに刺激するかもしれない。

　技術と経済力という観点から，日本は，東アジア地域における先進的国家である。いくつかの東アジア諸国は，発展段階とグローバリゼーションのプロセスにおける経済成長の変化の局面を通過した。50 年前に，日本は労働集約的な産業において比較優位を保っていた。現在，日本は技術集約的な製品においてリーダー的な存在である。日本の比較優位は，労働力の技能，産業と経済のインフラに基づいたハイテクに関する情報に依存している。経済的，社会的，制度的，文化的なダイナミズムは，日本とアジア諸国間の IIT と異種産業間貿易の両方において，ポジティブな影響を及ぼしているように見える。

4. 結　　論

　グローバリゼーションが，国際貿易の急速な成長と国際経済の再構築をもたらしたことは明白である。グローバリゼーションがもたらす祝福は多様な

ものが混在している。それは，貿易からと，投資と技術移転から利益を創造するからである。同様に，情報の伝播を増加させる。それは，また，地域的な分業と国際的な分業を助長する。しかしながら，(国際的な政府がないのと同様に)国際貿易から得られる収益の合理的で公正な配分に影響を及ぼしうる国際的な政策はない。グローバルな経済政策決定は，発展途上国と先進国間のバランスを保つことに一度も成功していない国際機構によって行われる。発展途上国は，豊かな国と貧しい国の間の所得不均衡をより広げるグローバリゼーションの過程には不満をもつ。日本はアジアにおいて先導的な経済力をもっている。つまり，中華人民共和国は，人口という側面から資源が最も豊かな国である。中国は，経済開発と産業化を助長するために経済改革政策を実施している。大韓民国は，日本に次ぐ発展した工業国である(香港，シンガポール，そして台湾と一緒に)四小龍の一員である。これらの国は，工業製品の輸出を助長することによって，際立った成長率を達成している。この地域の成長は，国際貿易の急速な成長とアジア経済の産業化に起因する。これらの変化は，更なる経済的な統合と協調的な政策を導くかもしれない財力を生み出したのである。輸出主導の開発戦略は，経済改革と産業化をもたらしている。これらの政策手段は，アジア諸国間の財と投資におけるより自由な貿易を促進することに役に立つものである（Fukusaku, 1992）。

　グローバリゼーションは，諸国に自分の市場を開放することを促進してきた。多くの日本企業は，中国，インドを含む多くの隣国にその生産設備を移して，地域を通じて FDI を増加している。中国は，世界経済が発展する中で，地域内で主要な輸出競争者として登場した。同様に，中国は，日本と他のアジア諸国にとって大きな市場である。日本は，韓国とインドから労働集約的な工業製品の輸入を増加し，同様にこれらの国と他の新しい産業国家から技術集約的な工業製品を輸入している。これらの変化は，日本，韓国，中国，そして他のアジア諸国との間に IIT の拡大という結果をもたらした。

IITの発展は，国家間に富を創造する潜在力をもっている。結果は，日本の貿易パターンが時の経過とともに変化していることを示している。総貿易におけるIITの割合は調査期間において増加している。日本のIIT割合が最も高いのが対韓国と対中国貿易においてである。中国の改革政策は，対日本のIIT割合にポジティブな影響を及ぼしている。

　日本は，現在，ニュージーランドにとって，オーストラリア，アメリカに次ぐ第3番目の貿易パートナーである。同様に，日本は，第3番目の輸入資源国でもある。ニュージーランドの製品は，年の経過とともに強く成長し続けている。1990年代の貿易発展は，地域的な分業に新しい側面を提供しているし，日本と他のアジア諸国間のIITの機会を増しているようである。インドは，日本にとって新しく登場する貿易相手国となる。アジアの経済は，世界人口の半分を保有しているし，彼等の一人当たりの所得増加は，世界で最も大きい所得弾力性の高い品質の製品市場の誕生をすでにもたらしている。これからのアジア諸国は同様にそのような製品の供給を増加させるであろう。

　日本は，二国間貿易協定の交渉を開始している。日本は，2002年にシンガポールと二国間自由貿易協定（FTA）にサインした。ニュージーランドと日本は，自由貿易地域可能性に関する研究会を開始することで地域的な連携を発展することに貢献している。これらの努力は，IITと異種産業間貿易の両方の貿易を助長するであろう。WTOの現在の役割に照らして，北米自由貿易地域，APEC，拡大されたEU，南アジア地域経済協力機構（SAARC），貿易協定や多国籍企業の成長を強化することは，さらにIITの政策含意を，考慮するようになるであろう。もしも，グローバリゼーションが貿易と投資を助長するならば，国家は，より密接な経済関係に向けて自分たちの政策を調整する必要がある。アジア，中東，提案されている拡大されたEUで再調整が行われている。そして，経済の変換・移行には，世界貿易パターンの一層の変化が要求されるであろう。政策決定者は，同一産業内貿易（IIT）の

増加が世界貿易システムの再編成の役割を果たしているように考えるかもしれない。

グローバリゼーションの効果に関する高橋由明の批判的な見解は,グローバル経済において起こっていることと直接に関係している。氏は,日本経営スタイルの成功はその集団的,終身雇用制度,そして従業員に対する人間的なアプローチにあると主張している。このアプローチは,日本の社会的文化及びビジネス文化と一致するものであるが,しかしながら,日本のビジネス文化は,ヨーロッパあるいは北米のビジネス文化とは,文脈において,調和しないであろう。これは,現在,親会社ないし現地で活動している多く国際企業にとっては重要な挑戦的課題である。世界に通じるビジネス文化を創り出すとか調和する経営倫理を創造することは恐るべき大事である,なぜならば,そのような努力が相手国の文化の主体性を喪失させると解釈されうるからである。したがって,高橋由明は,アジア文化の確立を提案したのである。この提案は,真剣な考察と議論が必要である。

5. 政策目的

アジアの観点から,考察に値するいくつかの政策を提案してみよう。

(a) 日本,中国,ニュージーランド,そして他のアジア太平洋諸国間の二国間自由貿易協定を進めることである。そのような二国間自由貿易協定は,グローバリゼーションの過程にあるこれらの諸国間の IIT と異種産業間貿易の両方を助長することに役に立つ。

(b) 市場と政府の両方が国家および国際レベルでのグローバリゼーション過程で実行する役割を持つ政策ミックス・アプローチを確立すること。グローバリゼーションの過程は,諸国の経済的,社会的,文化的,政治的な展

望に影響を及ぼす。もし，我々が，効率，生産性，平等を増大させることに関心があるならば，政府の役割と市場の役割は，それが協力し調和するように調整させる必要がある。国家は市場の失敗と政府の失敗を目撃してきたといわれている。もし，両方が一緒に作用すると，効率性と平等という双子の目標は達成できる。見えざる手と見えざる心が一緒に作用することは，平等と社会的調和をともないより早い成長率に役立つであろう。

（c）拡大されたアジア太平洋地域を確立すること。これは，東アジア，東南アジア，南アジア（インド，スリランカ，バングラディッシュ，パキスタン，ネパールのようなSAARC諸国を含む），さらに，南太平洋地域（ニュージーランドと地域諸島諸国が含まれる）から構成される。独立的で相互に同意した「アジアのより自由で，より公正で，そして管理された資本の流れ政策」を確立することである。そのような政策は，投機的な資本フライトを防ぐことができるし，地域の成長と急速なIITを助長することができるであろう。

（d）拡大されたアジア太平洋地域を確立。そこでは，相互利益，貿易，投資，そして人的資本を含む資本の流れが優勢となる競争をめぐる集団協力が期待される。このプロセスは，地域内の貿易と投資機会を増大するであろう。

（e）地域的及び多国間フォーラムに，自由，公正，開かれた貿易を促進すること。このことは，貿易と投資によって創り出される富の平等分配を実現する。

（f）伝統的な知識と価値観を保存する集団的な努力を促進すること。

（g）全体地域でアジアの価値観とビジネス倫理を確立すること。

（h）経済に依拠する富と知識を創造に関連する諸問題を普遍化することを強め，産業結合を生み出すために集団的な努力を促進すること。

（i）文化と民族を結合すること。

（j）持続的な成長と貧困を減少させるための戦略を確立すること。世界銀

行（2000）によると，世界の約 12 億の人口が貧困線である一日 1 ドル以下の生活をしている。もし，グローバリゼーションが，貿易，経済成長，そして富の創造の推進力であれば，グローバリゼーション・プロセスを通じて生み出される便益は所得不平等の減少および新しい世界経済の再生のために公正に分配されるべきである。

もちろん議論されなければならない問題はまだまだある。貿易の将来のパターンはどうなるのか，IIT は異種産業間貿易より早く成長するのか，グローバリゼーションは，国家的，地域的，そして国際的なレベルにおいて持続的な成長を創造する力になるのかというようなことである。

*追記: 方法論

この追記の目的は，IIT の強度を測定するために使われた，多様な方法論を示すことである。測定の多様性は，文献に提示され，議論されてきた。たとえば，Ballasa（1996），Grubel と Lloyd（1975），Aquino（1978），Greenaway と Milner（1981）があげられる。

1975 年に，Grubel と Lloyd は，IIT を同一産業における輸入に正確にマッチされる産業における輸出の数量と定義した。その数量は（1）のように測定する。

$$G_i = (X_i + M_i) - |X_i - M_i| \tag{1}$$

Gi は IIT の数量であり，Xi と Mi は産業「i」の輸出量と輸入量であるかあるいは所与の期間に与えられた国のことである。

異種産業間貿易は（2）のように定義される。

$$S_i = |X_i - M_i| \tag{2}$$

もし，総貿易が IIT（Gi）と異種産業間貿易（Mi）で構成されていると

すれば，純貿易｜Xi-Mi｜が説明される時に，IIT は，明らかに総貿易の残りの数量である。

　国家と産業間にかけて分かりやすい比較を提供する指数を得るために，数量は，それぞれの産業(あるいは国家)の輸出と輸入の結合の％表示で表れる。IIT は（3）の通りである。

$$BLi = ITi = \frac{|Xi - Mi|}{(Xi + Mi)} \times 100 \quad (3)$$

そして，異種産業間貿易は，（4）の通りである。

$$IIT_{B^i} = \frac{(Xi + Mi)|Xi - Mi|}{(Xi + Mi)} \times 100 \quad (4)$$

この測定は，より高いレベルの IIT を表すより高い数量と一緒に，0から100までの範囲を提供することから，統計学的に満足するものである。Grubel と Lloyd は，SITC 製品グループレベルの総計から産業あるいは国家間の IIT を計算する略式の測定法を考案したのである。略式の測定法は，国家の総貿易におけるそれぞれの産業のシェアを加重値である，IITBi の加重された平均である。

　Grubel と Lloyd 平均あるいは荷重された平均値測定は，（5）の通りである。

$$IIT_B = \overline{Bi} = \frac{\sum_{i=l}^{n}(Xi + Mi)\sum_{i=l}^{n}|Xi - Mi|}{\sum_{i=l}^{n}(Xi + Mi)} \times 100 \quad (5)$$

IITBi は，産業をかける IITB の荷重された平均値であり，i は 1 から

nまでであり，nはサンプルにおける産業の数である。IITBiは，もしバランスの取れた貿易であれば，正確な測定である。しかしながら，もし総貿易(あるいは我々が測定する産業の部分集合の貿易)が不均衡である場合には，指数は，分母が誇張されていることから下向きに偏る。そのような状況においては，IITBiの測定は，その最大値の100%を獲得することはできない。

不均衡な貿易による如何なる偏見も避けるために，平均値はこの貿易不均衡を除去することによって調整しなければならない。このGrubelとLloydの観点から調整された測定法が考案されたのである。

GrubelとLloydの調整された測定法は(6)の通りである。

$$IITc = Ci = \frac{\sum_{i=l}^{n}(Xi + Mi) \sum_{i+l}^{n}|Xi - Mi|}{\sum_{i=l}^{n}(Xi + Mi)\left|\sum_{i=l}^{n}Xi - \sum_{i=l}^{n}Mi\right|} \times 100 \qquad (6)$$

Ciは，ただ貿易の流れを総計することに適しているものであり，個別的な産業レベルの写しを持っていない。追加的に，すべてのiあるいはXiのどちらがMiを超過するか下回るならば，これらの貿易の不均衡の規模には関係なく，C = 100である。

アキノの調整された測定 (1978)

アキノは，修正は全体レベルよりそれぞれの産業レベルで行われるべきであると主張している。アキノは，産業レベルの輸出と輸入の「理論的な数量」を計算することによってバランスの取れた貿易を模擬実験したのである。

$$Xi^e = \frac{Xi\ 0.5 \sum_{i=l}^{n}(Xi - Mi)}{\sum_{i=l}^{n} Xi} : M^e = Mi \frac{0.5 \sum_{i=l}^{n}(Xi + Mi)}{\sum_{i=l}^{n} Mi} \quad (7)$$

輸出（　）と輸入（　）のために引き出された数量は，方程式（4）と（5）における Grubel と Lloyd の測定法を応用したものであり，総貿易の IITQ と産業レベルの類似の測定値 IITQi に達するものである。

アキノ測定法は，(8) の通りである。

$$IITQ = \frac{\sum_{i=l}^{n}(Xi + Mi) \sum_{i=l}^{n} |Xi^e - Mi^e|}{\sum_{i=l}^{n}(Xi + Mi)} \times 100 \quad (8)$$

Balassa 指数は (9) の通りである。

$$BLi = \frac{1}{n} \sum_{i=t}^{n} \left[\frac{|Xi - Mi|}{Xi + Mi} \right] \quad (9)$$

BLi は，IIT の Balassa 測定法であり，Xi と Mi は産業 i の輸出と輸入である。これは，Xi − Mi ∥ (Xi + Mi) という比率の加重されない平均である。実は，IIT の測定は，IIT は誤差がある。IIT は，BLi の数値が減少するにつれて，増加する。IIT は，1 から 0 まで変化する。

同一産業内貿易（IIT）指数 / 測定: いくつかの特徴

IIT の結果は，この研究で用いた三つの IIT 指数は同じ方向を向いて動いていることを示している。Grubel と Lloyd（GL）基本指数は，アキノ調整済み IIT 指数に比べると相対的に低い IIT レベルであることを示して

いる。いくつかのケースにおいて，GL 調整済み測定法が Grubel と Lloyd (GL) 基本指数とアキノ調整済み IIT 指数よりもっと高い IIT レベルを表している。アキノ調整済み IIT 指数が GL 調整済み指数と Grubel と Lloyd (GL) 基本指数に比べて IIT のより高い強度を示していることは特記すべきである(日本と中国間の IIT 結果を参照されたい)。これは，更なる IIT ケース・スタディ研究をシミュレートするかもしれない興味深い結果である。

参考文献

Aquino, A. (1978) 'Intra-Industry Trade and Inter-Industry Specialization as Concurrent Sources of International Trade in Manufactures,' *Weltwirtschaftliches* Archiv, vol. 114, pp. 275–296.

Balassa B. (1963) *'An Empirical Demonstration of Classical Comparative Cost Theory', Review of Economics and Statistics,* Vol. 4, August, pp. 231–8.

Balassa, B. (1966) 'Tariff Reductions and Trade in Manufactures Among the Industrial Countries', *American Economic Review,* Vol. 56, pp. 466–73.

Balassa, B., (1986) *'Intra-Industry Specialisation*: A Cross-Country Analysis', *European Economic Review,* Vol. 30, pp. 27–42.

Bano, S. (2002), *Intra-Industry International Trade and Trade Intensities: Evidence from New Zealand.* Working Paper 5/02, Department of Economics, University of Waikato, Hamilton, New Zealand.

Bano, S. (1991) *Intra-Industry International Trade: The Canadian Experience.* Avebury Academic Publishing Company U.K.

Bano, S. and P. Lane (1987), New Zealand-Australia Intra-Industry Trade, in *Trans-Tasman Trade and Investment* (edited by A. Bollard and M. Thompson), Institute of Policy Studies and N.Z.I.E.R. Research Monograph 38.

Bano, S. and P. Lane (1995) 'The Significance of Intra- Industry Trade as a Cause and Consequence of Global Environment: New Zealand and her European, Pacific, and Asian Partners'. *Journal of International Business.* Gabler: Special issue 1/95, pp. 133–149.

Easton B (2002) Towards an Analytic Framework for Globalisation (October 09 2002), WWW.eastonbh.ac.nz.

Fukasaku, K. (1992) Economic Regionalism And Intra-Industry Trade: Pacific Asian Perspectives. Technical Papers No. 53. OECD Development Centre.

Gray, P.H. (1973) 'Two-way International Trade in Manufactures: A Theoretical Underpinning', *Weltwirtshaftliches Archiv.*, Vol. 109, pp. 19–39.

Greenaway, D.R. Hine & C. Milner (1994) 'Country-Specific Factors and the Pattern of Horizontal and Vertical Intra-Industry Trade in the UK', *Weltwirtschaftliches* Archiv., Vol. 130, pp. 77–100.

Greenaway, D. and C. Milner (1981) *'Trade Imbalance Effects and the Measurement of Intra-Industry Trade', Weltwirtschaftliches Archiv,* Vol. 123, pp. 39–56.

Greenaway, D. and Milner, C. (1987) *'Intra-industry trade: current perspectives and unresolved issues', Weltwirtschaftliches Archiv, Vol.* 123, pp. 39–56.

Grubel, H.G. and Lloyd, P.J. (1975) *Intra-Industry Trade: The Theory and Measurement of International Trade in Differentiated Products,* London and New York: John Wiley & Sons.

Hamilton, C. and Kniest, P. (1991) *'Trade liberalisation, structural adjustment and intra-industry trade: a note', Weltwirtschaftliches Archiv,* Vol. 127, pp. 356–67.

Hellvin, L. (1996) *'Vertical Intra-Industry Trade between China and OECD Countries',* No 114. OECD Development Centre.

Hellvin, L. (1994) Intra-Industry Trade in Asia', International Economic Journal, Vol. 8, pp. 27–40.

IMF, *Direction of Trade Statistics Yearbook,* Various Issues and 2000.

Khor M (2001) Rethinking Globalisation: Critical Issues And Policy Choices, Zed Books London & New York.

Krugman, P.R. (1980) Scale Economies, Product Differentiation, and the Patterns of Trade, *American Economic Review,* Vol. 70, pp. 950–959.

Lancaster, K. (1980) Intra-Industry Trade under Perfect Monopolistic Competition, *Journal of International Economies,* Vol. 10, pp. 151–175.

Linder, S.B. (1961) *As Essay on Trade and Transformation,* New York: Wiley.

Lloyd, P.J. and Lee, H.H. (ed) (2002) Frontiers of Research in Intra-Industry

Trade, London: Palgrave Macmillan.
Marvel, P.M. and Ray, E.J. (1987) "Intra-Industry Trade: Sources and Effects on Protection', *Journal of Political Economy,* Vol. 95, pp. 1278–1291.
Sorensen A (2002) 'Value, business and globalization-sketching a critical conceptual framework'. *Journal of Business Ethics, August 2002.*
Stiglitz JE (2002) Globalization and Its Discontents W.W Norton & Company.
Stone, J.A. and Lee, H.H. (1995) *'Determinants of intra-industry trade: a longitudinal, crosscountry analysis', Weltwirtschaftliches Archiv,* Vol. 131 No. 1, pp. 67–85.
Tharakan, P.L.M (ed.), (1983) *'Intra-Industry Trade: Empirical and Methodological Aspects',* Armsterdom: North Holland Publishing Company.
Vona, S. (1991) *'On the measurement of intra-industry trade: some further thoughts', Weltwirtschaftliches Archiv,* Vol. 127, pp. 678–700.

第7章　グローバリゼーション理解の類似性と多様性
―――グローバリゼーション戦略の
ヨーロッパ事情―東アジアへの教訓？―――

PARK Sung-Jo

（鄭　炳武，高橋由明訳）

はじめに

　ヨーロッパではグローバリゼーションをどのように感じ，受けとめているのかを振り返ると，多くの人が，グローバリゼーションに代わる「代替案はない」と認めている中で，二つの対照的な立場が競合していることが明らかである。いかなる犠牲をともなってもグローバリゼーションを支持する積極派と，グローバル・ガヴァナンスの緊急性と必要性を区別して議論する見解ないし，それを結びつけて批判的な見解を表明する消極派がある。
　アンソニー・ギデンズ，ウルリッヒ・ベック，アラン・ミンク等の専門家と学者は前者に分類できる。他方，後者の範疇はつぎのように多様な考え方から構成されている。
　① 新自由主義に関する批判的な見解：グローバリゼーションの初期段階において既に新自由主義指向の金融資本主義の全能に対する警告がなされていた。たとえば，リスボン宣言の発起人達がそれである（ペトレラ・コミッショ

ン = Petrella Commission 参照)。

② 社会的な側面を強調する見解：これはグローバリゼーションの社会的な側面(グローバルな社会的公正)を強調する見解であり，広くは，ヨーロッパの社会民主主義者とグリーン(緑の党)の運動家がその典型例である。2002年のダヴォス会議は，とくにホモ・ダヴォシエンサス対ホモ・エコノミクス(homo davosiensus versus homo economicus) の間の顕著な相違点を強調することで，この社会的な側面と密接に関連した見解を提示した

③ アメリカの主導権に対する対抗措置としてヨーロッパの統合を強調する見解：アメリカ資本主義の支配に対する対抗勢力としてヨーロッパの統合を追求する中で提起される。

④ 文化的な側面を強調する見解：グローバリゼーション主導の単一文化の主張に反対の立場を表明する立場で，何よりもまず，制度的には「ヨーロッパ文化年」という特別なプログラムをもつ EC によって支えられている。

要するに，ヨーロッパにおけるグローバリゼーションに対する見方は，多様な方法ごとに異なるが，議論の焦点は，アメリカが支配するグローバリゼーションをいかにヨーロッパ化するかということである。しかしながら，これらの全ての異なる見解にみられる共通性は，グローバリゼーションは，主として，経済・金融資源の無限の流れによって誘発され決定されるということであり，これは結局アダム・スミスとミルトン・フリードマンの理論に行き着く。

ヨーロッパにおける「世界」を分析するアプローチについていえば，グローバルな世界に関しては専門的知識と哲学の歴史的な進歩の中にみることができる。世界に関するヨーロッパ的な理解は，西洋的な市民化が世界の他の地域に対して支配的になるにつれて強く表れ，反映され，そして彼らの「世界観」の中で培養された。20世紀初期からアジアの世界(東洋)は，探検隊，植民地主義者，哲学者のための重要な目的となったのである。とくに，

マルクス，エンゲルス，ライプニッツ，ヘルダー，そしてウエーバーというドイツの哲学者と学者は，アジアの世界の「停滞性(スタグネーション)」の理由に言及している。マックス・ウェバーは，アジア人(ここでは中国人)は「西洋的な合理性」という感覚を欠くが，このことがなぜアジア人は西洋の資本主義を発達させられないのかを説明する主な理由になるかもしれないと述べている。これは，世界的に普及した「経済的な合理性」が文化的に条件付けられることを意味する。このような考え方は，「成功した資本主義」は西洋人のみのものであるという悪意に満ちた信念に基づくものである(Park, 1985)。

1.「アメリカの挑戦」に対する反応——大陸間競争としてのグローバル競争

ヨーロッパとアメリカの関係が不均衡で偏ったものであることは，よく知られている。19世紀からヨーロッパ人は，ヨーロッパから民主主義と産業化を学び求めるアメリカ人を「西洋の子孫」とみなした。とくに画期的なことは，アメリカからのヨーロッパ自動車産業への拡散であり，テイラー・フォード主義の大量生産システムが20世紀のはじめにヨーロッパに普及したことである。たしかにヨーロッパ人が自動車のエンジンを発明した。しかし，自動車の製造を大量生産システムに転換することは，テイラーリズムとフォーディズムを通じてのみ可能であった。このようなマクロ経済的には計り知れないほど重要な自動車産業におけるアメリカの挑戦に直面して，ヨーロッパは，国家の産業政策の支援を受けて自分たちの自動車産業を構築するという対応をしてきた。しかし，アメリカのヨーロッパ市場に対する攻勢は，20世紀を通じて止むことはなかった。とくに注目に値するのはジャン-

ジャック・セルバン・シュライバー（Jean-Jacques Servan Schreiber）が1967年に書いた『アメリカの挑戦』という書物である。ヨーロッパ大陸は第2次世界大戦後アメリカ企業の著しく活発な活動に直面することになる。著者は,「アメリカの多国籍企業に対抗するヨーロッパの多国籍企業」の設立を主張した。逆説的に,この警告に真っ先に反応した企業は,ヨーロッパの企業ではなく,アメリカ企業のフォードだったのである。すでに現地化されたフォードは,ヨーロッパ市場指向のビジネス活動のために組織再編成に着手する。ヨーロッパ本社は,イギリスとドイツにおけるビジネス活動を調整するための組織である。すぐにIBM, GM, インターナショナル・ハーヴェストなどが,フォードのヨーロッパ戦略に従った。面白いことに,アメリカ企業は,一方においては,ヨーロッパ市場の潜在性をいかに利用するかを熟知しており,他方において,同時にヨーロッパの統合に著しい貢献をしたのである。ますます重要な意味を持ち始める地域と現地の資源を利用するためにいろんな場所に現地工場を設立したという意味を考えると,とくにそういえる。アメリカ企業のヨーロッパ現地工場が,ヨーロッパの地域内貿易に大きな貢献をしたことは疑う余地がない（Sachwald 1977）。

　1980年代に入ってから,ヨーロッパの企業は,ヨーロッパの国家間と企業間の貿易に集中し始める。その中のいくつかの企業は,ヨーロッパの地域または現地の需要に合わせる目的で生産工場を設立しており,それは「国際化される」ことになる。このような文脈からみるとフィリップスはその典型的な事例である。いってみれば,ヨーロッパ人はヨーロッパ市場に固執しすぎたのである。「ヨーロッパ一極主義」と,大げさにいう人もいるほどである。ヴォルヴォの前会長であるペール・ギレンハマー（Pehr Gyllenhammar）は具体的なヨーロッパの統合促進提案と産業政策手段を苦心して作り出すために,ヨーロッパのトップ経営者の組織化に着手する。当初は,フィアット,ルノー,ヴォルヴォ,ボッシュ,シェルなどの先導的なトップ経営陣によっ

て，1983年にいわゆる「ヨーロッパ人円卓会議（ERT）」が創立される (Sachwald 1997)。とくに1980年代に，アメリカと日本との競争にヨーロッパが統一して連携し，対抗できるという考え方を推進しているERTは，不況のヨーロッパ産業にこれ以上の補助金は許されないと提案した。その代わりに，財政的及び人的資源は革新的で将来性のある産業に集中すべきであるとされ，これは後にマーストリヒト協定で具体化されEU産業政策の開始を告げるものとなった。

* マーストリヒトはオランダ南東部にマス（Mass）川に臨む都市であり，ここで1991年にEU統合を目指す欧州連合条約（Maastricht Treaty：マーストリヒト条約）が締結された。（訳者注）

上述した実際的な提案に加えて，ERTは，ヨーロッパの統合に賛成する政治家がロビー活動することを助けた。最も重要な出来事は，ヨーロッパ統合に関してはどちらかといえば留保的な態度のフランスのミッテラン大統領が，その考え方を変え，1983年の覚書に署名することになったのは，ERTの強力なヨーロッパ統合政策があったからである。さらに，ERTとフランスの政治を含むフランス産業との間の密接な絆，そして最終的には，EC委員会のジャック・デロー（Jacques Delors）との絆は，「単一ヨーロッパ法（1986）」の発布を祝すことを可能にしたのである。

ヨーロッパ統合を強くしようとする運動とともに，ヨーロッパ企業はECの域内とアメリカにおける経営活動を拡大するという課題の設定に照準を合わせた（図7・1を参照）。事実，この時期はヨーロッパ企業の国際化とグローバル化が「真の意味で」始まった時期である。ヨーロッパの企業は，製造業のアメリカへの投資を実行しただけではなく，細かいデーターは手に入らないが，アメリカでの企業買収にも従事した。この時期のアメリカでのヨーロッパ企業による企業買収事例の数は，年間300件以上に昇ると言われる。重要なのは数ではなく，企業買収に使われる資金の量であり，年間300〜

210 第Ⅱ部 東アジアの経済発展と経済問題

図7・1 ヨーロッパとアメリカにおけるヨーロッパ企業（12カ国のEC会員国のみ）による外国投資の展開

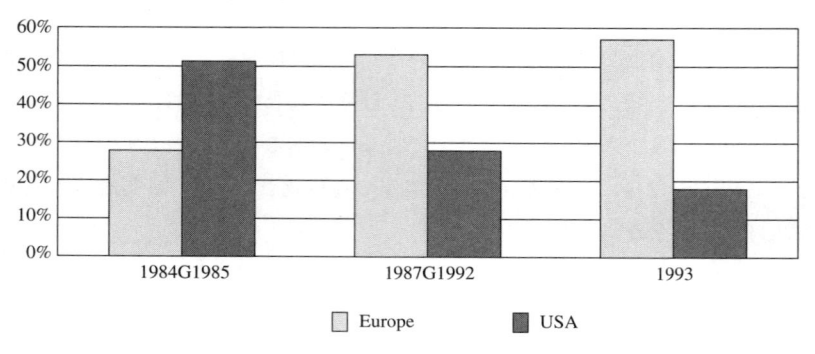

	1984G1985	1987G1992	1993
Europe	約28%	約53%	約57%
USA	約51%	約27%	約17%

600億米ドルに達する資金はECの域内でのヨーロッパ企業による投資額に匹敵するものである。

　要約すると，ヨーロッパの大企業は，アメリカ企業の影響力の増大を考慮してヨーロッパ統合の再活性化に関する強力な推進を協議したのである。ヨーロッパ企業によるアメリカ市場への接近は，ヨーロッパ企業のグローバリゼーション戦略において避けては通れないことのようにみえる。

2. 「一つの世界観」（収斂）から代替可能性へ
——「水平的グローバル化」

　政界とビジネス界の人々さらに経済専門家は，国際分業と資本の流動化をもたらす資源の経済・金融の流れの自由化を優先したいと考えている。このような考え方に基づく実践的な効果は，世界においては「経済だけが全てではなく」，付随的にある程度福祉の恩恵をももたらすだろうという点にある（Chesnais 1994）。しかし，実際はますます悪くなりつつあるようにみえる。

貧富の差と所得のギャップは急激に大きくなりかつ深刻化している。とくに所得のギャップは，展望できる将来において低所得層が先進国の水準に追いつくことはほぼ不可能であるように見える（cf. World Bank 1998; Altvater/Mahnkopf 1996）。

他方，グローバリゼーションとグローバル競争を促進するのに先駆的な役割を果たしている経済的・金融的な取引に焦点を置いたグローバリゼーションは，社会，教育，環境，政治・法律システム，消費行動，文化等からふるい落とされたりこぼれ落とされたりする多くの人々を，自動的かつ同時に生じさせるものである。この現象を例証するために，消費財産業における外資の投資が取り上げられる。それは，短期あるいは長期において消費者の行動と認識に相当な反響を及ぼすものであり，その投資が実施される地域における消費文化に深く関るからである。我々は，この事例に関しては，「後方リンケージ効果（backward linkage effects）」（A. Hirschman）または「異なる隣り合わせにある部門間の相互作用効果」が参考になるが，それは「水平的なグローバリゼーション」と名づけられる（Park 1999）。「西洋的な」産業化と現代化の概念が，世界的に拡散し，社会的価値システムと「西洋的な」産業規範と基準も拡大したことは，注目すべきことである（図7・2を参照）。

水平的グローバリゼーションに対するアプローチは次のような「転換可能性マトリックス」を用いて説明できる。「転換可能性」に由来する最も特徴的な傾向の1つは，経済的・財政的資源を誘引することを狙う前提条件の創造をもたらす（前方と後方）「リンケージ効果」の急速な拡散であり，徐々に弱まって，最終的には固有の思想，デザイン，そして文化を掘りくずすほどの脅威になる。より具体的にいうと，経済・金融のグローバル・プレーヤの優越さは，文化，デザイン，そして思想における差異を結合して「標準化された規範，形態，そして文化」（単一文化世界）にすることのようである。ロバート・ロバートソン（Robertson, 1992）は，同様に，グローバリゼーショ

図 7・2 結合効果

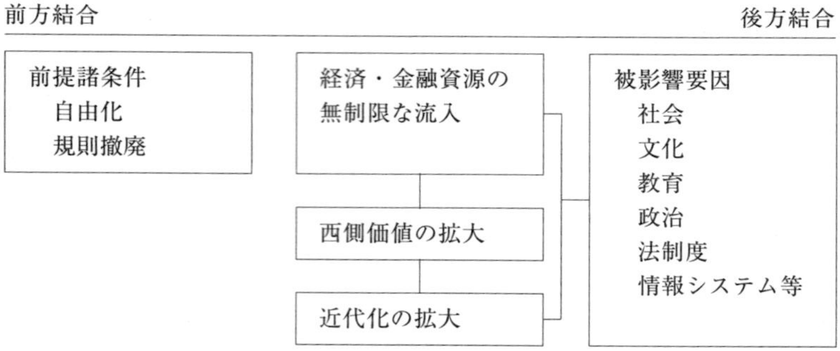

前方結合		後方結合
前提諸条件 　自由化 　規則撤廃	経済・金融資源の 無制限な流入 ↓ 西側価値の拡大 ↓ 近代化の拡大	被影響要因 　社会 　文化 　教育 　政治 　法制度 　情報システム等

ンは単なる相互連結性を高める客観性にのみ言及するだけではないと言っている。それは，文化的・主観的なものに帰するもので，世界を認識する範囲と深さは，単一の場所である。ベック（U. Beck）は，この考え方を超えて自動的にグローバル市民を創造するグローバリゼーションを期待するのではなくて，「グローバル市民という参加的な精神」を育むことのできる市民がとりわけ必要であることを主張した（Beck, 1999）。これは，グローバルな単一文化に向いている個人の行動と態度をドラスティックな変化を要求するグローバルな市民精神の獲得に向かわせることを意味する（図 7・3 を参照）。

「一つの世界」という概念は，ヨーロッパの知識人の間に相当な支持を得たように見える。「一つの世界」の主張の支持者は，「一つのグローバルな経済」，「一つのグローバルな市場」，「一つのグローバルな社会」，そして「一つのグローバルな文化」について言及している。この考え方の著名な代表者はギデンズ（Giddens, 1990）であり，彼によるとグローバリゼーションは，世界的な広がりを持つ強化された社会関係であり，そこでは，地方の出来事は何マイル離れていても共通の事柄となり，遠方と近隣を結びつける。この多少観念論的な立場は，ある程度は世界的に散らばった地域の「資源利用

図 7・3　水平的なグローバリゼーションの転換可能性マトリックス

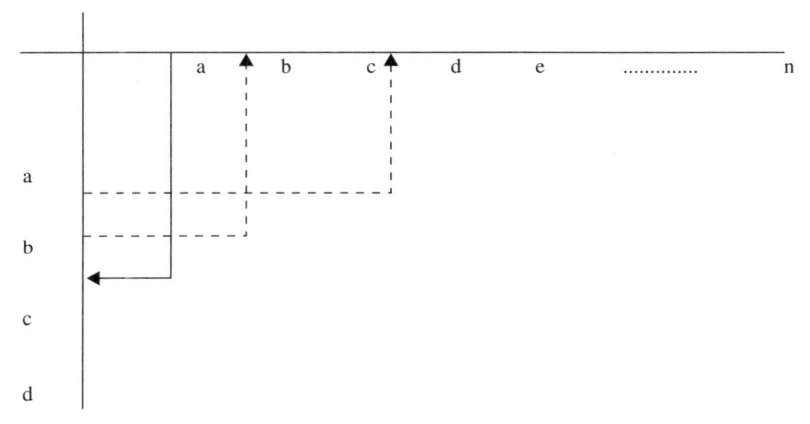

性」に関する偏見を含んでおり，異なる国家，民族，部族，そして共同体の間の架橋できない認知的，文化的，そして価値の多様性には触れていない。

しかし，この考え方とセネット（Saskin Sennet）による「グローバルな都市理論」すなわち金融的，文化的，人間的，インフラ的そして情報資源の塊がグローバルな都市の発展のための必要基盤を形成するという理論とは矛盾することになる。この理論は，中心と周辺部間に新しい階層がいたるところに出現するかもしれないことを意味するからである。現在，新しい大量輸送システムの形成が，ヨーロッパにおいてセネットの考え方に沿って提起されている。ブリュッセル——フランクフルト——ベルリンという新しいトライアングルは，益々その重要性を得ているようである。

新しい階層細分化の形成は，昔のそれとは本質的に異なる。昔の従属的な構造は，たとえばヨーロッパとアフリカの間の経済的な優勢と政治的なパワーの広範囲にわたる格差において徐々に形成されたものである。現在のプロセスは，このような旧来のあり方とは異なり，どちらかといえば，戦略的提携，企業買収，そしてその他の経済的な取引によって再強化された企業内・

企業間取引の複雑性と柔軟性を含むものである。

3. 垂直的グローバリゼーションの複雑性
——永遠に遅れてきた人？

　マルチン・コールは，ある程度急進的な見解の代表である。つまり，「グローバリゼーションとは，第三世界のいくつかの国が植民地主義と呼ぶものである」という主張である (Khor, 1995)。グローバルな経済は，規制緩和と結合して貿易と資本のフローのプロセスに大きな影響を与え，個別的な国家経済の階層化・細分化に向かわせる強い傾向をもたらす。コックスは，グローバリゼーションの実体を正確に次のように指摘している。「グローバリゼーション傾向の特徴は，生産の国際化，国際分業，南から北への新しい移動傾向，国家の国際化を含んでいるこれらのプロセスを加速する新しい競争環境，そして国家をグローバル世界の一機関とさせる」(Cox, 1994)。

　このプロセスにおける国家と政府の役割とは何か？　国家政府はますます多国籍企業の一機関として奉仕する状態にあるという見解が広く普及している。逆説的なシナリオは，自治体であれ中央であれ，政府は，年金共済，低賃金水準，労働コンフリクトの欠如，強固な労働法，豊富な補助金等のような投資を誘引する好条件の創造に大きく関係しているということである。これは，一つの国で経済的な成功を達成するには，政府が外国の投資家により良い好条件を実際に提供する準備に関心を払う程度に大きく依存していることを意味する (Gray 1999 を参照されたい)。ヨーロッパにおける外国投資家が好む条件に基づく国家の順位リストは，「良好なサービス機関」の順位であるかのように見える。

　カンター (Rosabeth Moss Kanter 1995) は，一つのグローバルな世界

市場のショッピング・モールの存在を強調して，グローバリゼーションは，特に新しい新技術を含むアイデアと製品がいつでも利用できるグローバルなショッピング・モールを創造することであると指摘する。新自由主義の考え方に近い経済学者は，どこでも平等である要素の利用可能性から出発することを主張している。上記の全ての技術を含む経済的要素への自由な接近可能性に関するカンターの考え方は疑わしいものである。そのうえ，もし技術吸収能力がなければ，技術の利用可能性に役立たない。実際に先進国と第三世界との間の技術ギャップは大きく，現実はそのことにますます依存しているという明確な主張がある。ヨーロッパでさえ，比較的に低レベルの人力技能による技術的基盤を持っている国は，技術的に進んだ国の標準に追いつくことは，ほぼ不可能である。たとえ，これらの国が外国投資が豊富であるとしても，いわゆる「スクリュードライバー工場」型に属する投資であり，したがって，技術開発におけるリンケージ効果はほとんどない（Altvater/Mahnkopf 1996）。

新しい高技術の移転事例は，技術供与側（A）は，原則的に，技術受領側（a, b, c...n）が技術供与側（A）の革新レベルに追いつくことがないという含意をもつ「技術の半価値時間」から脱線しないというルールに従っている（図7・4を参照）。最終的に追いつけるのは，企業買収あるいは，専門化された新技術の開発における産業政策に支えられた資源の集中を通じて遂行される時である。

1980年代から，グローバル競争は，国際分業と企業間分業の新しい形態をもたらしており，とくにヨーロッパの製造部門においては，「産業空洞化」（de-industrialization）の進展と工業生産の減少を招いた。労働，資本，そして技術のような「伝統的な」要素だけではなくて，規制緩和，ソーシング・ポテンシャル，そしてより最近では，知能・情報技術もサイバー空間における国際分業の出現という複雑なネットワークの形勢に非常に貢献している。

216 第Ⅱ部 東アジアの経済発展と経済問題

図7・4 新技術の発展

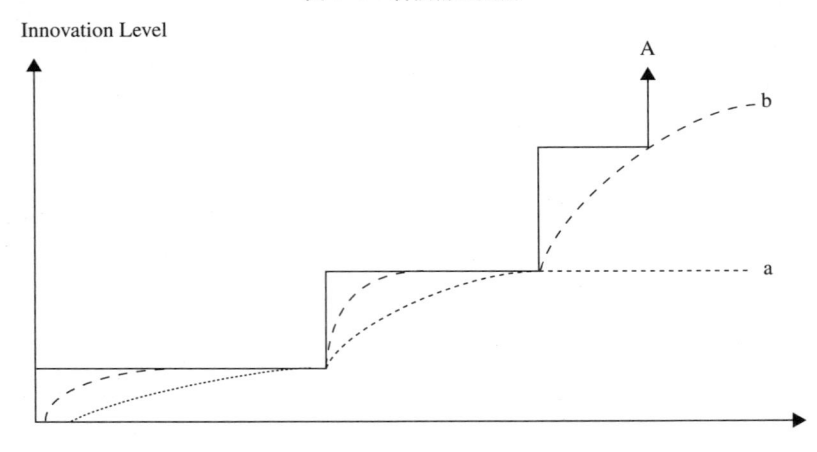

Innovation Level

A

b

a

　国際経済学の研究者は，企業間分業の複雑さを分析するためにより複雑で精巧な仕事に挑戦しているし，最近では，インターネットを基盤とする経済的取引がきわめて急速に拡大している．今日の世界的な取引の実体は，要素比率理論（factor proportions theory）と製品ライフサイクル理論における固有の分析の考え方をはるかに超えるものである．国際分業の「古典的な」形態は，企業間の経済的取引と大企業のグローバルな生産活動間の協力に大幅に取って代わられたのである．ごく最近のトレンドとして，サイバー空間における個人と企業との間のインターネットを基盤とする協力と取引は，部分的には，従来の国際分業と企業間分業とを拡大，深めており，部分的には，新しい形態の国際分業と企業間分業とを生むことになった．

4. 不熟練あるいは低熟練の安い労働力

　リカードの国際分業の考え方を貫く一つの方法である先進国から低開発国（いわゆる第三世界）への製造産業の移転戦略が一般化している。これを非常に単純化した方程式とすると，労働集約的生産対資本集約的生産ということになる。これらの労働集約的な産業が先進国を離れる結果として，先進国における産業空洞化が発生するといわれている。この現象は，国際分業の古典的な形態を追求するきわめて普通のパターンであるようにみえる。低開発国に労働集約的な産業を移していくのは，主として大量生産方式に基づく産業であり，明らかに，この戦略は技術開発と生産性増加に関して先進国と低開発国との間のギャップを一層深めたようにみえる。

5. 安い労働力と高い知能

　情報技術の急激な拡散にともない，リカードの国際分業の従来のパターンは，少なくともソフトウェア産業においては，今にも逆転しようとしている。インド（バンガロール），中国（北京と上海）等は，当分の間，全世界のコンピューター・ソフトウェア産業の中心地になろうとしている。アメリカ，日本，そしてドイツのような先進国の企業は，既にこれらの国で自分たちのソフトウェア開発センターを設立したか，あるいは現地企業との協力組織を持っているか，そうでなければ，これらの低開発国からソフトウェア開発専門家を採用するための徹底的な努力が行われている。
　この傾向が続けば，我々は，将来に「低開発国にソフトウェア産業，先進国にハードウェア産業」を含蓄する国際分業と企業内分業が進むのだろうか？

もしこの仮定が妥当であれば，情報技術を通して国際分業の新しい形成はどのように期待されるであろうか？

6. 競争要素としての規制緩和と世論

ある国で規制が厳しくなればなるほど，外部取引コストは高くなる。一方では，これらの高い外部取引コストに関する問題は，環境法，規制，そして実験室の中における動物の扱い方に関連する NGO の活動等によって制約されるといった，研究開発可能性の減少と関係している。これらの全ての規制は，なぜ企業が先進国(とくにドイツ)から，上述した命題に関する規制が無く世論も寛容的である未開発ないし発展した国々へ自分たちの研究開発施設をなぜ移すのか，そしてなぜ新しい工場を設立するのかの理由である。これは，非常に深刻な問題である。ドイツ政府によると，長期間この厳しい規制を主張する世論の圧力があって，これらの規制の修正とともに世論自体の修正もなされた。しかし，ドイツ企業は，外国で生産活動と研究活動をするには遅すぎたのである。

7. ソーシング，現地，地域，そしてグローバル

多国籍企業(とくに組立生産の操業)のグローバリゼーションは，自分たちの協力会社あるいは部品下請け会社が，現地のソーシングあるいは地域のソーシングを実現するという立場から海外投資に関与するようになってきている。この戦略を追求するために，ヨーロッパ企業とアメリカ企業は，好んで企業を乗っ取り，関連のある現地あるいは地域の株式取得を実行している。

閉鎖的で垂直的な協力システムという意味をもつ「系列」の原則を固持する日本の企業は，外国においてでも自分たちの供給業者たちと強い協力関係を維持することに依存している。長い間，日本の自動車メーカーは，いわゆる税関選択システムに基づく自動車部品の地域的なソーシングのための，ASEAN による「BBC 部品供給スキーム」から利益を得てきた。最近は多くの企業が，インターネットを基盤とするサプライ・チェイン・マネジメント（SCM）に大いに支えられて，いわゆるグローバル・ソーシング計画を効果的にしている。

要約すると，国際分業，企業間分業，そしてサイバー空間における分業の新しいタイプの出現を考慮すれば，要素の比率，全体としての国家経済等の国際分業に関する古典的な理論のカテゴリーと概念を再考すべきである。

8. ヨーロッパのグローバリゼーション戦略としての大規模な企業買収

ドイツの経済週刊誌『Wirtschaftswoche』は，ごく最近ドイツの経済が当分の間はアメリカ企業とヨーロッパ企業が行う企業買収に起因するいわゆる「集中の波」の挑戦にさらされると述べた。その上，実際にアメリカ企業とヨーロッパ企業の間での競争が進行し，それは「大西洋を越えての競争（transatlantic competition）」と名づけられている。まさに，規模，市場での力，普遍性が決定的に重要になる。ヨーロッパの側からみて第一に重要なことはアメリカ企業に対抗しうる条件整備である。その重大な事例として，Mannesmann, Deutsche Bank with Bankers Trust, そして Daimler Chrysler が挙げられる。

9. 焦点としての遠距離通信

　電話システムが，ヨーロッパにおいて遠距離通信システムとして先駆的な役割を演じたことはよく知られている。とくに遠距離通信システムの国有から民営への移行および遠距離通信市場の世界的な自由化は，多数の遠距離通信関連企業の出現を招いた。実際に，インターネット，携帯電話システムなどの遠距離通信部門のように激しい競争を繰り広げる分野は他にはないであろう。ごく最近まで，ドイツ・テレコム，フランス・テレコム，そしてイギリス・テレコムという三つのヨーロッパの独占会社がヨーロッパでは支配的であったが，その三つの会社は Mannesmann と Vodafone-Airtouch に統合された。2001年には Mannesmann が，Omnitel, Infostrada（イタリア），Otelo, Isis Multimedia Net（ドイツ）を買収し，さらにそのドメインにおける影響力を増大するために Orange を合併することに大きな関心を示している。イギリスにおける Orange のパートナーである Vodafone は，アメリカ企業の Airtouch を支配しているし，実際に，Mannesmann に対する反撃を実行している。Vodafone は，最終的には，ヨーロッパにおける最も大きな市場を獲得するために Mannesmann を合併することに成功した。しかし国家主義的で多少は自尊主義的な感情まで動員された Vodafone による Mannesmann の敵対的な企業買収は，ドイツの首相の介入により，結局は失敗することになる。

10. 軍備産業——公正な貿易の虚構

　多国籍企業による企業買収活動は，金融，保険事業，自動車産業に影響を

及ぼしているだけではなく，携帯電話，インターネット等のいわゆる「未来事業」にも影響を及ぼしている。このグローバルな企業買収活動による最近の傾向は，軍備産業においても事情は同じであり，EC により「公正な貿易規制」を犯すと考えられる大規模企業買収が起きている。

　Daimler Chrysler と Aerospatiale Matra は，最近合併した，スペインの CASA がこの合併に加入することを期待している。British Eurospace は近い将来にこの提携に合流しようとしている。最後に，航空機産業における予想できるヨーロッパのコンソーシアムは，アメリカの Lockheed 社とは競争相手になることが期待されている。

　進行中の大規模企業買収をいかにコントロールするかという問題に多くの注意が払われている。最近ベルリンでは世界的な公正貿易関連の機構の専門家が会合を開いて，グローバルに機能する如何なる機構も機能していないという結論に達した。とにかく，大規模の企業買収に反対する重要で注目に値する発言はなかった。しかし実現可能な企業買収でさえも，アメリカ連邦貿易委員会の規制か EC の規制かそれとも両方の規制に引っかかるばあいが多いのだが。単純にいうと「大きいものは素晴らしい」ことになる。ヨーロッパの多国籍企業は「我々が攻撃的に出るかあるいは他人が攻撃的になることで危険な目にあうか，どちらか１つ」という標語を見つけたのである。ヴェルナー・マイヤー・ラーセンが，1999 年に書いた『大西洋の向こうを攻撃せよ——アメリカ企業への挑戦者ドイツ企業——』という本の中で，今日いまだにアメリカを嫌う人たちは，とりわけヤンキーによって発見されたグローバリゼーションはまことにアメリカ的であるという，意見をもつ。つまり，帝国主義的であるかどうかは，かならずしも市場がすべてを決めるわけでもないということである（Meyer-Larsen 1999; 15）。

11. いわゆるドイツの挑戦

　ダイムラー・クライスラーの重要性を指摘したマイヤー・ラーセンは,『新しいドイツの挑戦』の中で,アメリカへの挑戦としてのこの買収を,イギリスへの挑戦であった皇帝ウィルヘルムⅡ世の「Flottengestze (艦隊と関連のある法律)」と比較している。この本には,Bertelsman による Random House の買収ケース,Hoechst による Merril Dow の買収(同じく Rhone-Poulenc も買収),Allianz による Fireman's Fund の買収,Duetsche Bank による Bankers Trust の買収等,あるいは,自動車部品産業における ZF による Ford Engine の買収,Mannesmann による Borg Warner の買収等のアメリカにおけるドイツの企業買収のリストが掲載されている。

　ドイツ企業による努力は,アメリカ企業の金融資源による買収だけでなく,経営統合と経営効果の拡大をも目指している。大西洋を越える競争として見るならば,株主・ステークホルダーの制度や,人事労務管理などを例にとるとヨーロッパ,とくにドイツとアメリカのマネジメント・システムの間には相当の差異があることが,しばしば指摘されてきたのである。ダイムラー・クライスラーは,アメリカとドイツの企業文化を如何に統合するかについて努力している。ダイムラー・クライスラーによる目標は次のとおりである。「ダイムラーとクライスラーの融合は,異なる構造とプロセスの調和を越えるものである。その最も重要な側面は人間の統合であり,統合のための全ての努力は新しい企業文化を創造することをその目的とする。」(Daimler-Chrysler 1998)

　具体的な用語で,いわゆる「統合」という政策は,自由放任主義か,あるいは部門原則 (department principle) か,それとも,権威主義原則 (authoritarian principle) かのどれかを選択しなければならない。まず,一見

すれば統合戦略が第一原則であるように見える。しかし，戦略は，いわばダイムラー・クライスラーのドイツ化であり，第3の原則に向けて少しずつ進むことである。他方，マイヤー・ラーセンは，大西洋を越えるビジネスの事例において，ドイツの経営者のコミュニケーションと交渉スタイルの進歩的な変化を指摘している。経営者の大半は，年齢が35歳から55歳までであり，旧世代とは非常に異なる。ほとんどの経営者は，2ヵ国語以上を話せるし，知的でかつ良く訓練されている。経営者たちのビジネス業務はより組織的で，合理的であり，ほとんどの場合に長期計画をもって実行される。それは，Bertelsmann, Allianz, Otto Versand 等で行われている。

12. 結　　論

　最後に次の二つのことに言及したい。またそれは言及に値する事柄である。一つは「グローバリゼーションと国家経済」であり，もう一つは，「グローバリゼーションと大西洋を越える競争」である。

(1) グローバリゼーションと国家経済

　いくつかのヨーロッパ政府が，その現地企業のグローバリゼーション政策を追求することに非常に寄与していることは決定的に重要である。しかし，とくに外国の多国籍企業がその現地企業を買収しようとするとか支配株主になろうとすることに直面すると，これらの政府は，曖昧でアンビヴァレンスの意見を出すか，しばしば反感的な態度を見せる。具体的にいうと，国家主義的で多少は自尊主義的な世論が，外国企業の動きに対して動員されるのである。一方では，外国の企業を買収する権利の主張と，他方では現地企業を買収する外国企業を世論と政府が妨害しようとする明らかな制約とは，ヨー

ロッパにはしばしば見られるものである。たとえば，トンプソンによる韓国の大宇（Daewoo: デウ）の買収，そして何年か前のポルシェによるトヨタと三星の買収，最近には，BSRによるアメリカ企業の買収，あるいは，PreussagによるVoest-Alphineの買収，より最近には，MannessmannによるVodafoneの買収の例にその傾向が見られる。MannessmannとVodafoneとの大接戦の結果とは別に，とくにドイツの民族主義に代表される大陸とアングロ・サクソン的なグローバル市場アプローチとの間の境界線は，架橋できそうにない。この種の顕著な相違は，なぜ友好的な企業買収に比べ敵対的な企業買収がますます好まれるのか，なぜ株式参加は減少するのかを説明する理由になるであろう。

(2) グローバリゼーションと大西洋を越える競争

レスター・サローは，かつてECが21世紀の世界経済で中心的な役割を演じるであろうと述べた。実際に，彼の予測を正当化する指標はない。しかし，アメリカの挑戦は，何よりもまず，2002年のヨーロッパ単一通貨の出発点を迎えて，長期間続けてきた「不況（ヨーロッパの硬化症）」からヨーロッパを自由にする意味で明らかに重要な役割を果たしし，ヨーロッパ統合を促進する刺激を提供することに大いに貢献したのである。

とくに，1990年代後半から，ヨーロッパの企業は，精巧で経験を積んだ，企業買収，戦略的提携そしてその他の協調的な手段を使い，アメリカの多国籍企業に対して，とりわけアメリカ市場で「攻撃的」となったのである。不適切な表現といわれるかもしれないが，グローバル競争は，日本の重要性が少なくなることによって大西洋を越える競争が減少したことである。いわゆるアメリカ・ヨーロッパ・日本の「3大競争」（Triade Competition）という考え方は旧式となっている。特に最近の「アジア危機」はこの傾向を強めているように見える。

さらに，ヨーロッパは，一般的に金融的・経済的事項にのみグローバリゼーションの優先順位を置きたがらないことを述べておく必要がある。序文ですでに紹介したが，グローバリゼーションをいかに認識するかに関しては，きわめて多様である。とくに重要なのは，ヨーロッパ人が，社会的・文化的側面を無視すべきではないし，操作できない自由競争と金融・経済的資源のフローに関連してある程度の制限が考えられるべきであると主張している事実である。グローバルな金融と公正貿易機構の必要性と緊急性はもはや無視できなくなっている。現在の段階では，グローバルな政府は，非現実的であるが，グローバル・ガヴァナンスの主張に関する広い合意は，ヨーロッパの政治，社会，そしてビジネス界の大半の部分でそのための活動を具体化している。

参 考 文 献

Altvater, E.; and Mahnkopf, B. (1996) *Grenzen der Globalisierung*, Münster.
Beck, U. (ed.) (1999) *Schöne neue Arbeitswelt*, Frankfurt/New York.
Beck, U. (ed.) (1997) *Was ist Globalisierung?*, Frankfurt.
Chesnais, A. (1994) *La Mondialisation du capital*, Paris.
Cox, R.W. (1994) *Multilateralism and the Democratization of World Order*, Paper for the International Symposium on Sources of Innovation in Multilateralism, Lausanne, pp. 26–28 May.
DaimlerChrysler (1999) *Zusammenschluss des Wachstums. Geschäftsjahr 1998*, Stuttgart.
Forrester, V. (1996) *L'horreur economique*, Paris.
Giddens, A. (1990) *The Consequences of Modernity: Self and Society in the Late Modern Age*. Cambridge/Stanford.
Gray, J. (1998) *False Dawn. The Dilemma of Global Capitalism*, London.
Kanter, R.M. (1995) *World Class: Thriving Locally in the Global Economy*, New York.
Meyer-Larsen, W. (1999) *Griff über den Teich. Deutsche Unternehmen als*

Herausforderer amerikanischer Konzerne, Frankfurt/New York.
Minc, A. (1997) *La Mondialisation heureuse*, Paris.
Park, S.J. (ed.) (1985) *The 21st Century — The Asian Century*, Berlim.
Park, S.J. (1999) *German Firms 'Approach toward East Asian Markets: The Case of X company-Intercultural Managment with intracultural conflicts*, paper presented at the 16th EAMSA conference, Rotterdam University, pp. 28–20 October.
Park, S.J.; and Fussan, C. (1998) "M&A als Globalisierungsinstrument: Markt-Kultur-Hierarchie." in: *Festschrift für Prof. Willy Kraus*, Bochum.
Robertson, R. (1992) *Globalization. Social Theory and Global Culture*, London.
Sachwald, F. (1997) *L! europe and La Mondialisation*, Paris.
World Bank (1997) *World Economic Outlook May 1997: Globalization Opportunities and Challenges*, Washington DC.

第Ⅲ部

アジアのリージョナリズム

第8章　東アジアの経験
――地域化・その過程，構想，成果――

SADRIA Modjtaba

（中田麻美子訳）

はじめに

　全く異なる出発点，異なる目的を志向しながら，いくつかの機構やネットワークが東アジアに出現しつつある。このような地域統合の潮流は多様な文化や歴史背景，国家制度をもつアジアにおいて進展することは難しいと従来されてきた。しかしながら，このような障害を独特の方法論によって克服するような形でアジアの地域機構，制度，ネットワークは形成されつつある。本稿が関心を持つのはこうしたアジア特有の地域主義の形，すなわちEUやNAFTAなどには見出されないもろもろの特徴を制度化の方法論，プロセス，イデオロギーそして政策アジェンダなどに見出すことにある。具体的には非公式性，コンセンサス方式，「開かれた地域主義」言説などが議論される。これらはASEAN, APEC, ARFの成立過程やその後の活動をみていくうちに明らかになっていくだろう。これら分析の後に東アジアの地域統合を進展させる原動力としてのリーダーシップの不在と今後の分析のための理論的枠組みを検討する。

1. 東アジアにおける地域化の特徴

(1) 東アジア制度と機構の特徴

東アジア研究においてよく語られるのは，この地域の国々が多様な歴史や文化を持っているにもかかわらず，いくつかの共通点を有しているということである。その共通点として指摘されるものとしては，例えば，「非公式性」，「musjawarah と mufakat (マレー風の交渉スタイル: 協議・全会一致方式)の採用」，「個人的なネットワークによる政治的関係の形成」，「面子を重んじる文化」，「紛争解決にあたって特定の方法に依存しない，多様なアプローチを試みる柔軟性」，「結果だけではなくプロセスも評価するということ」などがあげられる。これらの特徴は，近年の ASEAN 地域フォーラム (ARF) や ASEAN+3 に顕著に見られ，また，ASEAN とは構成メンバーの異なる APEC (アジア太平洋経済協力機構)にも見出すことができる。

本稿では，上記の特徴のうち代表的な3つの特徴，すなわち「非公式性」，「コンセンサス方式」，そして「開かれた地域」言説に焦点を当てる。

(2) 非公式性
① ASEAN

東アジアにおける地域機構の特徴の一つである非公式性が，どのように様々な機構の成立過程，制度の中に見出せるかを考察してみることにする。まず ASEAN からみていくことにしよう。1967年のバンコク宣言を元に設立された ASEAN は，一貫して，地域内の相違を乗り越えた恒久平和と友好，協力を促進しようと努めてきた。例えば1971年には ZOPFAN (東南アジア平和・自由・中立地帯)を設定し，集団的発展，地域の結びつき，外的脅威に対する安全保障上の協力を強めることを宣言した。1976年に行われ

た最初のサミットでは ASEAN 協和宣言を採択し，地域内の相違点を乗り越えることや ZOPFAN の再確認，平和的プロセスの進行の必要性が強調されている。また，ASEAN 協和宣言と同時に採択された東南アジア友好協力条約（TAC）においても，国際法上の 3 つの原則すなわち，主権平等原則，国内事項不干渉原則，武力行使禁止原則を盛り込み，加盟国間の恒久平和と友好，協力の促進を宣言した。

しかし多くの論者が主張しているように，ASEAN が，地域的安全保障共同体のような組織的役割を果たしているのかという疑問は残るだろう。ASEAN では国家首脳のサミットにおいても（公式と非公式のサミットを毎年順番に行っている），外務大臣会議，それから政府高官を含むその他の会議においてむしろ「アセアン・ウェイ」と呼ばれる非公式のメカニズム——すなわち，すべての過程においてルールが厳密な形で予め設定されていないメカニズム——が展開され，交渉，協議，調停，相互主義の重視といった「非公式な外交」が強調されてきた。

1992 年より始まる ASEAN 拡大外相会議では，議題に紛争解決，安全保障面における情報公開や信頼醸成がもりこまれるようになった。そこに含まれている内外の脅威への対処，武器登録を行うこと，2 国間共同軍事演習の実施等を鑑みれば，東アジアにおいても地域機構の枠組みの強化が進んでいるという見方もできるだろう。しかし，アジア危機における ASEAN の脆弱さにもみられるように，ASEAN 事務局の役割は非常に狭い範囲に限定されており，また，各国の外相達が主導している ASEAN 常任委員会（ASEAN Standing Committee: ASC）は，その構成が毎年変動し，かつ流動的であるというように，他の機構と比べると決して公式性が高いとは言えない。

② APEC

　非公式の対話の場として始まった APEC は，設立以来アジア太平洋における自由貿易や実質的な経済協力を促進する中心的な機関として機能してきた。1993 年に APEC のもととなる小さな事務局がシンガポールに設置されて以来，APEC は加盟国の経済状況に準じた 23 人の代表と同数程度の地域支援スタッフを職員とし，加盟諸国に助言や機能面・技術面でのサービスを提供してきたのである。

　しかし，APEC はアメリカやカナダが進めていた公式の地域機関と同様の発展を遂げてきたとは言い難い。APEC は，組織力や資金力が弱く加盟国への助言や機能的・技術的なサービスの提供以上のことを行うことは困難であり，閣僚年次会議が APEC 唯一の重要な達成事項であるという評価をされることさえある。コーチン・コンセンサスにみられるような APEC 設立に対する ASEAN からの反対，また日本やマレーシアからの APEC の掲げた「自由貿易圏」構想に対する反対や中国の懸念などにより，APEC はむしろ東アジアにおける他の機関のように，比較的非公式な形にとどまることとなったのである。

　APEC の非公式性を顕著に表しているのは紛争解決メカニズムである。司法化が進んだ WTO の紛争解決メカニズム，DSU (Dispute Solving Understanding: 紛争解決了解) とは異なり，アジア賢人委員会はルール中心のアプローチを取らない。むしろ自発的な組織への参加，また相互の評価を最小にとどめる，といった特徴を有しているのである。

　このように一律のルールによらない APEC のあり方に対しては，大きな問題を扱うには組織として脆弱であるという見方も多く，閣僚年次会議が APEC 唯一の重要な達成事項であるという評価をされることもある。しかしながら，非公式性ゆえに APEC は，多様なアジェンダを取り扱うことができるようになっていることも事実である。1994 年のボゴール宣言と大阪サ

ミットでは，2010年までに産業先進国が，そして2020年には途上国が市場の自由化を達成することを確認した。その他に外相や政府高官が議題設定のための会合やジェンダー，環境に関する勉強会，ワークショップグループ，セミナーなどが開催されているが，これらはAPECの非公式性が可能にした成果と考えられるだろう。

③ ARF

地域安全保障機関として作られたASEANを母体とし，アジア太平洋の安全保障問題を取り扱うために設立されたのがARF（ASEAN Regional Forum: ASEAN 地域フォーラム）である。ASEANが非公式の交渉や協議を重視していることは先に述べたが，ARFも同様に非公式の交渉や協議が重要視されている。

このように非公式の方法に頼るARFは，比較的短い歴史にもかかわらず，改革的とも言える紛争解決メカニズムとして発展してきた。例えば地域の能力構築（Capacity Building）や士官学校間の交流を提案や年間安保概念2000年等を発行することにより，相互信頼の醸成と情報公開を促進している。拘束力のある決定事項や紛争解決の過程を敬遠する中国などの影響もあり，現在のところARFは予防外交を行う機関ではなく信頼醸成を行う機関としての役割しか担えていない。実際にARFは強制的阻止を行うための組織を持っていないだけではなく，ASEANがARFのすべての年次会議や外相会議，ARF高級事務レベル会合を主催していることにもみられるように，事務局すら持っていない。

このような緩やかな組織のあり方の中に見えるのは非公式的な方法が重視されているという事実である。例えば，中国は一元的・公式的な紛争解決の過程を敬遠していることは先に述べた。しかし，中国が望んでいる2国間協議こそは，まさにASEANの掲げる方針（modus operandi）を表すもので

あり，ARF が非公式性という枠組みに拠っていることを如実にあらわしているといえよう。

(3) コンセンサス方式

第二の特徴として，東アジアの制度や機構は，そのプロセス，意志決定におけるコンセンサス方式が挙げられる。ASEAN は東アジア諸国間の関係の中に全会一致的な意志決定（mufakat）を発展させた好例である。このような全会一致的な意志決定制度は，東アジアの歴史的・政治的状況にその起源を持つと考えられる。一説には伝統的なインドネシア・ジャワの村社会においてリーダーの決定が常に共同体から受け入れられていなければならないことが歴史的由来であるとされる。政治学的な解釈からは，世界の主要な権力に対して，ASEAN の立場を強調するために一貫した看板を掲げる必要に迫られてできたものである。

ASEAN におけるコンセンサス方式は必ずしも全会一致を必要とするものではない。不支持グループにとって決定事項は，少なくともその事項を進めていってもいいという準備がある，という程度のものである。要するに，「コンセンサスとは全員が賛成しなければならないという意味ではなく，少なくとも誰も反対しないという意味である。」(Chi Kin Wah 1997, p. 5)。この決定が地域機関の政策への履行確保の可能性を高めているのである (Hirschman 1970)。意志決定のプロセスにおいてコンセンサスが必要であるということは，すなわち非対立的なアプローチを用いて，相互の違いを理解し受け入れ，最小限の共通の理解を作りあげていく必要があるということである。そのため，ASEAN においては，一元的なルールにこだわるあまり，互いの差異やそれを起因とする誤解などについて話し合うことに公式の会議や協議の場が費やされてしまうことを避ける努力がはらわれているのである。

ARF も多数決ではなくコンセンサスの原則によって地域機関が運営され

ていることの具体例である。ARF におけるコンセンサスの重視は，小さな国々に対する保護，すなわち，大国が会議の場をのっとり彼らが犠牲を強いられるということがないようにという配慮と，大国，つまり中国に対する多国間安全保障機関の中でうまく付き合える環境作りが重要であるという点から生まれた。

このようなコンセンサス形成の過程のもとでは，まとめられた地域の政策決定は，実質的な拘束力を持たないことから，具体的な政策実行の段階では参加国の自発性に依存する方法がとられることになる。このような方法は，加盟国間での強制や対立を避けることができるが，一方で機構や制度の変化や改革が必要なときに，その妨げとなるという指摘もある。というのも，現実的にすべての加盟国にある意味では拒否権が存在している状況下で，決定にたどり着くのは非常に困難であるし，機関や制度の改革の速度は大変遅いものにならざるをえないからである。

APEC の運営もコンセンサス方式の下に行われていると考えられる。ASEAN のコンセンサス方式は，設立以来，APEC の中に二つの対立するグループ（拘束力ある包括的な貿易や投資の自由化を支持するグループと，緩やかな経済協力を支持するグループ）を作ってきた。しかしながら，APEC におけるコンセンサスによる決定に反対し続けるグループでも，意志決定のプロセスにおいては，紛争状態を減らしていった方が長期的視点からみて利益になるという見方を示していた（Aggarwal and Lin 1991, p. 183）。このように，APEC の運営も，拘束的な協定を作るというよりはむしろ，地域の目標を定義するという，よりゆるやかな目的で開かれ地域全体が到達したコンセンサスによって運営されているのである。

このような，いわばコンセンサス方式によって「調整されたユニラテラリズム」ともいえる環境において，地域のアジェンダを達成するかどうかは加盟国にかかっており，拘束力の強い協定を軸としたほかの機関に比べると不

安定さを含んでいる点は否めない。しかし，このコンセンサス方式によって，APECはいうなれば横長の組織になっており，実際には加盟国間の権力や資源の差が大きいにもかかわらず階層性の薄い組織となっているのである。

(4) 開かれた地域主義

東アジア機構制度のもうひとつの特徴は，「開かれた地域主義」言説である。一般に地域主義は排外的な側面を有していると考えられる。しかし，東アジア地域機構においては，WTOによる法的な必要事項への抵触や地域外のパートナーを排除することなく，地域経済を促進することを経済面での目標として掲げていることや，このアプローチを安全保障や他の分野にも拡大しようという動きに見られるように，地域調整の中で開放性と包括性という面を有しているのである。

このような「開かれた地域主義」をアジア地域機構が目指していることは，さまざまな宣言や会議，実際の政策からも窺える。たとえば，1997年ASEAN展望2020宣言では，ASEANの展望について「東南アジア諸国のダイナミックな開発と，共同体社会の結びつきを強化する目的で調整し……われわれは更なる一貫性と経済統合を目指し，加盟国間の発展の格差を縮小すること，他国的貿易システムが公平で開放され，また地域規模の競争力を持つような目標達成に向けて力を注いでいる」とうたっている（http://www.asean.or.id, ASEAN Vision 2020）。また2001年ハノイで開催されたASEAN拡大外相会議のテーマも「結合力ある，安定，統合した，外に向かっている，ASEAN」とうたっており，ここにも「開かれた地域主義」言説が現れているということができよう。

APECもまた，開かれた地域主義に専心している機関である。APECは宣誓の中で「無差別」をうたっており，インドのように新加盟国の加入に際しては若干時間のかかることは事実だとしても，常に新しい加盟国を受け入

れている。ケビン・カイが述べているように，APEC も ARF も包括的な枠組みを持っており，「必要とみられる，より多くの加盟国を受け入れ……より広範囲なグループを持つことがよいと判断」されているのである。

「開かれた地域主義」は WTO の規則と一貫性を保とうとするさまざまな宣言の中にも見られる。上海で行われたリーダーサミットの外相会議では APEC の開かれた地域主義へのコミットが再確認され，「WTO の示しているような開かれた，公平で透明な，規則に基づいた多国間貿易のシステムを強く支持する」とし，さらに新 WTO ラウンドを急速に発足させ，グローバル貿易のシステムをより活性化させることを強調している。

もちろん，東アジアの諸国が「開かれた地域主義」に対して常に歩調をあわせているわけではない。たとえば，マレーシアのマハティール首相は，「東アジアではない国」を除いて，東アジア経済グループを作ろうと提案したが，その計画は，「開かれた地域主義」を守ろうとする日本，インドネシア，韓国，シンガポール，その他の国々に反対され頓挫する結果となった。また，APEC が ZOPFAN や ASEAN が掲げる「地域自治」に対して矛盾していると考えていた ASEAN が，ARF に対して懐疑的な態度を示したことや，ASEAN10 や日本，中国，韓国とヨーロッパとの対話を含むアジア—ヨーロッパ会議（ASEM）のように，より明確な東アジアの地域コンセプトが提示されたことなどに見られるように，機関によって「開かれた地域主義」に対して異なった態度をとっている場合もある。

以上，東アジア地域における「開かれた地域主義」言説の状況を見てきた。今のところ，東アジアにおいて「開かれた地域主義」という方針を転向させうる絶対的な要因は見つかっていない。しかし，1990 年代終わりのアジア危機を契機として，アジア特有の資本主義によって東アジア地域における「開かれた地域主義」が弱まる可能性もあり，予断をゆるさないところである。

(5) 東アジア機構の特徴の地域内／国際的比較

これまで東アジア地域機構の共通点を見てきた。制度面でいえば，他の地域の機構に比べ東アジアの地域機構が全体的に拘束や法的な義務からは比較的自由であり，多数決ではなくコンセンサスの規則が守られているという共通点を持っている。一元化された枠に縛られていないということは，ASEAN や APEC, ARF がより広範囲の問題を扱う地域機構，すなわち WTO や ICJ などの国際機構が果たす役割をも内含しているともいえる。しかし，東アジアの制度間には相違点も多く見られる。制度化の進んでいる機構と制度化がほとんど行われていない機関が存在しているのである。

東アジア地域機構の中で制度化がもっとも進んでいるのが ASEAN である。ASEAN が行っている経済，環境，社会，その他の問題における政府高官会議，また国家レベルの事務局，自由貿易圏，AFTA 設立のための協議などは，制度化が進んでいる例である。例えば，ASEAN 地域内における紛争解決についてはマレーシアとシンガポール，マレーシアとインドネシアの問題のように，TAC 高等協議会のような地域のメカニズムを使おうとせず，むしろ国際司法裁判所に紛争を付託したケースもある。しかし，紛争解決に対して ASEAN が独自の制度を発達させていることも事実である。1996年，ASEAN では紛争解決のメカニズムとして AFTA の環境を利用し，また指導者達は 1999 年の第 3 回 ASEAN 非公式サミットの開催において，ASEAN トロイカを組織した。これは，地域の平和と安定についての問題を取り扱う暫定的外務省ともいえる機関であり，コンセンサスと不介入の原則に基づいて活動を行い，ASEAN 外相に推薦や助言を行う制度として発展しているのだ。このように，ASEAN は他の地域機構に比べればその制度の枠組みは緩やかであり，またその内容も一元化された紛争解決方法を強制する，というものとは異なっている。しかし，広く多くの問題テーマをカバーしているという意味において，ASEAN は東アジア地域制度の中では一番制度化

一方，制度化の面からいう APEC と ARF は ASEAN とは異なる様相を示している。APEC は ASEAN に比べより多くの加盟国からなり，多種多様なセミナーやイベントを開催してきているが，こちらは経済問題により焦点をしぼっている。ARF にいたっては，あまり強力な制度化は進んでおらず，その職員でさえ会議の合間に行う調整を実行する権限すらも備えていないのである。

　違いは制度面に限ったことではない。AFTA の存在は，ASEAN が APEC や ARF より開かれていると推論することができる，というように，「開かれた地域主義」についても同様に，3つの機構においてそれぞれに違いが見られる。例えば，ARF は中国の反対により台湾が加盟していないが，APEC には台湾が加盟している。ASEAN プラス 3 はまだ安定していないが，APEC や ARF を大幅変更させ，あるいは弱体化させることはないような状況を展開させつつあるのである。

　さて，このような東アジア機構の特徴を考える上では，比較の標準点を定めた上で，他の地域機構と比較し，東アジア特有のものはなんであるのかを考えることも重要であろう。実はこの点においては，これまで EU と東アジア地域機構の比較が執拗なまでに繰り返されてきた。しかし，EU との比較だけで東アジアの特徴を抽出しようとしてきた結果，多くの重要な点が見落とされてきた感が否めない。というのも，比較対象を EU だけにとどめていては，東アジアの特有性を証明することは非常に困難であるからである。

　例えば，ASEAN の TAC 基本原則や国家主権の尊重，国内事項不介入，武力行使禁止原則などは，いずれも他の地域機構，国際機構によっても広く受け入れられており，東アジア地域機構だけに限ったものではない。さらにまた他の東アジア的特徴，すなわち非公式性，面子を重んじる文化，コンセンサスに基づいていることなども，ラテンアメリカや中東，南アジア諸国が

発展させてきた地位機構においても多々みられる特徴である。たとえばアラブ諸国では，地域関係の管理において個人的な資質やネットワークを重要視し，それらに頼るといったような制度以外のシステムによってことにあたることが多いようである。

　ASEAN と似たような特徴を持っている機構の一つは，湾岸協力協議会（GCC）である。GCC はサウジアラビアに事務局を持ち，国家リーダー達が毎年集まる最高協議会，年に 4 回各国の外相を集める会議などを開催している。内部の紛争解決にあたって GCC はまだ発展段階であるものの前進的な試みとして受け止められている。「地域機構の中でもっとも元気のある広範囲にわたる実験の一つ」という評価を受けている点は，ASEAN に対する評価と類似性を持っているといえるだろう。それに加えて，GCC は ASEAN と同様の懸念や問題点を抱えている，という点でも共通している。それは，外部の脅威同様に内部にも安全保障上の問題を抱えているという点や，制度としての不安定性，経済統合の弱さや共通したアイデンティティの欠如，支配グループの同質性といった点である。

　ASEAN と同様の特徴は，ラテンアメリカ諸国によって設立されている関税同盟，メルコスール（南米南部共同市場）にも見ることができる。ラテンアメリカにおいては，過去何十年にわたって一元的なルールによる規制が試みられ，細分化された様々な機構が存在してきたが，一元的なルールも専門化された機構も，地域の統合や協力体制の発展には結びついてこなかった。しかし，1990 年代における劇的な内部の連携によって地域の古い体制制度が一新され，メルコスールやそれまでまったく存在していなかった ABACC などの安全保障機構が誕生した（Soligen 2001）。メルコスールは一元的な制度をもった超国家的な政治統制からは程遠く（Jenkins 1999），制度的にあまり安定していないが，東アジア地域機構と同様に，非公式的な枠組みと，合理的で柔軟な交渉スタイルを強調している。例えば協定などに関しては，

特別に設置された独立した事務局によって交渉が行われるのではなく，外務経済相たちによって直接交渉が行われているのである。

　コンセンサスという方式という点で東アジア機構と最も共通している国際制度は WTO である。WTO は，正式な投票ではなくコンセンサス方式に基づいており，原則として WTO 全144加盟国はどのような弱小の国であっても，協議内容に賛成でなければ容易に覆すことができる仕組みになっている。

　開かれた地域主義に関しても，東アジア機構と中東，ラテンアメリカ諸国の地域機構の間には共通点がある。NAFTA や EU は，非加盟国の「ただのり」を防ぐために作られた機構であると指摘されるように加盟国の利益のために作られた組織であるが (Gruber 2000; Rosecrance 2001)，東アジアや MEMPP, BAAC やメルコスールは，地域の貿易と安全保障を高め，加盟国だけでなく非加盟国にも利益を与える目的で創設された。APEC や ARF の方が，他の地域に比べ「開かれた地域主義」がより進んでいるというように進度に差はあるものの，MEMPP や BAAC，メルコスールといった非西欧の地域機構は，全世界に向けて開かれた貿易を進めており，「開かれた地域主義」の要素を備えているといえよう。

2. 東アジアにおける地域化について——その過程，構想，成果におけるリーダーシップの変遷

　この節では東アジアの機構や制度の特徴について，地域リーダーシップの変遷を追うことによってさらに具体的な分析を進める。東アジアの機構や制度の過程，構想や成果におけるリーダーシップの役割，またその地域に果たしている影響を分析する。

(1) 東アジアにおける地域リーダーシップについて

① 1997年以前の地域リーダーシップ

アジアの経済危機以前の東アジアでは，リーダーというものは殆ど存在していなかったと言ってよいであろう。確かに日本企業の進出や華僑ビジネスの拡大により地域の生産ネットワークは広がっていた。しかし，地域の主要国である日本も中国も，そしてアメリカもそのリーダーの座を占めることはできなかったのである。

アメリカは明らかにこの地の地域化に関心を抱いてはいなかった。というのもアメリカの野心は地球規模であり，地域規模にとどまることがなかったからである。安全保障問題においてアメリカは世界の他の国々に加え，日本，韓国，台湾を自分の安全保障の傘下に置こうという野心と，それを可能にしうるだけの資源を持っていた。そしてこれらの国々もアメリカとの安全保障面でのつながりを重視し，外交上配慮してきた。しかし，例えば1978年，ベトナムの侵入によって始まったカンボジア危機の際にアメリカが期待に反して「紛争解決の補助的役割」といった非常に弱い役割しか果たさなかったように，時としてアメリカが本当に頼りになる存在なのかが疑問に付されることもあった。

さらに冷戦後，東アジアに安全保障面というよりも経済的な魅力——特に市場としての中国という魅力——を感じていたアメリカは，東アジアに対する軍事的役割を縮小してきていた。このような流れをうけ，ASEAN諸国は，中国の急速な軍備化，または日本の再軍備化の可能性といった状況に対して，アメリカはASEAN諸国が必要であると感じていた安全保障面でのリーダーシップを，充分に果たしていないという認識が生まれたのである。

ASEAN自身もARF（ASEAN地域フォーラム）を設立促進し，自ら安全保障のための議論の場を設けるなど，安全保障問題に取り組もうという姿勢を持っていたが，実際には地域の安全保障を確保するためのリーダーシッ

プを取るまでには能力がいたらなかった。

　経済面でアメリカは，東アジア地域が世界的な目標である「善き統治」（good governance）——すなわち開かれた市場経済と新自由主義的経済政策——にむけて，2つの方法を試みていた（Dornbos 2001; Kiely 1998, p. 68; World Bank 1989, 1992）。一つは APEC を通して関税を下げ，東アジア経済にアメリカも参加し，利益の拡大を図ることであった（Higgott and Stubbs 1995）。しかしながら，このアメリカの野心は成功したとは言いがたい。というのも，2010 年までにすべての加盟先進国，そして 2020 年までにすべての加盟発展途上国が，開かれた市場経済を発展させるという目標を設置した。にもかかわらず，1995 年に大阪で開かれた APEC サミットにおいては域内の各国の多くが，経済発展のアプローチに関して立場の変更を表明した。要約するならば，それは純粋に市場・私企業中心の立場から，引き続き政府の介入を一定の条件において許容するものへと変化させたのである（Gallant and Stubbs 1997）。第二の方法はより直接的な方法である。こちらはある程度の成功を収めたといえる。アメリカは自らの影響力を用いて地域の各政府に圧力をかけ，発展途上の国での経済政策を放棄させることに成功したからだ。当初日本からタイまで，冷戦時に対アジア共産主義として結束していた国々は，経済の自由化を進めようとするアメリカの圧力をも拒絶していたが，1990 年代にはアメリカ資本の導入に対する圧力に直接さらされ，結果アメリカのみならず多国籍企業の自由な市場アクセスを許す形となった。多くの政府による関税のカット，外国資本に対する規則の解禁，そして資本口座を設けて資本市場の役割を拡大させたことがアメリカの野心の達成へとつながった（Bowie and Under 1997; Passaic and Baker 1995）。ところがこのようなアメリカの参入にもかかわらず，アメリカを東アジア地域における真のリーダーとして受け入れているアジア政府は存在しなかった。さらに，アメリカの「善き統治」（good governance）政策に含まれていた

政治的多様化や民主化，人権の尊重といった側面が，東アジア各国政府とワシントンの関係において苛立ちと摩擦に拍車をかけていた。

　地域内では，マレーシアを含めた国々から日本がリーダーの候補であるという声もあった。確かに日本にはその資源が備わっていたと考えられる。例えば 1980 年代後半，日本は 60% を超える東南アジア諸国との 2 国間 ODA を提供していたし（Rix: 1980–90），1989 年までに ASEAN メンバーは 46 億ドル以上の海外直接投資を日本から受けていた。1990 年代初頭には，海外直接投資は低下したが，1994 年には，53 億ドル以上の直接投資を ASEAN 諸国に行っていた（ASEAN センター 1996: 64）。日本は東南アジア諸国からの製造品輸入を急速に拡大し，いかにも日本が地域のリーダーの役割を果たしているかに思われた。しかし日本国内では，この地域のリーダーシップを自らがとるということに野望を持っておらず，反対にアメリカがそれほど信用していない，この地域調整に際して下手にリーダー役をかって出て，第 2 次大戦以降築き上げたアメリカとの信頼関係を失いたくないというのが本音であった。さらに日本の政府高官や政治家達は，20 世紀前半の日本の行った植民地主義・帝国主義に対する他のアジア諸国からの反感を身にしみて感じていたことも，リーダー役に立候補することを躊躇させた。換言するならば日本は地域のリーダー格となる能力はあったが，日本自身にその意志がなく，地域からの圧倒的大多数の支持というものも得られていなかったのである。

　そして当時の中国はそもそもリーダーになるという意志も能力も持っていなかったと考えられる。確かに中国は軍事的にも経済的にも台頭する権力者としてその力を強めつつあった。しかし，当時中国はリーダーというよりはその権力をして地域にむしろ脅威を与える存在として見られていたと考えられる。軍事力の増強は他国に対する脅威を増大させ，台湾問題をめぐるアメリカとの対立は，中国とアメリカの対立という恐怖を東アジア全体に覆いか

ぶせていた。また，経済改革によって1990–91年の景気後退を脱した中国はタイやマレーシア，フィリピン諸島の低コスト生産における強力な競争者となっており，経済的な面でも大きな脅威として考えられていたのである。

以上のようにASEANプラス3のプロセスが始まる前と，1997年から1998年のアジア経済危機の段階では，東アジアにリーダーシップを提供できるような国は存在しなかったのである。

(2) ASEANプラス3

APT（ASEANプラス3カ国）は，東南アジアと中国の関係発展にむけ，ASEAN諸国の首相や政府高官等による一連の会議を行う機関であり，10の加盟国，ブルネイ，タイ，ミャンマー，カンボジア，インドネシア，ラオス，マレーシア，フィリピン，シンガポール，タイ，ベトナム，中国，韓国そして日本からなる機関である。APT発足以前にも東アジア機構の構想は，過去何度も話題に上がっていたが，実際に地に着いた議論はなされていなかった。APT設立以前の1990年にマレーシアのマハティール首相は，後にEAEC（東アジア経済執行委員会）と名づけられる東アジアの経済グループ形成構想を持ち出したが，マレーシア自身はそのリーダーとして舵を取っていく力を持っておらず，その機構はAPECフォーラム会議の合間の食事時に，各国指導者が話し合いをするといった程度のインフォーマルなものにとどまっていた。

このような東アジア経済グループの形成という構想が実態化しはじめたのは，ASEM（アジアヨーロッパ会議）にむけた準備の中でのことであった。ASEMの当初の構想は，1990年10月，パリにおけるシンガポールのゴー・チョクトン首相によるスピーチにおいて提唱され，ASEANとEUが共に1995年まで支持したことにより正式に発足した。

ASEAN加盟国では日本，中国，韓国にASEMのアジア代表として参

加するよう打診し、これに対して中国と日本は参加を決めた。しかし当時中国政府は、この場においてチベット問題や自国内の人権問題に関してEUから非難を受けることを懸念しており、また日本はここに招待されていないアメリカのことを気遣っているという状態であった。しかしながらこの北東アジア3カ国は、ASEAN諸国に加わって、バンコクで1996年3月に開かれた最初のASEM会議に参加した。バンコク会議ではASEMのリーダー達は1998年に第2回目の会議を予定し、また1996年と1997年の間に、経済財務大臣たちや政府高官のための集会を調整し、ASEMのアジア加盟諸国代表はこのような会議を開き、各国の地位の調整や議論を行うことを決めたのである。さらに中国と日本はASEAN加盟国による定期的なサミット会合を求め、さらなる経済関係の構築を望んだ。

1997年のクアラルンプール・サミットへ向けての準備でASEANメンバーは北東アジア3カ国のリーダーを招待し、ASEMの新しいコネクションとしてその関係に投資する意志を示した。中国はこの機会に東南アジア経済との結びつきを発展させることを期待して同意し、日本は多少躊躇したものの、中国に先を越されて地域覇権国となられても困るという考えもあり、参加することに同意した。1997年のAPT会議以降、各国代表はASEANサミットに毎年参加し、APT財政大臣、経済大臣に加え各省の補佐官もが定期的な会合を始めた。さらに定期会合は、大臣や高官以外によって構成されるさまざまなグループ——APTヤングリーダーズやe-APTワーキンググループ、APT特許オフィス、ASEAN科学技術協会など——によっても開催されるようになった。

このように考えるとAPTの基礎は1997年7月以前にはすでに築かれていたといえるが、APTの経済面における主導権の強化をもたらしたのはアジア経済危機であった。経済危機によって、北東アジア各国内ではビジネスに大きな変化がもたらされ、政治リーダー達は自らの東南アジアとの関係を見

つめなおし，将来再び訪れるかもしれない危機に対応できるような，そしてさらなる経済発展を確保できるような関係が必要であるという認識に達したのである。

　このような状況に対応するには，他の機関では力不足であった。1990年代に問題に突き当たったAPECは（Gallant and Stubbs 1997）アジア危機に際して救いの手を差し伸べることができなかったことなどを振り返り（Beeson 1999; Webber 2001），危機に際して問題の解決にあたるべき地域機関が機能できなかったということを深刻な問題としてとらえるようになった。APEC加盟国間におけるコンセンサスの欠如，それからアメリカ国内でIMFがこの経済危機解決にあたって主導して行くべきという主張があいまって，APECはその不実効性を非難された。

　ASEANもこの危機を救う可能性があったが，その加盟国を助けることはできなかった（Webber 2001）。資源不足，それから他国の問題への介入をためらった結果，アジア経済危機が起こっているのを目の当たりにしながら，ASEANは何の有効策も打ち出せなかったのである。将来起こる可能性のある危機に対して，既存の地域機構では対応できないこと，また新しい地域機構が必要であるという実情は明らかになった。危機の際にはまだ日の目を見て間もなかったAPTが，実は当時もっとも地域経済管理の能力を持つ可能性がある機関であると思われるようになったのである。

（3）　危機後の地域リーダーシップ

　東アジアにおけるリーダーシップの隆盛と滅亡を考える上では1997年から1998年のアジア危機がその重要な転換点になっているといえる。アジア危機発生以前，疑問視されつつも可能性を残していたアメリカの地域リーダーシップは，その正当性をもたなくなり，むしろ東アジアの国々にはアメリカ主導の世界経済とあまりに強く結びつくのは危険すぎると認識されるに至っ

たからである。10年間に及ぶアメリカ主導の経済自由化は結果的に危機を招き，タイで始まった危機を皮切りに，世界中から批難されるほど根深い危機状況を招いたと考えられるようになったのである。具体的には，資本口座の規制を緩め短期間の資本を自由に受け入れるという方法がこの危機の最大要因であると指摘された。

リチャード・ヒゴットが述べているように危機当初の IMF とアメリカの影響力について，地域内ではかなり批判が高まっていた（Higgott 1998）。IMF の政策は一般的に，危機を見誤り，的確でない解決策を押し付け，タイとインドネシアにおいて問題を更に悪化させたと一般的には評価されていたのである。また，地域政府は，おそらく自らの失策の非難を免れることを願ってか，IMF がそれほどまでには悪状況ではなかった地域の通貨危機を経済的社会的大危機に向かわせてしまったと評価していた。このような状況の中で，東アジアのほとんどの政府は，アメリカ主導の新自由主義的経済のビジョンに疑問を持つようになり，アメリカについて行こうという気運を失った。こうして地域経済のリーダーとなりうる資源と意志を持ち合わせていたアメリカは，この地での正当性を失ったのである。

アメリカの正当性の没落を更に加速させたのが，東南アジアの経済ナショナリストたちであった。アメリカ主導のグローバリゼーションの限界が露呈していくのとほぼ時を同じくして，マレーシア，インドネシア，タイなど多くの国々で経済ナショナリストたちが以前の権力を取り戻し始め（Nesadurai 2000; Stubbs 2000），グローバリゼーションのインパクトを抑える方法を探すべきであるとの見解も広まっていった。地域の主要各国の間に，東アジアの国々にはグローバル経済と地域の経済の関係を管理する効率の良い集団的方法・制度が必要であるという見解が共有されるようになったのである。

むろん，経済面においてアメリカの正当性が失われたことは，アメリカがその正当性を全面的に失ったことを意味しているわけではない。地域政府は，

安全保障に関しては，アメリカの主導が求められていたからである。アメリカの軍事力は，北朝鮮の特異性，2002年10月12日のバリでの爆破事件以来の対テロ戦争というような，様々な難題を扱う能力があるという点で，アメリカは地域の安全保障に重要であると考えられていたからである。

しかし，アメリカと東アジアのアプローチには違いがあり，アメリカが完全にリーダーシップをとれるとは言い難いのが現状である。例えばブッシュ政権は北朝鮮に対してより挑戦的，対抗的なアプローチをとる一方，韓国は全く対照的な「太陽政策」を用い，交渉と取り決めに重点を置いていた。また，東南アジアにおけるテロ関連の対策においても，アメリカはアフガニスタンやフィリピン，そしてイラクでも見られたような，掃討作戦を用いているのに対し，マレーシアのマハティール・モハメドなどの穏健ムスリム・リーダーやインドネシアのメガワティ・スカノプトリは，対照的にテロリズムの根源を解明することを強調している。要するにアメリカには東アジアの安全保障面でリードしていく能力があり，それを行おうという意志がある一方，地域諸国がそれに従っていく意志を持っているかどうかは疑わしいのである。

日本にとってアジア危機は日本経済と東アジア経済の関係を再考させるきっかけとなった。ケビン・カイが述べたように，この経済危機は「南北アジアの政治，ビジネスリーダーたちの考えに劇的な変化をおこし，将来起こる可能性のある同じような危機に際して，また経済発展を維持するための公式地域的メカニズムが早急に必要であるという認識」が生まれたからである(2001, p. 11)。このような地域における経済の管理制度——ヘルベル・ダイエターやリチャード・ヒゴットの言うところの金融地域化(2002)——が構想される中，日本政府の東アジア地域での主導権に関する関心が生まれてきたと考えられる。

AMF（アジア通貨基金）の創設に関してアメリカに拒まれたが，日本は

AMF 構想に代わる通貨交換協定のネットワークを作り，それは AMF にも匹敵する可能性を持つものとなった。この交換協定の始まりは 2000 年 5 月にタイのチェンマイで行われたアジア開発銀行の年会合で，日本主導により APT の財政相らが，困難な課題であった通貨貯蓄の共同負担という原則に合意したことである。2001 年には日本はマレーシア，韓国，タイと通貨交換協定を結び 2002 年には中国と合意するに至った。このように日本主導で始まった通貨交換協定のネットワークは，各国に広まり例えば韓国も中国とタイとの間にそれぞれ 2 国間交換協定に関する交渉を行っている。

このように地域経済に安全網を提供しようという日本のアプローチは次第に注目を集めるようになった。チェンマイ・イニシアティヴ（CMI）において各国が東アジアにおける短期資本の動向についての情報交換の場や政府が早急に問題を察知するため早期警告システム，開発問題に関する補佐官や副大臣等の定期的な会合，また役人達をトレーニングする場が提供されたが，これも専門家を準備するという日本政府の貢献のもとで行われている。

当時，他の APT 加盟国は 1997 年から 1998 年に行った危機が再び起こるのを防ぐためならどんなイニシアティヴをも受け入れるという姿勢であり，日本は少なくとも外国為替貯蓄の分野で主導権をとるという能力と意志を持っていたため，各国は日本の主導を受け入れ，将来的な通貨危機の管理に有効に対処するためのリーダーとして歓迎した。

しかしながらより広い意味での経済問題で，日本への東アジアからの支持は将来的には減らしていくであろうという見方を日本政府はしていた。というのも日本はまだ，アメリカとの関係を少しでも制限すると映ることに対して恐れを抱いていたからである。さらに日本では，東アジアをなるべく広い定義で考えたいという考えが根強かった。例えば，日本政府は何度もオーストラリアとニュージーランドを含む，ASEAN プラス 5 フレームワークを招集したが，地域内ではこの枠組みへの支持は非常に限られたものであった。

オーストラリアのハワード首相はオーストラリアとマレーシアやインドネシアなど主要な東南アジア諸国間の対安全保障問題と対経済問題のアプローチの違いをあまり重要視していなかった。要するに日本は先に述べたように，将来の危機に備えた資本の安全網の発展という点では地域からリーダーとして受け入れられていたが，もっと広い意味での地域の経済協力調整に関する問題という点では必ずしもリーダーとして受け入れられていなかったのである。

　日本が新しいイニシアティヴをとろうとしていた一方で，東アジアの経済地域化の中では新たにリーダーシップをとりたいという国が出現しつつあった。中国である。APTにおけるリーダーシップに関心を中国政府が持つに至ったのは，中国のアメリカに対する不信と，国際関係における影響力増加の方針を考慮すると，むしろ当然のことともいえよう。実際に中国のWTO加盟に向けた一連の交渉では，中国が将来機関での交渉をするにあたり，他国と同盟を結ぶことの必要があることが明らかになった。その面では東アジア近隣諸国，特に東南アジア諸国との協力は中国にとって利点であり，またアジア危機後もこの地域にとどまっているアメリカに対して地域諸国が不信をいだいており，それによって相互的な利益が生まれるであろうという思惑も重なった。国家主席が，中国の「ゴーイングアウトサイド」政策実行を発表して，企業の海外投資を奨励したことは注目に値する。中国の企業が投資と貿易を行うのに，すでに華橋のネットワークがひろがっている東南アジアが理想的と考えられ，東アジアにおける中国の投資は主にビルマ，ラオス，ベトナム，カンボジア，それからインドネシアにおいて行われており，まだ，他の投資国に比べればその規模は小さいものの，エネルギー，ローテク製造，銀行の分野での投資は膨らんできている。中国政府は企業による投資を全面的に支援し，東南アジア諸国への観光も推進し（Dhume and Lawewnce 2002），実際，近年では多くの中国人観光客が東南アジアを訪れており，そ

の数は年間 30–35% 増加している。

このように中国は地域経済統合の推進に利点を見出しており，貿易・経済協力大臣も「地域経済協力は中国の近代化によい環境をもたらすばかりでなく，政治，外交そして国家安全保障の分野において国益となる」(Meng 2002)と述べている。例えば中国の APT への積極的な参加によって，台湾政策を強化することが可能になる。台湾はある程度の投資があり，そのため他のアジア諸国政府やビジネス界との強いコネクションがあるので，APT への積極的な参加によって他の東アジア諸国からの支持を得られれば，台湾の持つコネクションも利用でき，台湾を北京との交渉に引き入れるよう圧力をかけることにも役立つからである。この地位での同盟によって台湾が受けているアメリカからのサポートも手中に収めうると考えられており，それは，——たとえブッシュ政権がクリントン政権に比べて強力な政策を打ち出していることを考慮しても——中国にとって大変意義深いものなのである。

APT における中国の積極的な役割を歓迎して，アジア経済フォーラム，アジアのボアオフォーラムは中国に対するスポンサーシップを提供してきた。そのようなフォーラムの構想はアジア危機以前から，各国の首相経験者達，すなわちロバート・ホーク元オーストラリア首相や中曽根康弘元首相，フィデル・ラモス元フィリピン大統領らによってすすめられており，スイスのダヴォスで開かれた世界経済フォーラムを見本とするという提案であった。中国政府はその提案に早急に応え，海南島のボアオをフォーラム事務局の地とすると立候補した。中国政府は東アジア近隣諸国に，自らが地域の中で建設的な役割を果たしているということを主張したかったし，さらに APEC があまりにアメリカ流新自由主義経済発展に支配されすぎているとみなしていた中国には，それに見合うだけの別の組織を作りたいという動機もあったのである。ボアオフォーラムでは 2001 年 2 月と 2002 年 4 月，2 つの会合が催され，地域への経済協力への参加，コミットメントを確認した。

APT の枠組みの中で，中国政府は特に貿易の分野で協力的なプロジェクトという面において積極的リードをとっていった。中国は中国—ASEAN が10 年以内に自由貿易圏を作る交渉を始めるという提案を行い，東南アジアにおける主導権を見せた。そのイニシアティヴは 2001 年にブルネイで行われた ASEAN サミットに伴なって行われた APT のリーダー会議において地域の著しい貿易促進のステップをとることが，公式に発表された。興味深いことに中国は，ASEAN 諸国が中国製品の関税を下げるように要求する前に，自国に入ってくる ASEAN 諸国からの商品に対しての関税を引き下げると提案した。さらに中国政府は，様々な方法で新たなイニシアティヴをとっていくとし，まず政府は企業に情報を提供し，東南アジアの政府と企業のビジネス面でのつながりを高めていくことを決めた。これは東南アジア市場や地域の投資状況に関するデータやニュースを提供したり，ASEAN—中国 FTA 会議を設け，その将来的可能性を探ったり，またベトナムとの貿易とそこへの投資を促進する特別なイニシアティヴをとる，といった方法で行うとしている。このような中国のイニシアティヴに関しては，ASEAN 諸国のビジネス界との協力を推進する中国—ASEAN 商工会議が 2001 年 11 月に設立されるなどの実績があり，将来においても中国と東南アジア諸国の非政府系のネットワークはより進められるであろうと考えられる。また中国政府は中国企業を奨励することを通じて「東南アジア意識」を発達させたいという目的を持っており，企業に東南アジアにもっと関心を向けるよう，そして ASEAN—中国 FTA がもたらす難題と可能性をできるかぎり調査するように期待している。ASEAN 高官たちは，「早期収穫」と自ら読んでいる最初の関税切り下げが早々に行われることを期待しており，ASEAN 側も中国側も国内政治の圧力にそれほど敏感に影響を受けない，しかも貿易価値の高い商品を選出して関税を切り下げようとしているのである (*Knight Ridder Tribune Business News* 2002)。

中国は，APT 地域における経済活動促進のためのプログラムにも大きく貢献してきた。もっとも顕著なものはメコン川開発協力計画であり，それはASEAN プロジェクトとして出発し，ASEAN 新加盟国内での協力を奨励しようとするものであった。中国の参加でメコン川流域のすべての諸国が集まり，川の開発を行うことによってその経済協力の改良を図ることが可能になった。その枠組みは APT プロセスにおいて要となるひとつの重要なプロジェクトであり，さらに中国はベトナムに4千万ドルを低利子で融資し，インドネシアに4億ドルを同じく低利子にて融資し，そして1億ドルの援助をビルマ / ミャンマーに提供した（*Asian Wall Street Journal* 2000a）。

だが，ここで重要なのは，もし中国が地域のリーダーシップを取るとしたら東アジアの他の政府はそれを喜んで受け入れる準備が整っているのだろうか，という点である。地域の新しい FTA に乗り遅れまいとして，日本の小泉純一郎首相は 2002 年4月のボアオフォーラムで日本は東アジア FTA を希望していると表明した。その目的は，APT のリーダー達が同じ年にカンボジアの代表と会う前までに，地域 FTA の青写真を固めておきたいということであった。願わくは FTA の設定期限を 2010 年とし，そのときまでにAPEC の先進国グループ内の貿易を完全に自由化することを目標とした。この提案を作る際に小泉首相は，東アジア地域が NAFTA や EU の競合となるくらい強い統合力を持つことの必要性を唱えた（Straits Times Interactive）。この点においては韓国の金大中大統領も同様のスピーチを行い，明らかに中国のイニシアティヴによって APT 地域が FTA 網に向かって前進するに至ったのである。

東南アジア諸国内には，中国の地域への関わりを貿易と投資の分野で増大させることによって中国の恐怖を「中国の可能性」に転換させることができるという見解がある（*Asian Wall Street Journal* 2000）。実際 7% 以上の成長率と経済ネットワークを持っている中国との関係を深めるということは，

ASEAN 諸国にとっては自国の経済の成長にも役立つであろうと考えても無理はない。例えば中国市場は，アメリカと日本に対して ASEAN 経済の信用性を高めるためにも重要であると考えられている（Hennock 2001）。確かに短期的に考えると，中国との貿易増大によって ASEAN の対アメリカ・対 EU の貿易の減少が生じている。2002 年 3 月までには対アメリカで 12%，EU 貿易は 18% 減少し，それに代わって ASEAN の対中国貿易は 9% 上昇している（Holland 2002）。加えて，ASEAN から中国への輸出は「2002 年度より 133 億ドル増加して，2005 年には 355 億ドルに達する」と予測されており（ASEAN Secretariat 2001, p. 20），これは中国の WTO 加入に伴なって各国の年間輸入高がさらに今後 10% は伸びるであろうことを意味している。

ASEAN 地域内の貿易を新しく秩序化していく中で，自由貿易協定（FTA）が中心的役割を果たしていることは既に議論された。ASEAN 事務局で行われている ASEAN・中国経済関係の研究によると，ASEAN・中国自由貿易圏は「17 億人の消費者，地域全体で約 2 兆ドルにも及ぶ GDP，そして 1 兆 23 億ドルの全体貿易を伴なう経済領域を形成」し，そしてそのような FTA は「ASEAN の対中国輸出を 48% 増大させ，中国の対 ASEAN 貿易輸出を 55.1% 増加させる（ASEAN Secretariat 2001: 30–1）」と考えられているのである。

しかし，FTA の成功を誰も彼もが楽観視しているわけではない。ASEAN 地域に安い中国製品が多く出まわるようになると，ASEAN で再び FDI を確保できるという保証はどこにもないという懸念があるのも事実である。実際 1990 年代初めに，アジアに対する FDI の約 3 分の 2 は ASEAN 加盟国に渡っており，アジア危機が起こってから 3 分の 2 以上が中国に渡っている（Ching: 2001）。新 FTA 案はただ単に投資家達の中国に地する神話を深めているに過ぎないかもしれないのだ。またある分析によると ASEAN は

将来起こりうる中国のバンキング危機の可能性に，自ら飛び込んでいるという恐れもあるという。また東南アジア諸国で地域化が進むということは，単に中国が東アジアにのさばるような事態を招いているだけであるという見解も多い。特に中国経済が伸びるにつれ，アメリカが NAFTA を支配しているように中国が FTA を支配し始めるのではないかという恐れが出てきている。エストラーダ前フィリピン大統領が述べた「私は中国がアジア全体を支配したいと考えていると思う」という言葉は，東南アジアに広がりつつある懸念を端的に表している。また，東南アジアに根深く残っている中国と海外の中華民族のネットワークに対する不信感や，ASEAN 加盟国間ですでに締結された，もしくは交渉中の 2 国間貿易協定が結果として ASEAN・中国自由貿易協定に対する障害となる可能性もあり，中国の主導権の先行きも順風満帆とはいかないだろうことが予想されている。

東アジアの経済地域は，アジア経済危機とその後の ASEAN プラス 3 プロセスによって変化してきた。この 2 つの出来事を通じて，日本が金融面，中国が貿易面での地域のリーダーとしての役割を担い，さらなる東アジアの地域化を促進してきたのである。その速度は，5 年前には考えられなかったスピードである。これらの国々によるリーダーシップがまだ完全には働いていないにせよ，将来この地域が統括され，EU や NAFTA に並ぶような地域となっていくことは確かであろう。その点で東アジアは現代のグローバル経済において，もっとも発展性の高い地域であると認識しうるのである。

結びに代えて

近年の地域主義の潮流は二つの枠組みにおいて理解することができる。ひとつはこれまでも研究されてきたような地域主義の一般的な枠組みが挙げら

れる。このようなアプローチは EU 等の経験を材料とし，ますます精緻化されつつある。いまひとつはより柔軟な姿勢を研究者に要求する。これは国内制度ばかりではなく，国際レベルの規範をも意識し，そのうえで各国が地域において緊密な関係を築く必要性に注目するものである。すなわち様々なルールや手続きを基調とした EU や NAFTA 方式とは異なり，各国の自律性や正当性を保ちつつも，その地域にふさわしい紛争解決の文化的パターンや地域アイデンティティを模索していくというアプローチである。すなわちこの局面で問題となるのは，現象そのもの(結果)よりも統合へのプロセス(過程)をどのように分析するかという理論枠組みの選択である。ここまでの議論を鑑みるならば従来のように分析が国家中心的であり，ルール中心的，また概念的に明確に定義されている前者のアプローチは EU や NAFTA のような地域には当てはまるものの東アジアの場合においては必ずしもこれらの枠組みが有効であるとは言い切れない。なぜならば我々が遭遇しているのは，1. 欧米の統合プロセスより柔軟であり，2. ルールや地域秩序の形成よりも地域ネットワーク形成，対話プロセスを重視するような東アジア地域の形成であるからである。これらは従来の理論枠組みが想定していないことである。また地域におけるリーダーシップの不在がむしろ各国からの様々なイニシアティブや提案を呼び，地域統合の原動力の一つとなっていることも既存の理論ではとらえにくい特色の一つであろう。このように現在の東アジア地域主義のなかでは参加するすべての国が地域のアジェンダに影響力を発揮する可能性を有しているのである。

訳: 中田麻美子
編訳: 山内勇人(中央大学大学院総合政策研究科博士後期課程)
　　　竹内雅俊(中央大学大学院法学研究科博士後期課程)

258　第Ⅲ部　アジアのリージョナリズム

参 考 文 献

Aarts, Paul. (1999) "The Middle East: eternally our of Step with History." In Kenneth P. Thomas and Mary Ann Tétreaut, eds., *Racing to Regionalize: Democracy, Capitalism, and Regional Political Economy*. Boulder, CO: Lynne Rienner, 201–210.

Acharya, Amitav. (1992) "Regionalism and Regime Security in the Third World: Comparing the Origins of the ASEAN and the GCC." In Brian L. Job, ed., *The Insecurity Dilemma - National Security of Third World States*. Boulder: Lynne Rienner: 143–166.

Acharya, Amitav. (1999) "Culture, Security, Multilateralis: The 'ASEAN Way' and Regional Order." In Keith R. Krause, *Culture and Security: Multilateralism, Arms Control, and Security Building*. London: Frank Cass: 55–84.

Acharya, Amitav and Sola Ogubanwo. (1998) "The nuclear weapon-free zones in South-East Asia and Africa," in Stockholm International Peace Research Institute, *Yesrbook 1998' Armaments, Disarmament, and International Security* / Oxford U.P. 443–456.

Ahmad, Reme (2002) "ASEAN Must latch on to China's Growth", *The Straits Times*, May 7, 2002.

Alagappa, Muthiah (1986) *US-ASEAN Cooperation: Limits and Possibilities*. Kuala Lumpur: Institute of Strategic and International Studies.

Alagappa, Muthiah. (1998) *Asian Security Practice' Material and Ideational Influences*. Stanford' Stanford University Press.

Almonte, Jose T. (1997-8) "Ensuring the 'ASEAN way.'" *Survival* 39, 4 (winter): 80.

ASEAN Centre (1996) *ASEAN-Japan Statistical Pocketbook*, Tokyo: ASEAN Centre.

ASEAN Secretariat (2001) "Forging Closer ASEAN-China Economic Relations in the Twenty-First Century", A Report Submitted by the ASEAN-China Expert Group on Economic Cooperation, October.

Asian Wall Street Journal (2002a) "Building a Bridge to Beijing, March 11.

Asian Wall Street Journal (2002a) "China After September July 11.

Ball, Desmond. (1993/94) "Arms and Affluence: Military Acquisitions in the Asia-Pacific Region," *International Security*, 18m 3: 78–112.

Barnett, Michael and F. Gregory Gause III. (1998) "Caravans in opposite directions: society, state, and th edevelopment of a community in the Gulf Cooperation Council." In Emanuel Adler and Michael Barnett, eds. *Security Communities,* Cambridge University Press: 161–197.

BBC Monitoring Asian Pacific, Political (2002) "China to open up 1.5 trillion-dollar trade market in five years", April 24.

BBC News: Asia-Pacific (2001) "New Economic Body in Asia" Tuesday 27 February, http://news.bbc.co.uk/hi/english/world/asia^pacific/newsid_1192000/1192182.stm

Beeson, Mark (1999) "Reshaping Regional Institutions: APEC and the IMF in East Asia", *The Pacific Review* 12 (No. 1), pp. 1–24.

Bowie, Alasdair and Danny Under (1997) *The Politics of Open Economies: Indonesia, Malaysia, the Philippines and Thailand.* Cambridge: Cambridge University Press.

Bowels, Paul (2002) "Asia's Post-Crisis Regionalism: Bringing the State Back In, Keeping the (United) States Out" *Review of International Political Economy* 9 (May): 230–56.

Burns, James MacGregor (1978) *Leadership.* New York: Harper and Row.

Buzan, Barry and Gerald Segal, Rethinking East Asian Security, *Survival* 36, 2 (Summer 1994): 3–22.

Cai, Kevin (2001) "Is a Free Trade Zone Emerging in Northeast Asia in the Wake of the Asian Financial Crisis ?" *Pacific Affairs* 74 (Spring)

Capie, David and Paul Evans. (2002) *The Asia-Pacific Security Lexicon.* Singapore, ISEAS.

Castells, Manuel (1996) *The Rise of the Network Society,* Oxford: Blackwell.

Chandra, Nyan (1990) "The External Environment for Southeast Asian Foreign Policy" in David Wurfel and Bruce Burton, eds., *The Political Economy of Foreign Policy in Southeast Asia.* London: Macmillan.

Ching Cheong (2001) "Can China Live up to Asia's Expectations ?" *The Straits Times Interactive,* November 5, http://straitstimes.asial.com.sg/columnist/0,1886,78–82132,00.html

Christensen, Thoman J. (2001) "China." In Richard J. Ellings and Aaron L. Friedberg, eds., *Strategic Asia 2001–02: Power and Purpose.* Seattle, Washington: The National Bureau of Asian Research.

Cooper, Andrew F., Kin Richard Nossal and Richard A. Higgott (1993)

Relocating Middle Powers: Australia and Canada in a Changing World Order. Vancouver: University of British Columbia Press.

Dieter, Heribert and Richard Higgott (2002) *Exporting Alternative Theories of Economic Regionalism: From Trade to Finance in Asian Cooperation. Centre for the Study of Globalisation and Regionalisation,* University of Warwick, Working Paper No. 89/02, January.

Dhume, Sadanand and Susan V. Lawrence (2002) "Buying Fast Into Southeast Asia", *Far Eastern Economic Review,* March 28, pp. 30–33.

Doornbos, Martin (2001) "'Good Governance': The Rise and Decline of a Policy Metaphor ?" *Journal of Development Studies* 37 No. 6 (August), pp. 93–108.

Drysdale, Peter. (1991) "Open Regionalism: A Key to East Asia's Economic Future." Pacific Economic Paper No. 197 *July (. Australia-Japan Research Center, Australian National University.

Emmerson, Donald K. (1996) "Indonesia, Malaysia, Singapore: A Regional security Core ?", in Richard J. Ellings and Sheldon W. Simon, eds., *Southeast Asian Security in the New Millenium.* Armonk: M.E. Sharpe.

Ferguson, Yale. (1984) "Cooperation in Latin America: The Politics of Regional Integration." In Elizabeth G. Ferris and Jennie K. Lincoln, eds., *The Dynamics of Latin American Foreign Policies: Challengers for the 1980s.* Boulder: Westview.: 37–56.

Funabashi, Yoichi. (1993) "The Asianization of Asia," *Foreign Affaits* 72, 5 (Nov./Dec.): 75–85.

Gallant, Nicole and Richard Stubbs, (1997) "APEC's Dilemmas; Institution-Building Around the Pacifict Rim", Pacifict Affairs 70 (Summer)

Garnaut, Ross. (1996) *Open Regionalism and Trade Liberalization* (Singapore: Institute of Southeast Asian Studies).

Gartzke, E., Q. Li, and C. Boehmer, "Investing in the Peace: Economic Interdependence and International Conflict," *International Organization* 55, 2 (Spring 2001), pp. 391–438.

Gershman John, (2000) In Focus: Asia Pacific Economic Cooperation, *Foreign Policy In Focus,* Tom Barry and Martha Honey eds., Volume 5, Number 39 (November 2000).

http://wwwc.cc.columbia.edu/sec/dic/ciao/pbei/fpif/gej01.html

Gibb, Cecil (1969) *Leadership*, ed. Harmondsworth, Middlesex: Penguin.
Gilpin, Rober (1981) *War and Change in World Politics*. New York: Cambridge University Press.
Haggard, Stephan. (1997) "Regionalism in Asia and the Americas" In Edward D. Mansfield and Helen V. Milner, eds. *The Political Economy of Regionalism*. NY: Columbia University Press: 20–49.
Harris, Stuart (1993) "The Economic Aspects of Pacific Security." *Adelphi Papers* 275. London: Institute for Sstrategic Studies.
Harris, Stuart. (1994) "The Policy Networks and Economic Cooperation: Policy Coordination in the Asia-Pacific."
Hatsune, Ryuhei. (1999) "Regionalism in East Asia and the Asia-Pacific." In Yoshinobu Yamamoto, ed. *Globalism, Regionalism, and Nationalism*. Malden, Mass: Blackwell: 105–125.
Hennock, Mary (2001) "East Asian Pact Trades Up" BBC Online News, http://news.bbc.co.uk/hi/english/business/newsid_1641000/1641613.stm
Higgott, Richard (1998) "The Asian Economic Crisis: A Study in the Politics of Resentment", New Political Economy 4 No. 1 (March)
Higgott, Richard. (1999) "The political economy of globalisation in East Asia: the salience of 'region building'". In Kris Olds, Peter Dicken, Philip F. Kelly, Lily Kong and Henry Wai-chung Yeung eds., *Globalisation and the Asia-Pacific: Contested territories*. New York: Routledge: pp. 91–106.
Higgott, Richard and Richard Stubbs (1995) "Competing Conceptions of Economic Regionalism: APEC versus EAEC in the Asia Pacific" *Review of International Political Economy* 2 (Summer), pp. 516–547.
Hirschman, Albert O. (1970) *Exit, Voice and Loyalty: Responses to Decline in Firms, Organizations, and States*. Berkeley, CA: U. of California Press.
Holland, Tom (2002) "External Risks, Internal Rewards" *Far Eastern Economic Review*, August 29.
Huxley, Tim and Susan Willett. (1999) *Arming East Asia*. Adelphi Paper 329. London: The International Institute for Strategic Studies.
Jayman, Jayantha (2002) "*Nichibei* vs. the Illegitimate Hegemony of Washington's Consensus': From Public Goods Failures in Eastern Asia to Capitalist Crisis", unpublished paper.
Jomo, K.S. (1998) *Tigers in Touble: Financial Governance, Liberalisation and*

Crises in East Asia, London: Zed Books.

Jones, David M. and Michael L. R. Smith. (2001) "Is There a Soveitology of South-East Asian Studies." *International Affairs* 77, 4 *October) pp. 843–863.

Kahler Miles. (2000) "Conclusion: The Causes and Consequences of Legalization." *International Organization* 54, 3. (Summer): 661–684.

Katz, Elihu (1973) "Patterns of Leadership" in Jeanne N. Knutson. Ed. *Handbook for Political Psychology.* San Francisco: Josey Bass.

Katzenstein, Peter J. and Takashi Shiraishi, eds., (1996) *Network Power: Japan and Asia.* Ithaca, New York: Cornell University Press.

Kennedy, Paul (1987) *The Rise and Fall of the Grear Powers: Economic Change and Military Conflict from 1500 to 2000.* New York: Random House.

Keohane, Robert O. (1984) *After Hegemony: Cooperation and Discord in the World Political Economy,* Princeton NJ: Princeton University Press.

Keohane, Robert O and Joseph S. Nye (1977) *Power and Interdependence: World politics in Transition.* Boston: Little Brown.

Kiely, Ray (1998) "Neo Liberalism Revised? A Critical Account of World Bank Concepts of Good Government and Market Friendly Intervention", *Capital and Class* 64 (Spring), pp. 63–88.

Knight Ridder Tribune Business New (2002) "ASEAN-China Tariff Cuts Likely Next Year", May 3.

Kurlantzick, Joshua (2001) "Is East Asia Integrating?" *The Washington Quarterly* 24 (Autumn), pp. 19–28.

Lawson, Fred H. (1999) "Theories of Integration in a New Context: The Gulf Cooperation Council." In Thomas and Tetreault: 7–32.

Lipson, Charles. (1991) "Why Are Some International Agreements Informal." *International Organization* 45, 4 (Autumn): 495–538.

MacIntyre, Andrew. (1994) "Power, Prosperity, and Patrimonialism: Business and Government in Indonesia," in his edited volume *Business and Investment in Industrializing Asia.* Ithaca: Cornell University Press.

Mack, Andrew and Pauline Kerr. (1994) "The Evolving Security Discourse in the Asia-Pacific," *The Washington Quarterly* 18, 1: 131.

Mahathir Mohamad, "Islam, Terrorism and Malaysia's Response" Asia Society Speeches, New York, February 4, 2002, www.asiasociety.org/speeches/mahathir.html, accessed December 3, 2002.

Mattli, Walter (1999) "Explaining Regional Integration Outcomes" *Journal of European Public Policy* 6 (1), pp. 1–27.
Meng Yan (2002) "Country Seeks Trade Partners" *China Daily*, May 21.
Nesadurai, Helen (2000) "Is Defence of National Economic Autonomy? Malaysia's response to the Financial Crisis", *The Pacific Review* 13 (No. 1).
Nye, Joseph S. Jr. (1990) *Bound to Lead: The Changing Nature of American Power* (New York: Basic Books).
Pasuk Phongpaichit and Chris Baker (1995) *Thailand: Economy and Politics*, Kuala Lumpur: Oxford University Press.
Pempel, T.J. (1998) *Regime Shift: Comparative Dynamics of the Japanese Political Economy*. Cornell University Press.
Ranney, Austin (1976) "'The Divine Science': Political Engineering in American Culture", *American Political Science Review* 70 (March).
Rapkin, David P. (1990) "Japan and World Leadership" in David P. Rapkin, ed., *World Leadership and Hegemony*. Boulder, CO: Lynne Rienner.
Ravenhill, John (2000) "APEC Adrift: Implications for Economic Regionalism in Asia and the Pacific", *The Pacific Review* 12 (2), 13, 2: 319–333.
Rix, Alan (1989–90) "Japan's foreign Aid Policy: A Capacity for Leadership?" *Pacific Affairs* 62 (Winter).
Robinson, Richard, mark Beeson, Kanishka Jayasuria and Hyuk-Raw Kim eds., (2000) *Politics and markets in the Wake of the Asian Crisis*, London: Rougledge.
Rose, Richard (1997) "The Complexities of Party Leadership" in Roy C. Maridis and Bernard E. Brown, eds., *Comparative Politics: Notes and Readings*. Homewood, IL: Dorsey.
Rosenbach, William E. and Robert L. Taylor (1989) *Contemporary Issues in Leadership* eds. Boulder, CO: Westview.
Ruggie, John G. (1998) "What Makes the World Hang Together? Neo-Utilitarianism and the Social Constructivist Challenge." In Peter J. Katzenstein, Robert O. Keohane, and Stephen D. Krasner, eds. *Exploration and Contestation in the Study of World Politics*. Cambridge: MIT Press: 215–246.
Sciolino, Elaine. (2002) "Taking a Rare Peek Inside the Royal House of Saud." *New York Times*, 28 January 2002: A4.
Simon, Sheldon. (2001) "Southeast Asia." In Richard J. Ellings and Aaron Friedberg, eds., *Strategic Asia 2001–02: Power and Purpose*. Seattle, Wash-

ington, The National Bureau of Asian Research: 269–298.
Solingen, Etel. (1998) *Regional Orders at Century's Dawn: Global and Domestic Influences on Grand Strategy*. Princeton University Press.
Solingen, Etel. (1999) "ASEAN, Quo Vadis? Domestic Coalitions and Regional Cooperation." *Contemporary Southeast Asia,* Nol. 21, No. 1 (April): 30–53.
Stogdill, Ralph M. (1974) *Handbook of Leadership: A Survey of Theory and Research*. New York: Free Press.
Straits Times Interactive (2002) "Fast Track to and Asian Free Trade Zone: Tokyo Hopes to Hammer a Draft Deal by November" April 14. http://straistimes.asial.com.sg/s...../0, 1887, 114099–1018821540, 00.html
Stubbs, Richard (2002) "ASEAN Plus Three: Emerging East Asian Regionalism" *Asian Survey* 42 (May/June)
Stubbs, Richard (2000) "ASEAN on to Liberalization: AFTA and the Politics of Regional Economic Cooperation" *The Pacific Review* 13 (No. 2)
World Bank (1989) *Sub-Sahara Africa: From Crisis to Sustainable Growth,* Washington: World Bank.
Webber, Douglass (2001) "Two Funerals and a Wedding?" The Ups and Downs of Regionalism in East Asia and the Asia Pacific After Crisis" *The Pacific Review*.
World Bank (1992) *Governance and Development,* Washington: World Bank.

第9章　アジア太平洋地域の環境ガバナンス

星　野　　　智

はじめに

　今日，グローバリゼーションは世界経済の相互依存性を深めただけでなく，地域的な統合も押し進めてきた。EU は通貨統合から政治統合へ向かいつつあるとともに，中東欧諸国に拡大しようとしている。NAFTA は，アメリカ，カナダ，メキシコのあいだの自由貿易協定であるが，中南米諸国への拡大を将来的な課題としている。また南米諸国では，アルゼンチン，ブラジル，パラグアイ，ウルグアイのあいだでメルコスール（南米共同市場）が形成されている[1]。

　他方，アジア地域では，アセアン諸国連合が地域統合を深めつつあり，2003年 10 月にパリで開催された第 9 回 ASEAN 首脳会議で署名された第 2 ASEAN 協和宣言には，アセアン共同体構想が具体化されている。ASEAN 共同体は，安全保障共同体，経済共同体，社会・文化共同体の三つの柱から成り，さらに ASEAN 地域フォーラムがアジア太平洋地域の安全保障を強化するための重要なフォーラムという位置づけがなされている。またアジア太平洋地域という広域的なリージョナルな枠組では，アジア太平洋経済協力会議（APEC）が形を整えつつある。

　これらのグローバリゼーションのなかのリージョナリゼーションというべ

き現象において，これらの地域的なガバナンスは，グローバリゼーションがもたらした経済危機や環境破壊といったマイナスの面を補完する機能を果たしてきた。EU は共通の環境政策の法的な枠組を条約のなかに制度化し，北米自由貿易協定は補完協定のなかで環境問題に対する取り組みを行っている。他方，東アジアにおいては，サブ・リージョンである東南アジアや北東アジアにおいて環境ガバナンスの枠組が形成されつつある。本稿では，アジア太平洋地域の環境ガバナンスの枠組であるアジア太平洋経済協力会議（APEC），アジア太平洋環境会議（エコ・アジア），そしてアジア太平洋環境フォーラム（APFED）を取り上げ，リージョナルな環境ガバナンスの可能性を探ってみたい。

1. APEC における環境問題への対応

APEC は 1989 年に当時のオーストラリアのホーク首相によってアジア太平洋地域の持続的な発展にもとづく開かれた地域経済協力のモデルとして提唱されたもので，同年 11 月に第 1 回の閣僚会合が開催された。発足当初は，ASEAN6 カ国（インドネシア，シンガポール，タイ，フィリピン，ブルネイ，マレーシア），ニュージーランド，オーストラリア，カナダ，アメリカ，韓国，日本の 12 カ国で構成されていたが，その後，中国や台湾が参加した。APEC は基本的には，アジア太平洋地域における貿易・投資の自由化と円滑化や経済・技術協力を柱として，開かれた地域協力，多角的自由貿易体制，アジア太平洋地域の多様性への配慮などを基本原則としている。また 1997 年のアジア経済危機や WTO への対応などグローバル化を視野に入れた活動を展開している。

分野別担当大臣会合は，貿易，財務，海洋，エネルギー，環境など 13 の分

野に分かれている。なかでも環境問題に関しては，APECにとっては付随的な問題という域を出ないとはいえ，貿易と環境，エネルギーと環境，アジア諸国の経済発展に伴う都市化や自然環境の破壊など多様な環境問題がグローバル化とともに生じてくるなかで，それへの対応を余儀なくされているといってよい。1994年にカナダのバンクーバーで開催された第1回の環境大臣会合では，「環境ビジョン声明」およびビジョンを実施するうえでの指針となる「原則の枠組」が採択された。

「環境ビジョン声明」は，環境問題をアジア太平洋地域における重要な政策課題や経済的な決定と統合するために，作業グループや政策委員会を活性化することを宣言した。また「原則の枠組」には以下の9つの項目が含まれていた。① 持続可能な開発，② 環境コストの内部化，③ 科学と研究，④ 技術移転，⑤ 予防的アプローチ，⑥ 貿易と環境，⑦ 環境教育と環境情報，⑧ 持続可能な開発のための資金，⑨ APECの役割である[2]。

会合では各国環境大臣の演説が行われたが，そこで共通していたテーマは以下の点に関する認識の一致であった。第一に，技術移転の重要性に関する認識，技術革新を促進するうえでの適切な規制の認識である。第二に，投資や共同事業を含めて私的部門の積極的な参加の重要性に関する認識である。第三に，クリーン・エネルギー生産とエネルギー技術が環境技術主導の重要な要素であるべきであるという認識である。第四は，環境技術の協力を改善するための重要な要素として，キャパシティ・ビルディングの制度的訓練や技術情報に関するセミナーや会議がもっている価値についての認識である。そして最後に，APEC加盟国の革新的技術に関する情報交換の手段を作り上げることの潜在的な重要性に関する認識である[3]。

この会合ではまた，環境政策の手段に関する議論も行われた。ニュージーランドの環境大臣は，環境政策の経済的手段の重要性を指摘し，環境税の収入が環境問題に対処するために指定されるべきかどうかに関する議論を提起

した。これに対して、タイの環境大臣は、APEC 諸国は先進国と途上国が異なった環境政策の手段を使うことを認めるべきであると主張した。例えば発展途上国の場合、経済的な手段の利用は適切なものではなく、環境基準が採用されるべきであるとした。また環境大臣のなかには、経済的な手段や環境基準の利用が不公平な競争や貿易を作り出すことに警戒感を示した。APEC は、先進国と途上国によって構成されているために、共通の環境政策の手段に関して議論することには困難が伴っていたといえる。

確かに、アジア太平洋の地域経済は貿易と投資の自由化を多国間で行うことで大いに活性化し、APEC 諸国も世界貿易の重要なプレーヤーとして、開かれたルールに基づいた多国間の貿易体制を維持し、さらに地域貿易やグローバルな貿易を拡大することに強い関心をもってきた。しかし他方では、経済活動を成功させ続けるためには、貿易と環境保護をいかにして両立させるのかということを避けて通ることはできないということも同時に認識していた。こうした認識に基づいて、第1回の環境大臣会合の翌年の1995年に大阪で開催された APEC の首脳会合では、アジア太平洋地域の人口増大と急速な経済成長が食料とエネルギーへの需要を高め、結果的に環境への負荷を生み出す点が確認された。大阪での経済首脳の行動宣言には次のように書かれている。

「アジア太平洋における広範な地域協力を促進し、コミュニティの精神を育むわれわれの意欲的な試みは、われわれの経済成長にもかかわらず、あるいは、経済成長の故に、多くの新たな挑戦に疑いなく直面し、新たな責任を負うこととなる。アジア太平洋地域における急増する人口及び急速な経済成長により、食料及エネルギーの需要並びに環境への負荷が急激に増大すると予想される。われわれは、この地域の経済的繁栄を持続可能なものとするため、長期的課題として、これらの相互に関連した広範な問題を取り上げることとし、共同作業に着手する方法について更に協議する必要性につき意見の

一致をみた。」[4]

　さらに1996年にマニラで開催された「持続可能な開発に関する大臣会合」では，持続可能な都市と都市管理，クリーン生産とクリーン・テクノロジー，海洋環境の持続可能性，持続可能な開発に向けての革新的アプローチなどについての行動計画に関する協議がなされた[5]。これに対応した形で，マニラで開催された閣僚会議では，海洋資源保全（MRC）に関して，海洋資源保全作業部会によって採択された「APEC内での海洋環境の持続性への取組みのための戦略」を承認した。閣僚会議は，「持続可能な開発に関する大臣会合」やAPECの持続可能な開発行動計画において承認されているように，海洋資源保全がAPEC地域内の海洋環境の維持可能性を飛躍的に改善するためのAPECの努力を発展させるうえで，指導的な役割を果たすという提言を尊重することに留意した。

　またマニラでの閣僚会議共同声明は，持続可能な開発に関して，貿易自由化，経済発展および環境保護の相互補完関係を際立たせる点に留意し，以下のように作業計画を示した。「閣僚は，それぞれのAPECフォーラムが宣言文や行動計画で定義されている持続可能な開発作業をどのように進めていくことができるのかという明確な方向性を与えるより具体的な勧告を行うため，持続可能な開発担当大臣会合を1997年にカナダで開催することを要求した。APECにおける分野横断的事項やAPECの目標及び目的における優先的検討事項として，閣僚はAPEC全体の行動計画の持続可能な開発に関する協力的な作業の機会を一層拡大するよう高級事務者に指示した。」[6]

　APECの第3回環境大臣会合は，1997年6月にカナダのトロントで開催された。そこでは，人類の繁栄と健全な環境を実現するための根本的な目的として持続可能な開発が掲げられ，持続可能な都市，海洋環境の持続可能性，環境にやさしい生産（クリーナープロダクション），環境と両立する持続可能な成長への取組み，経済成長及び人口増加の食料，エネルギー，及び環境に

対する影響などについて協議された。またこの会合では，FEEEP（食料，エネルギー，環境，経済成長，人口の相互に関係する長期的課題）への環境面からのインプットをどのように行っていくのかについて論議された。

持続可能な都市に関しては，APEC 域内に居住する人間の割合が 2015 年までの間に 20% 増加することから，都市生活の環境影響に対処することはすべての生活の質と福祉のための主要な目標であり，都市計画と開発のすべての様相は，人間を中心におき環境保護と社会経済的検討を考慮に入れたものでなければならないとしている。また海洋環境の持続性に関しては，海洋環境の共同的資源を保護し，APEC 域内の清浄な海洋に向けての進歩を遂げるように約束を遂行するとしている。またクリーナープロダクションの面については，アジア太平洋地域の工業分野の新たな投資は，より持続可能な産業開発を達成する柔軟な費用効果の高い環境管理技術を統合する機会を提供するとして，これによって工業セクターの環境にやさしい生産を促進するとしている。さらに 1997 年は 12 月に気候変動枠組条約第 3 回締約国会議が京都で開催されることになっていたこともあって，すべての APEC メンバーが気候変動の影響に対し意味のある取組みを進めることに合意し，COP3 の成功及び気候変動枠組条約の目標達成を支持するとした[7]。

さらに 1997 年 11 月にヴァンクーヴァーで開催された APEC 第 9 回閣僚会議では，首脳宣言「APEC 共同体の連携強化」が出されたが，このなかでは持続可能な開発の達成と気候変動に関する連携強化が示された。そのなかで持続可能性に関しては，以下のように明記され，急速な経済成長と人口増加と環境との関係が問題化されている。

「持続可能な開発の達成は，引き続き APEC のマンデートの核心である。衡平，貧困の軽減，及び生活の質は，中心的な検討事項であり，持続可能な開発の不可分の一部として取組みがなされなければならない。われわれは，われわれの作業計画のすべての分野にわたって，持続可能な開発を推進する

ことをコミットした。われわれは，受領した中間報告とともに，急速な経済成長及び人口増加の圧力の下での食料，エネルギー及び環境の関係についての多分野にわたるシンポジウムの成果を歓迎する。」[8]

また気候変動に関しても，首脳宣言ではAPEC加盟国がこの分野での連携強化を進めるべきであるという点が以下のように謳われている。

「われわれは，温室効果ガス排出に取り組む世界的規模での行動を加速することの重要性を認識する。われわれは，この問題は決定的に重要であり，共通に有しているが差異のある責任の原則に従い，国際社会による協調的努力を必要とすることを認識する。われわれは，国連気候変動枠組条約の目的を推進する上で，第三回締約国会合が成功を収めるようにわれわれの強い支持を強調する。われわれは，すべてのAPECメンバーがこの努力に対して重要な貢献を行うことができることに留意する。われわれはまた，エネルギー効率の向上が，気候変動に取り組む上で重要な役割を果たすことにつき意見の一致をみた。われわれは，温室効果ガス排出削減のため，有益な技術の開発及び普及の促進を含む，柔軟で費用対効果の高い協調的アプローチの重要性を確認する。われわれは，国連気候変動枠組条約の目的を推進する上で，持続可能な開発を促進するための開発途上メンバーの正当なニーズ，及び，この点に関し，有益な技術の入手可能性を向上することの重要性を認識する。」[9]

このように第9回APEC閣僚会議では，アジア太平洋地域の持続可能な開発と持続的な繁栄のためには，APECメンバーのあいだの連携強化が必要であることが「首脳宣言」という形でまとめられた。また経済面，環境面及び社会面の目標を満たすためにAPEC地域が必要としているインフラストラクチャーを整備し管理するためには，公的部門と民間部門とのパートナーシップが必要であることが強調された。

1998年11月には，第10回APEC閣僚会議がクアラルンプールで開催

されたが，そこでは環境上健全な成長が謳われている。「人口と経済成長が食料，エネルギー及び環境に与える影響に関する行動志向の報告を求めた首脳の要請に従い，閣僚は，調査機関の学際的ネットワークの構築を含む，食料，エネルギー及び環境分野における共同行動を概括した『1998年 FEEEP 報告』を歓迎し，承認した。」[10] そして 2000 年 11 月にブルネイのバンダル・スリ・ブガワンで開催された第 12 回 APEC 閣僚会議では，バイオテクノロジーの問題が取り上げられ，バイオテクノロジーが食料増産を通じた食料安全保障及び持続可能な農法の開発に貢献する大きな潜在的能力を持っていることを認識しつつ，バイオテクノロジー製品の導入と使用の際のリスク評価及びリスク管理に対して，透明でかつ科学的根拠に基づいたアプローチをとることの重要性を強調した。

このように，APEC は基本的にはアジア太平洋地域の持続可能な発展を目的に，貿易と投資の自由化と円滑化，経済・技術協力を大きな柱とした地域的ガバナンスの枠組であるが，他方ではエネルギーと環境の分野では，担当大臣会合が開催され，持続可能な開発と環境・エネルギー問題との整合化の作業を進めている。とりわけ近年，エネルギー分野での協力関係の促進と強化が進められ，環境大臣会合が APEC 発足以来 3 回しか開かれていないのに対して，エネルギー大臣会合は 2002 年 7 月のメキシコ会合を含めて 5 回開催されている。今後も，APEC においては環境・エネルギー面でのガバナンスが強められる傾向にある。

2. アジア・太平洋環境会議(エコアジア)と長期的環境保護ビジョン

アジア・太平洋環境会議は，1991 年に東京で開催された後，2003 年まで

に11回の会合が開かれている。エコアジアは，アジア太平洋地域諸国の環境担当大臣を含む政府関係者，国際機関，民間団体，学識経験者が参加し，環境保全に関する取組みを推進し，持続可能な開発を実現する目的で設立されたものである。1992年のリオでの地球サミットの前年に開催された第1回会合は，アジア太平洋地域から世界サミットに対するインプットを議論するために開催されたが，その後も，第2回が1993年の「エコアジア'93」，第3回が1994年の「エコアジア'94」というように，継続的に毎年（1992年を除く）開催されている。

　第9回会議は，2000年9月に，第4回アジア太平洋環境開発閣僚会議（MCED）とあわせて北九州で開催され，同会議には，アジア太平洋地域の23名の環境大臣を含む40カ国および17の国際機関が出席し，持続可能な開発に関する地球サミットの成功に向けた地域協力，および国連気候変動枠組条約第6回締約国会議の成功に向けという二つの部会に分かれて討議が行われた[11]。国連アジア・太平洋経済社会委員会（UNESCAP）が主催するアジア太平洋環境開発閣僚会議では，21世紀に向けたアジア太平洋地域における持続可能な開発の新たなパラダイムへの展望，2001–2005年環境上健全で持続可能な開発のための地域行動計画，クリーンな環境のための北九州イニシアティブに関する討議が行われた。

　なかでも，この会議で採択されたクリーンな環境のための北九州イニシアティブは，北九州市における環境問題への取組みと経験からアジア太平洋地域の主要都市における環境改善のために優先すべき目標や行動を明らかにし，環境保全に向けた取組みの強化やパートナーシップの拡大といった政策指針を提示したものである。ここで提案されているのは，ローカルイニシアティブの強化やパートナーシップの拡大，地方レベルでの環境管理能力の強化などを目的とした都市ネットワークの創設などで，また総合的な都市計画戦略，大気汚染改善，水質改善，衛生的な廃棄物処理およびごみ排出量の減少，職

員の能力形成を行動範囲として，定量的な指標を使って目標設定や事業のモニタリングを行うことである[12]。

2001年には第10回エコアジアが環境省の主催により東京で開催され，アジア太平洋地域を中心とする21カ国，12の国際機関等，総計約140名が参加した。この会議では，「アジア太平洋地域環境開発フォーラム」(APFED)の設立，「エコアジア長期展望プロジェクト第Ⅱ期」成果報告，持続可能な開発に関する世界サミット(ヨハネスブルクサミット)の準備，気候変動，エコアジアの今後の活動について討議された。これらのなかで，アジア太平洋環境開発フォーラムは，21世紀のアジア太平洋地域の経済や環境など幅広い問題を検討し，2005年には最終報告の取りまとめを予定している。

この会議では，「エコアジア長期展望プロジェクト第Ⅱ期報告書」が出された。この報告書は，エコアジアの第Ⅰ期(1993–1997)と第Ⅱ期(1998–2001)の成果がまとめられたものである。エコアジア長期展望プロジェクトは1993年に開始されたものであるが，アジア太平洋地域の発展のための基本概念として，環境意識(エコ・コンシャスネス)，環境連帯(エコ・パートナーシップ)，環境技術/環境投資(エコ・テクノロジー/エコ・インベストメント)，環境政策連携(エコ・ポリシー・リンケージ)の四つを提唱した[13]。プロジェクト第Ⅰ期では，これらの四つの基本概念の検討に重点が置かれ，プロジェクト第Ⅱ期では，これらの四つの基本概念を具体化することが検討された。この四つの基本概念のうちエコ・コンシャスネスに関しては，以下のように説明されている。

「第一の概念として提唱されたエコ・コンシャスネス(環境意識)は，持続可能な社会を構築するための基礎となる概念である。エコ・コンシャスネスとは，環境にやさしい人間の行動を促進するための環境に関する知識，信条，価値そして知恵の総体を意味する。エコ・コンシャスネスの促進，例えば，社会全体が持続可能な発展に対して共通の考え方や価値観をもつことは，政

府機関，企業，そして市民社会などが環境政策を検討する際の基礎となる。四つの基本概念は，どれも重要ではあるが，このエコ・コンシャスネスだけが，他の三つの概念と少し異なる。エコ・コンシャスネスが，ローカル(局地的)，地域(アジア・太平洋地域)，そして地球規模での環境問題を，人類共通の課題であると認識することを可能にする概念的手段であるのに対し，他の三つは，持続可能な社会を構築するための行動指針であると言える。」[14]

エコアジアは，アジア太平洋地域での地域協力の検討や，環境状況についての知識の共有，あるいは重要な環境課題についての効果的な対策を検討するための非公式の情報交換フォーラムであるが，エコアジアプロジェクトはさらにエコ・パートナーシップを基礎にして，地域の環境と開発に関する課題に共同で取り組むためのビジョンを提起している。報告書はエコ・パートナーシップについて以下のように説明している。

「エコ・パートナーシップは，各国政府，地方自治体，企業，NGO 間の協力の強化及び経験の共有を目指している。これらの活動は，社会的，制度的，あるいは国家間の枠組を越えて，パートナーシップを促進していくことが期待される。様々なレベルでの組織連帯の強化は，各々の組織に学習の機会を与え，共通問題を解決することを可能にする。さらに，この様な共同活動は，同時に経済的な効率も上げるだろう。

様々なパートナーシップのなかで，特に公的セクターと民間セクターの共同作業は，環境にやさしい社会の構築と持続可能な発展の実現に重要である。代表的なエコ・パートナーシップの例は，民間セクターが関わったインフラ開発である。特にアジアでの環境問題の大きな原因のひとつは，適切なインフラが整備されていないことである。インフラには，上下水道，公共交通などの設備が含まれ，世界銀行は，1995 年から 2004 年の間に行われる東アジアでのインフラ開発に約 1.3 兆から 1.5 兆ドルの資金を必要としていると推測している。インフラ開発は，公的セクターの仕事とされているが，民間セ

クターとの協力による多くの利点，例えば経済成長に伴う民間資本の流動化や，民間セクターのノウハウを使ったインフラの建設や操業における効果性の改善がある。」[15]

　第三の基本概念であるエコ・テクノロジー / エコ・インベストメントは，経済成長と環境保全を調和させるために必要な環境適正技術の開発およびそのための投資を意味している。アジア太平洋地域の持続可能な発展を実現するためには，エネルギー，淡水，森林などの資源の持続可能な利用が重要である。適正技術はその際の経済コストや環境コストを最小化するうえで不可欠な要素となる。

　「例えば，水資源管理の適正技術としては，分散型の供給システムや，雨水の収集・貯蔵池及びその周辺の森林管理についての知識などがあげられる。発展途上国での持続可能なエネルギー供給のためには，バイオマス，風，太陽エネルギーなどの再生可能資源を利用するための，適切な技術を促進する必要がある。特に重点的に，新規もしくは追加的投資が必要とされているのは，エネルギー効率の良い公共交通システムを含む，省エネ及びエネルギー効率改善のための技術分野である。」[16]

　そして第四の基本概念であるエコ・ポリシー・リンケージは，国内，地域，そして地球規模での環境政策の連携を発展させていくことである。この概念の根底にあるのは，ローカルな環境問題と地球規模の環境問題に同時に対処するための全体的なアプローチの重要性である。アジア太平洋地域では，気候変動などの地球環境問題の重要性に関してはあまり注目されていないのが現状であるが，ローカルなレベルでの環境向上の施策が地球規模での環境改善につながることはいうまでもない。したがって，ローカルな政策とグローバルな政策のリンケージが環境政策のマクロ的なアプローチの基礎となる。

　「例えば，エネルギー効率の改善は，局地的な大気質を改善するだけでなく，温室効果ガスのひとつである二酸化炭素排出の減少につながる。地球規

模の環境問題と局所的な環境問題，さらには地方の経済発展の課題に対処する新しいアプローチが，効果的な環境政策の改革と政策目標の統合によって見出されていくべきである。エコ・ポリシー・リンケージは，アジア太平洋地域の多くの国及び地域に，政策効率の向上と局所的な環境問題に向けられる資金と技術の新しい流れを生み出す機会を提供する。地域，そして世界において持続可能な発展に向かうには，国内または地域的な戦略的行動計画の立案と実施や，気候変動問題におけるクリーン開発メカニズム（CDM）の念入りな計画が必要である。」[17]

さて，エコアジア長期展望プロジェクトの報告書は，アジア太平洋地域の将来的な展望として4つのシナリオを描いている。この4つのシナリオは，国立環境研究所がアジア太平洋地域のいくつかの研究所と共同で開発したアジア太平洋統合モデル（AIM）のなかで提起されたシナリオに関してエコアジア長期展望プロジェクトが検討を加えたものである[18]。それらは，① 経済発展重視シナリオ，② 環境対策導入経済発展シナリオ，③ 悲観的成長シナリオ，④ 環境保全重視シナリオである。

経済発展重視シナリオは，急激な経済発展，今世紀半ばで最大となりそして減少する世界人口，そして新しくまたより効率的な技術の急激な採用によっておきる将来像を描いている。このシナリオでは，発展途上国の経済成長はめざましく，南北の格差が急速に縮まる。環境対策導入シナリオは，経済発展重視シナリオの変形であるが，市場経済による資源の最適配分と右肩上がりの経済成長に依拠している。非観的成長シナリオは，一人当たりの経済成長と技術変化には時間がかかり，地域間の格差も拡大すると考えられる。最後の環境保全重視シナリオは，「ポスト大量消費社会の価値やライフスタイルによって支配される世界を描き，経済，社会，環境持続可能性についての地方レベルでの問題解決に重点が置かれている。」[19]

このシナリオでアジア太平洋地域の将来展望をみると，例えば，エネル

ギー消費に関してみると，経済発展重視シナリオでは，2032年までに2.4倍に増え，環境対策導入シナリオでは1.8倍に増えると予測される。また水利用に関しては，すべてのシナリオにおいて途上国の水利用が増加すると予測されているのに対して，OECD諸国の水利用量は，悲観的成長シナリオ以外では減少すると予測されている。アジア太平洋地域では，途上国の占める割合が大きく，例えば京都議定書の温室効果ガスの削減義務を負っていない国が多い。しかし，将来的には途上国も温暖化防止のレジームに入らざるをえない状況が生まれてくると，経済発展シナリオは将来的に時間的限界に至る可能性もある。いずれにせよアジア太平洋地域では，エネルギーや水といった資源は，経済発展と人口増加とともに，不足していくことが予測され，その意味からも環境エネルギーのガバナンスとレジームの強化が迫られている。

ところで，第11回アジア・太平洋環境会議（エコアジア2003）は，環境省主催で神奈川県において開催された。議長サマリーにあるように[20]，本会議の目的は，アジア・太平洋会議を，持続可能な開発に関するアジア太平洋地域の閣僚レベルでの意見発信の場の一つとして位置づけ，ヨハネスブルクサミット後の持続可能な開発に関する本地域の取組みを評価するとともに，今後の地域協力の方向性について討議することであった。

循環型社会実現の取組みに関しては，第一に環境政策を経済政策及び社会政策へ統合していくこと，第二に循環型社会の構築のために，森林保全及び水を含む天然資源管理，廃棄物・リサイクル，並びに越境環境問題に関する施策の着実な実施を図っていくこと，第三にアジア太平洋地域及び地球規模での，各主体によるパートナーシップ及び参加の促進，並びに協力の推進，特に能力開発，人材開発及び資金面における協力を推進すること，これらの点が確認された。

またヨハネスブルクサミットの実施計画のアジア太平洋地域での具体的実

施に関しては，以下の点が議論されその重要性が確認された。第一に，グッドガバナンスを推進すること，第二に，実施計画に基づき，地域及び準地域（サブリージョン）レベルでの各主体のパートナーシップによる具体的な行動及び多様な主体に対する能力開発を推進すること，第三に，地域及び準地域における経験及び情報の交換を進めていくこと，第四に，貧困の解決は持続可能な開発の実現のために必要不可欠であり，アジア太平洋地域でこれに取り組むこと，第五に，すべてのレベル及びすべての主体における持続可能な開発のための教育を推進すること，第六に，第3回世界水フォーラム，第3回島サミット及び持続可能な交通に関する名古屋会議のフォローアップを行うこと，第七に，AFPEDの活動及びタイプ2イニシアティブに盛り込まれた三つのコミットメントを実施すること。

これらの項目のなかで，アジア太平洋環境開発フォーラム（AFPED）については，エコアジア2001での設置以降の取組み状況と，ヨハネスブルクでの持続可能な開発に関する世界首脳会議（WSSD）への提言及びタイプ2イニシアティブの実施を含む今後の計画の報告がなされた。ヨハネスブルクサミットでは，アジェンダ21の実施を促進するための取り組みについての合意文書であるヨハネスブルク実施計画が採択されたが，同時にタイプ2イニシアティブとよばれる約束文書も採択された。約束文書は，各国や関係主体が自主的かつ具体的なイニシアティブの提案を行うものであり，国家間の合意を必要としないものである。

タイプ2イニシアティブの特徴は，立案と実施において経済・社会・環境という持続可能な開発の三つの要素が統合される統合的アプローチをとっていることと，その範囲が地域的及び準地域そしてグローバルな場面に広がっていることである。この約束文書は国家間の合意文書に比べて緩やかなソフト・ロー的な性格をもつとはいえ，合意された内容でないために拘束力の点で弱い面がある。しかし，その実施に関しては，エコアジアのような地域的

ガバナンスの機関が実施状況をモニタリングするなど説明責任が伴うものであるため，国家間の合意が"希少資源"である状況においては，このようなタイプ2イニシアティブのような枠組も重要な意味をもってくるだろう。

3. アジア太平洋環境開発フォーラム（APFED）の取組み

2001年10月に開催されたアジア太平洋環境会議(エコアジア2001)において，アジア太平洋環境開発フォーラム（APFED）の設立が承認された。このフォーラムは，アジア太平洋地域の持続可能な発展のモデルを提示することを目的としたもので，第1回実質会合は2002年1月に，タイのバンコクで開催された。会議では，ヨハネスブルクサミットに対する提言に盛り込む内容，特に重要な課題として，①淡水資源，②再生可能なエネルギー，③貿易，④資金の四つのテーマに関して討議用ペーパーを基に議論が行われた。そして，そこで出された意見を踏まえてフォーラム事務局(地球環境戦略機関)が提言案を作成することになった[21]。

第1回会合で議論された内容を討議用ペーパーに即してみると，まず，①淡水資源に関しては，世界各地で深刻化している水不足はアジア太平洋地域でも例外ではなく，この有限で脆弱な水資源の集中的な利用と乱用が続けば，淡水資源や土地資源を劣化させることになり，結果的に水ストレスをより増大させるという危機感が示されている。討議の焦点は，水問題を貧困削減と関連づけること，ガバナンスを実践すること，水管理を促進すること，水に関する係争が増加すること，水貿易といった新たな問題の表面化などに関するものであった。

②再生可能なエネルギーに関しては，地球人口の55%が集中しているアジア太平洋地域は，今世紀中に世界経済を席巻し，経済成長に伴ってエネル

ギー需要も増加する。したがって，増加するエネルギー需要に対応し，炭素排出抑制を達成するためには，再生可能なエネルギーの利用促進が1つの解決策である点が指摘されている。③貿易に関しては，アジア太平洋地域では，将来的に貿易の自由化が拡大するなかで，貿易及び貿易政策の環境に対する影響，環境上適正な技術の促進が重要な課題となる。そして④資金に関しては，アジア太平洋地域の持続可能な開発のための資金として，公的資金だけではなく民間資本を振り向けることが課題となるとされた。新たな資金メカニズムとしては，クリーン開発メカニズムが重要な資金源となる可能性，地球環境ファシリティ（GEF）の地域版を設立することが提起された。

　この第1回の会合での討議を受けて，アジア太平洋環境開発フォーラムはヨハネスブルクサミットへの提言書を作成した。そこでは，APFEDのメンバーは，アジア太平洋地域が直面する環境と開発に関する課題として，淡水資源，再生可能エネルギー，貿易，資金及び都市化の五つを提起し，以下のように提言している。

　「我々は持続可能性を追求するにあたり，貧困削減がこれら課題の中心になっていると確信している旨を表明する。また我々は，世界の生産と消費の様式を根本から変えることが，持続可能性を達成するために必須であると信じる。さらに，我々は，良きガバナンスと能力開発が持続可能な開発への挑戦を成功させる要であり，横断的な関心事であると信じる。持続可能な開発を実現するためには，具体的かつ明確な目標を設けた行動がとられなければならない。」[22]

　個別の主要な課題についてみると，まず淡水資源に関する提言では，総合的な水政策とその効果的な実施メカニズムを国及び地方レベル双方で立案すること，流域レベル及び地下水系での総合的なモニタリングと評価を促進すること，そして紛争を回避するために共有水域に係わる協力メカニズムを構築することが提起されている。この提言では，水政策においては地域コミュ

ニティ，特に女性や貧困層が参加する必要がある点，また紛争回避のための合意に関しても，すべての関係者，特に女性と貧困層のニーズを認識する点が示されている。

　再生可能エネルギーに関する提言では，コミュニティにおいて再生可能エネルギー・システムとサービスの利用を促進すること，適切な再生可能エネルギー関連機器とサービスを地域の状況に合った方法で最大限に活用することが提起された。ここでは，コミュニティにおいて再生可能エネルギーとサービスを利用するという前提で，地域の状況に見合った，バイオマス，太陽光，風力，小規模水力と地熱のような再生可能エネルギーを最大限活用することが強調されている。貿易に関しては，両者に関する政策分析と政策実施に係わる能力を開発すること，環境上適正な技術の利用を促進すること，貿易を持続可能な開発のための手段となるようにすることなどが提言されている。

　資金に関しては，政府開発援助と国内の資金を最大限活用すること，持続可能な開発への民間資本の寄与を増大させること，既存及び国際的な資金メカニズムの効果が十分に発揮できるようにすることの提言が示された。具体的な点で新しい提言は，民間資本の活用，地球環境ファシリティ（GEF）の増額に加えて新たな地域環境ファシリティの設置が提言されていること，そして持続可能な開発に悪影響を与える経済活動に対しグローバル税をかけるような世界的資金メカニズムの導入に向けての取組みを行うということである。

　また横断的な問題に関する提言では，良きガバナンスと能力開発が大きな柱として提起されており，前者は国内外のパートナーシップの創造とその最適化にかかわり，後者は国及び地方レベル双方において組織面と人的資源に関する統合的で体系的な能力開発に着手する必要性を謳っている。最後に，APFEDは以上のような提言実現のために，それぞれの立場で可能な行動を

とり，ヨハネスブルクサミットの約束文書に含まれるように，2004年までに政策提言を含む最終報告書を作成するとしている。

さて，アジア太平洋環境開発フォーラム第2回の実質会合は，2002年5月にインドネシアのジャカルタで開催された。この会議では，同年8月に南アフリカのヨハネスブルクで開催された世界サミット（WSSD）に対する提言とAPFEDとしての取組みの約束が合意された。APFEDのメッセージには，上述したように，持続可能な開発の実現のために特に重要な課題である淡水資源，再生可能エネルギー，貿易，資金及び都市化に関する提言の他，横断的なテーマとして良きガバナンス及び能力開発に関する提言が含まれている。

2003年1月には，アジア太平洋環境開発フォーラムの第3回実質会合が中国の桂林で開催された。前回の会議では，WSSDに向けたAPFEDの提言がまとめられたが，第3回実質会合の目的の一つは，最終報告書の内容と構成がどのようになるかについてAPFEDのメンバーが決定を行うことにあった[23]。

そして2003年8月に第4回実質会合がモンゴルのウランバートルで開催された。この会議では，APFEDの最終報告書について，盛り込むべき内容，果たすべき役割，編集の仕方についての検討が行われ，2004年5月の第5回会合までに実務的な会合を開催し，第1次草案を作成することになった。またこの会合では，最終報告書ゼロドラフトが準備された。これは最終報告書のメッセージ部分の土台となるものであり，提言項目は，環境ガバナンスの変化，革新的な環境ファイナンス，貿易と環境，能力開発，環境情報，環境技術，民間企業への支援，NGOへの支援，地方自治体の役割，中央政府の役割，国際機関の役割，多国間協議，環境ショーケース，淡水資源，再生可能エネルギー，都市化及び土地利用管理というように，多岐にわたっている[24]。

おわりに

　アジア太平洋地域といっても，地理的には南アジア，東南アジア，北東アジア，中央アジアおよび太平洋地域と広範囲にわたっている。しかし，これらの準地域(サブリージョン)では，それぞれ地域の環境ガバナンスの枠組が形成されつつある。南アジアでは，SACEP(南アジア環境協力事業)，東南アジアでは ASEAN 環境上級管理会合（ASOEN），北東アジアでは NEASPEC（北東アジア地域環境協力プログラム）という環境ガバナンスの枠組が形成されており，中央アジアではアラル海やカスピ海の環境問題への対応が進められている[25]。今後は，アジア太平洋地域全体の環境ガバナンスの枠組の形成が進展するであろう。

　これまでみてきたように，アジア太平洋地域には，APEC，エコアジア，アジア太平洋環境開発フォーラムといったリージョナルな環境ガバナンスが形成されてきている。今後も，これらのリージョナルな環境ガバナンスの枠組は，グローバルな環境ガバナンスの枠組を補完するものとして重要な役割を果たすものと考えられる。しかし，アジア太平洋地域には，将来的に人口増加による食料不足，地球温暖化による気候変動のさまざまな影響，漁業資源の不足とそれをめぐる紛争の可能性，スプラトニー諸島など資源と領土をめぐる紛争など，環境安全保障上の多くの問題が横たわっている[26]。したがって，今後は，アジア太平洋地域のガバナンスの枠組を考えるうえで，環境問題を安全保障の問題と絡めて人間の安全保障の視点から捉える視点が重要となろう。

1) S. A. Schirm, *Globalization and the New Regionalism*, Polity Press, 2002, p. 104.

アジア太平洋地域の環境ガバナンス　285

2) APEC Secretariat, *Survey on Trade-Related Environmental Measures and Environment-Related Trade Measures in APEC*, Wellington, 1999, p. 39.
3) APEC *Meeting of Ministries Responsible for the Environment, Summary Report,* in: http://www.apecsec.org.sg./virtualib/minismtg/mtgenv94.htm
4) 外務省編『外交青書』39号, 1996年, 246頁。
5) APEC 1st Sustainable Development Ministerial Meeting-Declaration, 1996, http://apecsec.org.sg/virtualib/mtgsdv96.html
6) 第8回 APEC 閣僚会議共同声明, http://www.mofa.go.jp/mofaj/gaiko/apec/, 尚, 訳は東京大学東洋文化研究所 田中明彦研究室「戦後日本政治・外交データベース」を参照した。
7) APEC 持続可能な開発に係る環境大臣会合「共同声明」(http://www.env.go.jp/press/file_view.php3?serial=47&hou_id=72)
8) 第9回 APEC 首脳宣言「APEC 共同体の連携強化」(外務省編『外交青書』第41号, 350頁)
9) 同書, 351頁。
10) 第10回 APEC 閣僚会議共同声明(外務省編『外交青書』42号, 335頁)
11) 日中韓三カ国環境大臣会合「プレグレスレポート」(http://www.env.go.jp/earth/coop/temm/temm3/PR4Temm3J.html)
12) 「クリーンな環境のための北九州イニシアティブ」では, 北九州市の経験とアジア太平洋地域の開発途上国の環境保護との関係は以下のように書かれている。「アジア・太平洋地域の開発途上国は経済成長と環境保護における複合的課題に直面している。また, 新たな産業面での課題にも直面している。各国は, 既に多くの都市部で深刻である大気汚染や水質汚濁の制御, 環境上の損害の軽減, 新たな環境技術の開発, 環境効率の改善を通じクリーンな産業発展を成し遂げなければならない。地方自治体は都市自治体も含め, 環境汚染の軽減や環境改善のための修復対策の実施において積極的な役割を果たすことができる。というのは, 多くの場合, 地方自治体は土地利用, 交通, 建築, 廃棄物管理そしてしばしばエネルギー供給と管理に関して権限を有するためである。」(http://www.env.go.jp/houdou/hgazou/1392/33.pdf)
13) エコアジア長期展望プロジェクト第II期報告書『持続可能なアジア太平洋地域を目指して』(エコアジアのホームページ http://ecoasia.org), 尚, この報告書に関しては, 政策立案者向け要約版を参照した。
14) 同上, 2頁。
15) 同上, 3頁。

286　第Ⅲ部　アジアのリージョナリズム

16) 同上，4頁．
17) 同上，4頁．
18) アジア太平洋統合モデルは，大規模コンピュータ・シミュレーションモデルであるが，これに関しては，Asian-Pacific Integrated Model, http://www.nies.go.jp/social/aim/を参照．
19) 前掲エコアジア長期展望プロジェクト第Ⅱ期報告書，6頁．
20) 第11回アジア・太平洋環境会議(エコアジア2003)議長サマリー (http://www.env.go.jp/press/file_view.php3?serial=4656&hou_id=4155)
21) アジア太平洋環境開発フォーラム第1回会合，専門家会合議長サマリー及び討議用ペーパーに関しては，http://www.env.go.jp/council/06earth/y060-05/mat02-1.pdf を参照．
22) アジア太平洋環境開発フォーラム（APFED）「持続可能な開発に関する世界首脳会議へのメッセージ」(http://www.iges.or.jp/apfed-message/apfed_i.html)
23) APFEDの第3回実質会合での最終報告書に関する選択肢と考え方については，詳しくは，http://www.iges.or.jp/Itp/pdf/APFED3_J.pdf を参照されたい．
24) APFEDレポートのゼロドラフトについては，http://www.iges.or.jp/jp/Itp/activity_apfed.html を参照．
25) 前掲APFEDゼロドラフト，3-4頁参照．
26) この点に関しては，A. Dupont, *The Environment and Security in Pacific Asia*, Oxford University Press, 1998 を参照されたい．

第 IV 部

文化：接触・対立・融合・共存

第10章 グローバリゼーションと企業内文化摩擦
―― 日系企業における「文化的媒介者」の存在を中心に ――

園 田 茂 人

はじめに

　東アジアのグローバリゼーションを考える際，企業というアクターを抜きに語ることはできない。多くのグローバリゼーション研究が指摘するように，企業，とりわけ多国籍企業は，政治的，経済的，文化的なパワーをもち，時に世界の生産地と消費地を結びつけるコネクターとして，時にローカルな文化を抑圧し，世界的な不平等を生み出す装置として認知されている（Cohen & Kennedy 2000＝2003, pp. 162-4）。

　確かに，こうしたマクロな視点も重要であるが，他方で，企業の海外進出を考える上で重要になってくるのが，企業のもつ「第二の社会化」の機能である。「社会化」とは，社会がもつ価値をその成員となる者に教育・訓練やしつけを通じて内面化してゆくプロセスをいうが，家庭や地域社会が第一の社会化の担い手であるとすると，企業は第二の社会化の担い手となる。

　G・ホフステッドは，多くの国で展開する多国籍企業で働く従業員を対象にした質問票調査の結果から，働く人たちの行動原則を背後で規制するローカル文化のあり方について比較社会学的研究を積み上げてきた（Hofstede

1980=1984)。また，H・ホームズらは，タイのビジネス文化を詳述した上で，企業内でタイ人と働く場合に必要なプロトコルについて指摘している（Holmes, et.al. 1995=2000）。このように，海外進出を果たした企業が現地のローカルな文化と接触する中で，独自の適応をしなければならないとする議論・研究は少なくない。

他方で，多国籍企業のもつ企業文化が進出先のローカル文化のあり方を変え，とりわけ現地従業員の考え方や価値観を変化させているという力学も存在している。進出先には存在していなかった価値観や行動原則を，企業が教育・訓練やしつけ，研修を通じて従業員に伝えてゆく現象は日常的に観察することができる（園田 1997）。

グローバリゼーションの進展とともに，人と人が国境を越えて接触する場面が増えている。日常的な文化摩擦をどのように克服し，どのような相互理解を成り立たせているか。企業は，異文化，異民族間の相互理解，価値共有の実験場となっており，そこに社会学的探究が生じる理由がある。

1. アジアと日系企業——歴史への問い

実際，戦後の日本とアジアの経済的関係を概観してみると，貿易から直接投資へといった大きな潮流が存在しており，企業を通じた人と人の結びつきが強化されつつある傾向を見て取ることができる。

小林英夫（2001）によれば，日本の植民地支配をめぐる対応（賠償問題や歴史問題）が1960年代までの日本とアジアの通商関係を支配していたのが，1972年の急激な円高によって，これが直接投資を中心とした関係へと転換していった。そして，「市場の防衛を中心にした小規模な合弁形態」が中心であったのが，徐々に大規模化することで日系企業との摩擦・軋轢が生じるよ

うになったという。事実，1974年1月，当時の首相・田中角栄が東南アジア諸国を訪問した際，一行を待ち受けていたのは学生デモであり，反日暴動であった。「日貨排斥」という言葉がリアリティをもっていた時代の産物である。

ところが1985年のプラザ合意以降，日系企業は積極的にアジア進出を行うものの，進出先で反日暴動が起こったという話は伝わってこない。韓国・馬山に進出した企業が「ファックス一枚で現地従業員全員を解雇した」というので現地メディアの批判の対象とされたり（1989年），中国・広東省に進出した企業で集団サボタージュが行われたりと（1993年），日系企業をめぐるトラブルが消えたわけではない。また，2001年にインドネシアの味の素が，イスラム教が禁じている「ハラール」にあたる成分を利用したとして告発されるなど，文化摩擦に起因する事件も生じている。しかし，これらが日系企業排斥運動に繋がってはいないし，現在でもアジア各地が日系企業を競って誘致しているのが現状だ。

では，アジア各地に進出した日系企業は，文化摩擦から自由になってしまったのだろうか？ アジアに軸足を移した日系企業は，現地で文化摩擦と無縁の経営を行っているのだろうか？

2. 中国人従業員の日系企業評価に見る文化摩擦

答えは明らかにノーである。過去であれ現在であれ，アジア地域に進出した日系企業はさまざまな文化摩擦——正確に言えば，文化の違いに起因する企業運営や組織経営をめぐる対立やトラブル——を抱えている。

具体的なケースを例に，考えてみよう（園田 2003a）。

筆者の指導学生の1人である中国人留学生が2001年の3月から4月にか

けて，北京の日系企業で働く女性の大卒ホワイトカラー18名を対象にインタビュー調査を，また2003年3月にそのフォローアップ調査を，それぞれ行ったところ，調査協力者は総じて日系企業に強い不満をもち，転職してしまうケースが少なくなかったという(呉 2004)。

　第一に，彼女らは日本人上司に信頼されていないと感じている。女性のみならず，男性も，自分たちなりに工夫して仕事を進めたいと思っていながらも，日本人上司から十分に仕事を与えられていないと感じ，フラストレーションがたまっている。

　第二に，仕事を積極的にやろうとやるまいと，待遇に大きな差が生じないと感じている。新しい顧客を開拓してきたからといって昇進することもなければ，真剣に働かなくても厳しい制裁は課せられない。要するに，考課のメリハリが足りないというわけである。

　第三に，第二の点とも絡むが，日系企業では結局日本人駐在員が最終的な権限者として存在しているから，どんなに努力してもトップになれないと感じている。そのため，留学や転職など企業から出ることで，キャリアアップしようと考えているという。

　大学在学中に日本語を勉強し，一般の中国人以上に日本のことを理解しているはずの女性従業員が，これほどまでに日系企業に強い不満を抱いているのは，文化摩擦の産物以外の何ものでもない。

　実際，われわれが行った調査からも，少々ショッキングな結果が得られている。

　図10・1は，2001年に中国・江蘇省の蘇州に位置する日系企業，韓国系企業，台湾系企業で働く現地人マネジャーを対象に行った調査の結果を示したものであるが，日系企業で働く現地人マネジャーの4分の3は日系企業以外(そのほとんどは欧米系企業)を理想の就職先と回答しており，韓国系や台湾系の企業以上に自社以外の企業で働きたいと感じている現実を示している。

グローバリゼーションと企業内文化摩擦　293

図 10·1　台湾系・日系・韓国系企業で働く現地人マネジャーが見た理想の職場

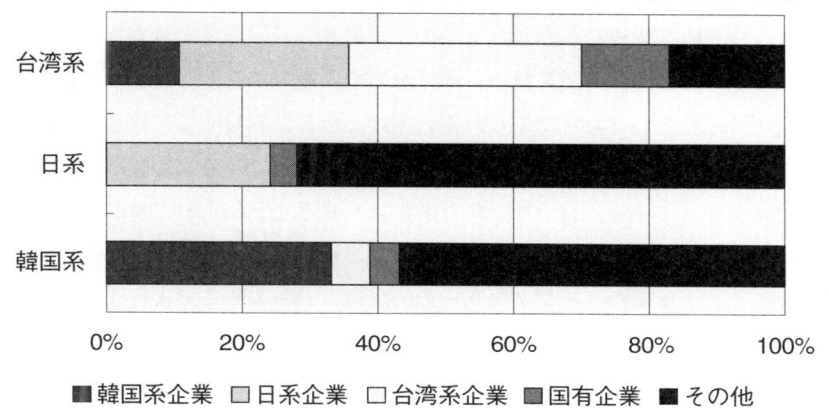

■韓国系企業　□日系企業　□台湾系企業　■国有企業　■その他

3. 台湾における強い独立意識

　日本からの情報が溢れ，親日的感情が強いと言われる台湾にも，同種の問題が存在している。

　2000年の夏，日台交流センターの交換プログラムを利用して，台湾の日系企業で働く台湾人マネジャーを対象にインタビュー調査を行ったのだが，中でも勤続29年で現地従業員のトップである副社長となった人物を対象に行ったインタビューは印象的だった。

　日本語ができ，日本人駐在員からの信望も厚いこの人物は，筆者の質問に対して「仕方なくこの企業に残ったのであって，日系企業に残ったのは本意ではない」とみずからの胸のうちを明かしてくれた。

　日本の植民地統治下で育った父親は大の日本びいきで，日系企業に勤めることを自分に強く勧めた。たまたま早い時期に台湾に進出してきたため現在の企業で勤めるようになったものの，チャンスを掴むのがうまい同僚たちは

さっさと独立し，老板(ラオバン)(独立自営)になっている。現地従業員が出世しても，日本人社長の補佐役にしかなれないので，勤務し続けることは本意ではないどころか，周囲の若い従業員からは「あいつは能力がなかったから勤続年数が長いのだ」といった目で見られる。実際，自分は転職するには年を取りすぎてしまい，転職するのも大変になってしまったので，うまく勤め上げることだけを考えている。自分の子供たちには，日系企業に勤めてほしいとは思わない。事実，アメリカに留学させており，近々に台湾のアメリカ系企業で働きはじめるはずだ。インタビューの内容は，おおよそこのようなものだった。

筆者にとって驚きだったのは，日本人にとって賞賛に値する「永年勤続に伴う出世頭」というカテゴリーが，この台湾人副社長にとって意味がなかったという以上に，歴代の日本人上司がこうした心情をほとんど理解していなかったことだ。

これに類したケースは，枚挙にいとまがない。筆者が最初に台湾の日系企業を調査した1992年から現在にいたるまで日本人ビジネスマンを対象に調査してきたが，彼らの多くが現地従業員の独立志向の強さに驚き，その処遇に頭を悩ませているのが現状である。

4. 東南アジアにおける文化摩擦の多様な姿

東南アジアでも同様に文化摩擦は生じているが，これも地域によって微妙に異なっている(園田 2001)。

たとえばマレーシアの場合，ブミプトラ政策の影響もあって，日系企業でも民族問題はセンシティブ・イッシュー(敏感な問題)となっている。マレー系従業員と中国系従業員の扱いに細かな配慮が求められ，その配慮のあり方

によっては深刻な文化摩擦が生じかねない状態にある。アジアの他地域での駐在経験をもつベテラン日本人駐在員も，この点については，マレーシアに固有な問題として認識している。

　また，フィリピンの場合，アメリカの統治を経験していることもあって，契約ベースのビジネスをしやすいものの，その植民地経営の伝統ゆえに，リスクを冒してまで新しいビジネスを切り拓いていくより，ひたすらみずからの幸運を信じ，上司に従属的な態度をとりがちだ。ある日本人ビジネスマンは，こうした態度を「シンデレラ・シンドローム」と表現し，日本人はあくまで現地従業員のよき雇用主として振る舞わねばならないとして，次のように述べている。

　　フィリピンでは，……困った時に手を差し伸べるのがいいボスなのですが，これが今でも会社の中に残っているのです。これが出来ないと，いいエンプロイヤー(雇用主)になれない。とはいえ，エンプロイヤーは甘くてはいけない。エンプロイヤーとしてのやり方，態度を備え，手厳しい部分もなければならない。これは，日本のようななれ合い社会とは異なります。

　タイに駐在した経験をもつ，主に鉄鋼取引を行ってきた総合商社勤務の日本人ビジネスマンによれば，フィリピン人とタイ人の違いは組織行動をめぐる理解の仕方にあるという。

　　フィリピンではピラミッド流の管理もできるのですよ。マネジャーがいて，この人が責任をもって管理する。こうしたやり方ができるのですね。これができないのがタイ人です。タイ人ですと，「あなたに責任をもたせるから，やりなさい」といっても，マネジャーはやりたがりません。とにかく，自分が恨まれたくないというのが徹底していますから，責任をとりません。

また，タイ人とフィリピン人とでは，その性格もずいぶん異なっていると指摘する者もいる。ある食品関係の仕事に従事していた日本人エンジニアによれば，

> フィリピンの人の方がわかりやすかったですね。性格的に激しくて，はっきりとものを言いますから。タイ人の場合，自分の感情を押し殺して，ある時になると消えているといった感じでした。

このように，東南アジア内で複数の勤務地での経験をもつ日本人駐在員は，各地の文化的な特徴を意識しながら，現地での経営を行っている。「アジアは一つではない」のである。

5. 中国における政府への「低信頼」

これに対して中国での駐在経験をもつ日本人ビジネスマンは，東南アジアでの駐在経験者とは異なる文化摩擦の現実を指摘しているが，その一つに，中国における政府への「低信頼」がある。中国には，「上有政策，下有対策（上に政策あれば，下に対策あり）」という言葉があるほどに，政府機関の決定や指示を鵜呑みにせず，時に露骨な反発を，また時に換骨奪胎した解釈をする傾向があるが，日本人駐在経験者はそこに中国特有のビジネス風土を見出している。

筆者がインタビュー調査の際に聞き出すことができたエピソードは秀逸だ。福建省アモイ市に位置する日系企業でのこと。現地の労働市場——特に中間管理職層のそれ——が需要過多になっており，転職が頻繁に行われていることに外資系企業は業を煮やしていた。事態を察知した市政府は，海外からの投資環境を整備するという名目で，外資系企業に対して「従業員が転職し

ないよう，採用の際に預入金(デポジット)を取るよう」通達を出した。これで転職熱が収まるだろう，と考えたのである。

　この条例を受け取った日系企業は当惑した。預入金を取ったところで，実際に転職してしまえば元も子もないし，そもそも預入金制度がうまく機能するとは考えていなかったからだ。ところが，市政府の側からの強い要請もあって，各社，預入金制度を導入しようと現地人従業員に協力を求めた。

　従業員側はこれに激しく抵抗した。「こんな通達，守る必要がない」というのである。

　従業員によれば，「政府は時々こうした通達をしてくるが，彼らは自分たちの利益ばかり考えている。日本の経営者は『こうした条例を受け入れられない』と突っぱねればよい」という。事実，従業員側の抵抗が強かった旨を市政府に伝えると，「では，仕方がない」といって通達に罰則規定を設けず，実質的に法令が骨抜きになったという。

　現地の日本人駐在員の多くは，結果的に通達が無効になったこと以上に，地方政府が出す法令や通達に対してシニカルな態度を示す従業員の様子に驚いていた。

　日本人ビジネスマンは，中国が依然として「法治でなく人治の社会だ」と考え，そのビジネスリスクを意識しているが，現地従業員のこうした態度が，日本人の「だから中国でのビジネスはやりにくい」とする意識を強めている事実を軽視してはならない。

　われわれが行った，上海近郊に駐在する日本人ビジネスマンと韓国人ビジネスマンを対象にした質問票調査からも，日本人のみならず，韓国人のビジネスマンも中国でのビジネスパートナーをなかなか信用できないと考えている現状を見て取ることができる(図10・2参照)。

図 10·2　パートナーは信頼できるか: 日本人ビジネスマンと韓国人ビジネスマンの評価にみる日中比較

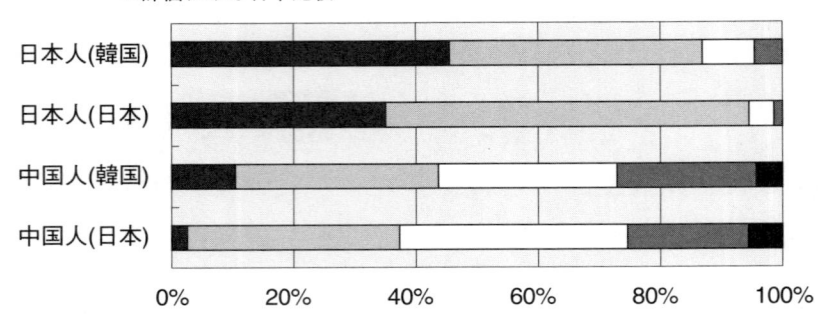

日本人(韓国)
日本人(日本)
中国人(韓国)
中国人(日本)

■ 十分に信頼できる　■ まあ信頼できる　□ どちらともいえない
■ あまり信頼できない　■ まったく信頼できない

6. 現地語を使える派遣人員の不足

　こうした文化摩擦を解決するには，基本的には2つの方法しかない。1つは，日本の本社サイドが現地の事情を理解し，これに対応できるようなシステムを作りあげること。もう1つは，本社の企業文化を理解する現地人従業員の登用を加速化し，現地の経営慣行をより日本側に近づけるよう努力すること。経営学の専門用語にひきつけていえば，前者は「適応(adaptation)」，後者は「適用(application)」ということになるのだろうが(安保 1994)，実際，この2つの方法は並行して行われることが多い。

　まず前者については，日本の企業の場合，主に駐在要員の育成によって対応するケースが多い。本社自身を国際基準に合わせて変えるのではなく，本社と現地法人の間を結びつける人材が，両者を結びつけているケースがほとんどである。

　では，こうした駐在要員の育成は進んでいるかといえば，多くの点で十全

とはいえない状況にある。特に現地語に通じた人員の育成という点では，ほとんどみるべき成果をあげていない。

　われわれが行ったアジア駐在経験者を対象にした調査から，駐在前に現地の言語を「ほとんど理解していた」か「まあ理解していた」と回答した者は，全体の5分の1にも満たないといった結果が得られている。アジア各地で英語によるビジネスコミュニケーションが盛んに行われるようになってきており，現地語の理解不足は英語によって部分的に補われるとはいえ，韓国や台湾，中国では，公用語として日本語が用いられるケースが少なくない。

　中国への派遣のケースについては，こうした傾向が顕著に見られる。

　上述の，上海近郊に駐在している日本人ビジネスマンを対象にした調査によれば，みずからの中国語の能力に自信をもっている者は全体の半数に満たない。「あまりできない」と「まったくできない」の合計値で見てみると，話すことについては韓国人駐在員が48.0%で日本人駐在員が67.5%，聞くことについては韓国人駐在員が44.9%で日本人駐在員が62.4%と，韓国人駐在員に比べても日本人駐在員の自己評価が低くなっている。

　その結果，中国でビジネスをする上で，どうしても現地の通訳に依存することになってしまう（図10・3参照）。こうした状況で，日本人駐在員が現地の事情を細かくモニタリングすることは不可能に近い。

7. ジグソー・パズル的人事という現実

　実際，現地語能力の開発に限らず，日本の本社はアジア・ビジネスの中枢を担う人材を体系的に育成しているようには思えない（日経連 1998）。

　たとえば，本社の送り出し側の人事担当者は以下のように述べ，人事育成システムが体系的に行われていない事実を指摘している。

図 10・3　通訳は必要か

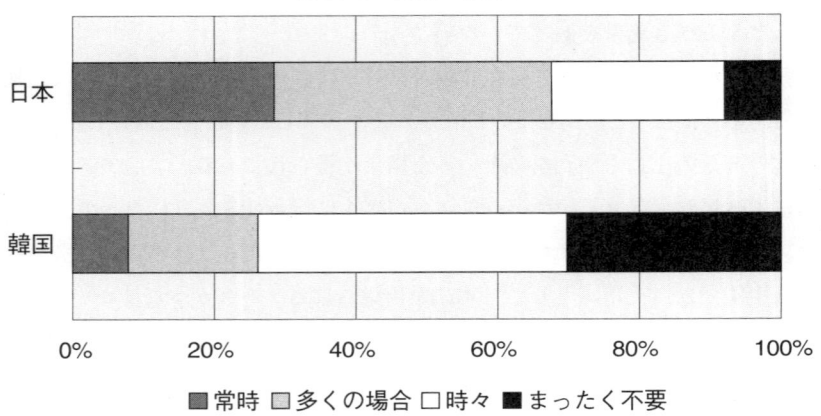

■常時　■多くの場合　□時々　■まったく不要

　私たちの部署では個別ケースを追っかけていって，成功例とか失敗例などを把握していますが，その一般的な検討となると，そこまではいっていないですね。私たちのところは，各事業部がもっている細かな情報を総合的に把握するというところまではいっていません。私も個人的には中国の事情しか知りません。中国であれば，ある程度は情報が個人ベースで入ってきますから把握していますが，その他の地域については，私にはわかりません。その意味では，皮肉なことにも，国際化という意味で一番立ち遅れているのは，実は人事部なのかもしれません。

　送り出し側がこのような感覚をもつくらいだから，駐在経験者がアジアへの派遣人事を以下のように「ジグソー・パズル」と表現しているのも無理はない。

　　わが社を眺めてみると，理念がはっきりしないため，どうしても人事が場当たり的になってしまいます。格好よくいえば「揺らぎを起こして

いる」のかもしれませんが，それにしてはパフォーマンスが低い。場当たり的で効率的ということは，ほとんどありません。……実際，いろいろな企業の現実を見てみると，「誰か仕事をしてくれる者はいないか」というので，個別にポストを埋めていく。ジグソー・パズルではないけれど，個別に対応しているのが現実なのではないですか。

　上述のアジア駐在経験者を対象にした調査によれば，1回の駐在年数の平均は3.58年。任期が3，4年ということになれば，ちょうど現地の細かな事情を把握し終えた時に任期満了になることを意味している。

　急速に増える海外現地法人のポストと，これにともなう海外派遣候補者の枯渇，アジアへの派遣人員の慢性的不足など，人事がジグソー・パズル的にならざるをえない条件も多々ある。中でも，現地法人が発展する過程で，派遣人員に対する要求が高くなっていることが，こうした傾向を助長している点は重要である。

　インドネシアでの駐在経験が長い，あるエンジニアによれば，

　　現地で一番困るのが，「順番に出てきた」というもので，そうなればお互いが不幸になります。現地法人は，ゆっくりではありますが発展を遂げており，その時々で必要とされる水準も異なります。概して要求は高くなる傾向にありますが，これを無視して「こんな人しかいない」などと送られてきても困ります。特に現地従業員に示しがつきません。

8. 徐々に蓄積する駐在地でのノウハウ

　もっとも，徐々にではあるが，駐在先でのノウハウが蓄積されている事実も存在している。すなわち，1つには駐在員がみずからの経験を重ねること

によって、また1つには前任者との個人的な結びつきによって、駐在経験者が駐在先への文化的理解を深め、本社との連結ピン的機能を果たしているケースが増えているのである。

　前者については、日本国内における海外人員の枯渇が、駐在員の「使い回し」を生み出すことによって、結果的にノウハウが蓄積していくといった皮肉な現象が見られる。

　ある大手メーカーの国際人事担当者によれば、

　　ここ最近、海外現地法人間での横滑り的人事が増えています。香港からアメリカに移るケースや、香港からシンガポールに移るケースが目立ちます。以前は、同じ製品を扱っているということで、韓国からマレーシアへの横滑りが見られました。

　また後者については、体系的にではないにせよ、前任者からの引継ぎといった形で現地でのノウハウが伝えられることによって、以前ほど「派遣先で得られたノウハウが活かされていない」という意見が強くなくなってきている（図10・4参照）。

　実際、本社の中に現地からのシグナルを理解し、これに対応できる人材が、わずかながら出てきているとする声もある。マレーシアでの駐在経験の長いベテラン駐在員は、みずからの経験を振り返りながら、次のように述べている。

　　最近ではありがたいことに、こちらの出すクレームを理解してくれる人が本社にもポツポツ現れ始めました。以前は、まったくそのような人がいなかったので、心細く感じましたね。「大変だから行ってくれ」「誰々の後を引き継げ」など、ほとんどミッションらしきものはなく、しかも問題点がどこにあるのかわらかない状態で人をよこしてきましたか

図10・4 「派遣先で得られたノウハウが活かされていない」と回答した者の割合(単位：%)

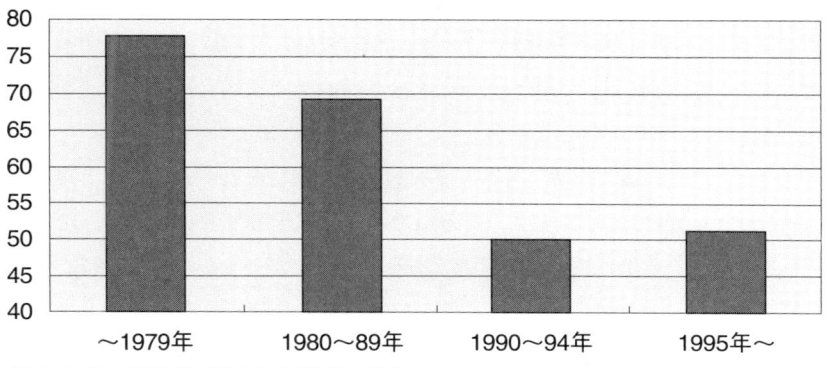

年代	割合
〜1979年	78
1980〜89年	69
1990〜94年	50
1995年〜	51

（注）年代は回答者が駐在した時期を示す

ら，ミッションもはっきりしていない人をこちらで受け入れるのも大変でした。

9. 現地従業員から輩出される「文化的媒介者」

　総じて日系企業の「適応」プロセスが文化の相互理解に大きく貢献していないとすれば，これを補ってあまりあるのが，その「適用」プロセスで大量に生まれている，日本の企業文化や企業慣行(の少なくても一部)を理解した現地人スタッフの存在である。すなわち，時に新米駐在員の「通訳兼ガイド」となるなど，頻繁に移動する日本人駐在員の下支え役をする現地人スタッフが，現地従業員と日本本社，駐在員間の文化摩擦のバッファー(緩衝材)役──本論文では，こうした役割を果たす人物を「文化的媒介者」と呼ぶ──を果たすケースが増えているのである。

304　第Ⅲ部　アジアのリージョナリズム

いくつかの根拠を示そう。

先述のように日本の駐在員は現地語理解に問題を抱えているが，他方で，現地人スタッフで日本語を解する人材が多く輩出しており，特に英語が通じにくいとされる東アジア圏では，日本語をベースにコミュニケーションが行われているケースが少なくない。

図10・5は，台湾系企業と日系企業，韓国系企業でそれぞれ勤務する現地人スタッフが，台湾語と日本語，韓国語をどれだけ理解できるかを示したもので，図10・3の結果と対をなすものであるが，これからもわかるように，少なくてもコミュニケーションの点では，現地人スタッフが日本人側に歩み寄る構造を見てとることができる。

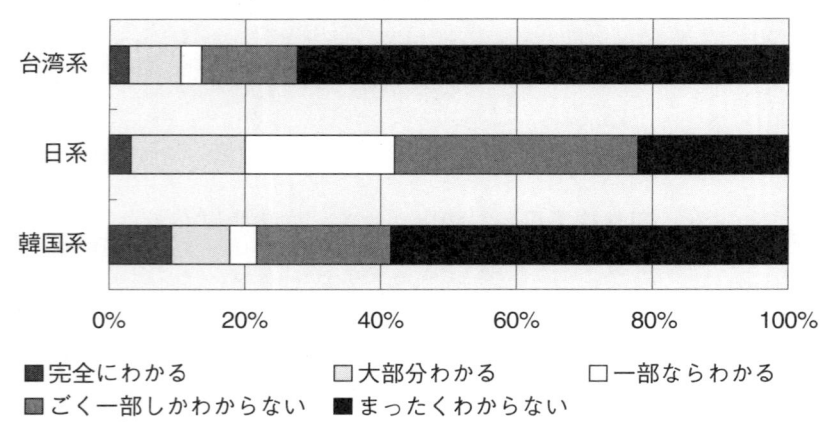

図 10・5　上司の母国語がわかるか

■完全にわかる　　□大部分わかる　　□一部ならわかる
■ごく一部しかわからない　■まったくわからない

もちろん，相手の言語を理解したからといって，その文化や価値観まで十全に理解できるとは限らないし，理解したとしても摩擦が生じる可能性は排除できない。実際，本論文の冒頭で指摘した北京の日系企業で働く大卒ホワイトカラー女性の場合，日本語ができるにもかかわらず——あるいは日本語

ができるがゆえに——，日系企業への不満を強く抱いていた。

問題は，現地の日系企業で長く勤める中で，日本的な組織運営に対する理解を基礎にした文化摩擦への「免疫」や「抵抗力」を身につけることができるかどうかなのだが，この点に関して興味深いデータがある。

図10・6は，1991年から92年にかけて，タイと中国の日系企業で働く現地人スタッフを対象にして行った質問票調査の結果を示したものだが，一見してわかるように，タイでは日本人との接触が多い層で日本人に対するイメージがよいのに対して，中国の場合は必ずしもそうとはいえず，むしろ逆に悪いイメージが抱かれる場合がある。この結果だけをみると，タイ人と中国人との違いが際立って見えそうなのだが，実は台湾の，操業年数が長い企業でタイと同じパターンが見られている。

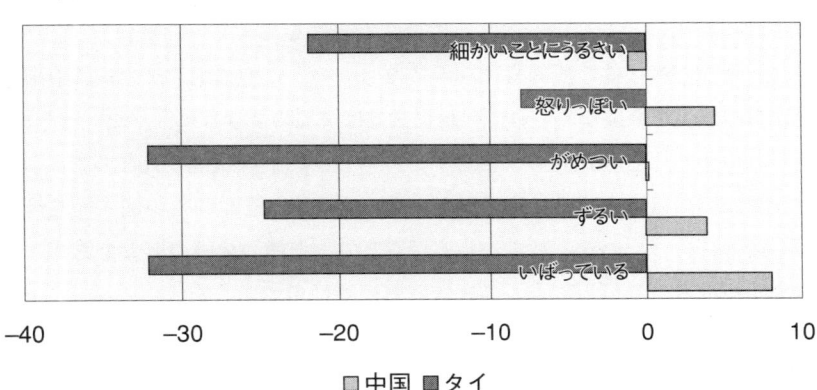

図10・6　コミュニケーション頻度と日本人イメージ：中国とタイの比較

■中国 ■タイ

（注）数値は日本人とよく話すグループが「はい」と回答した割合から，まったく話さないグループが「はい」と回答した割合を引いたもの。値がマイナスだと，日本人と話さないグループの方でそう思う傾向が強いことを示している。

調査対象となったタイの企業も総じて長い操業年数をもち，ほとんどが十

年未満の操業年数しかもたない中国のケースとは大きく異なっている。もちろん，一時点のデータからでは推測の域を超えないが，中国で見られたパターンも，現地での操業年数が長くなり，中国国内に日本の組織文化を理解できる文化的媒介者が誕生すれば，タイのパターンに近づくものと予想される。

10. 日系企業の「常識」が内面化される時

　実際，筆者が見聞した範囲でも，こうした傾向を示唆する事例がある。
　上海に位置する日系の菓子メーカーでは，長く日本人駐在員と現地従業員の間で意見が対立してきた。朝の体操から品質管理の方法まで，日本人駐在員の指示に対して現地人スタッフは理解を示さないどころか，「こうした方法は中国の風土に合わない」として拒否する姿勢を見せていたという。
　文化摩擦が直接的な原因ではなかったものの，この菓子メーカーは中国市場からの撤退を余儀なくされ，現地従業員は解雇の憂き目に会った。そして，彼らの中から「自分たちの手で菓子を作ろう」という気運が高まった。
　興味深いのはその次だ。自分たちの手で菓子作りを始めた中国人従業員たちが最初に行ったのが，彼らが長く忌避してきた朝の体操の導入であり，日本人が口うるさくいってきた品質管理方法の採用であった。
　日本人個人には感情的に反発しながらも，日系企業が用いてきた管理手法を取り入れ，それをもとに経営を行っていく。多くの異文化接触研究の事例が示すように，日系企業で働いてきた従業員が，こうしたアンビバレントな行動をとるのも不思議なことではない。
　それどころか，若い頃に身につけた価値観を内面化することによって，みずからの意図とは無関係に文化的媒介者の役目を果たすケースさえある。

本論文(291ページ)で紹介した，勤続29年の台湾人副社長の場合，日系企業で働き続けることは本意ではないと述べていた。しかし，彼の話の内容は，年輩の日本人駐在員のそれに似たものだった。

　たとえば，最近の台湾人ばかりか，日本人駐在員も退社後の付き合いが悪くなったと嘆いていた。個人主義的な風潮が強くなり，会社の仲間との関係も淡白になっているというのである。また，急激な能力主義の導入は悪しき個人主義を助長するばかりで，「台湾の風土にはそぐわず」，転職を繰り返す若者には「忍耐が足りない」ため，組織的行動がとれるよう「指導しなければならない」とも言っていた。こうした発言は，同年代の台湾人ビジネスマンよりも，日本人ビジネスマンのそれに限りなく近い。

　日系企業の常識をビジネスの常識と理解する過程で，日本的な考え方への過剰なまでの同調が生じたものと理解できるが，これほどまでに第二の社会化の力は強い。

11. 韓国・台湾の文化的媒介者にみる心理的特徴

　最後に，筆者を含む研究グループが2002年に行った，韓国と台湾の日系企業で働く現地人スタッフを対象にした質問票調査の結果を紹介したい(園田，2003b)。そこから，文化的媒介者のもつ心理的特徴を見て取ることができるからである。

　第一に，彼らは，自国と日本との間に存在する文化的な違いが今後とも存在し続けると考えている。

　「ビジネスの世界では今後，英語の使用が一般的になるだろう」とする意見に対して，韓国(69.2%)，台湾(95.2%)の双方で「そう思う」とする意見が強く見られ，日本語の習得なり現地語の習得が必要にならなくなるとは思

いながらも，「グローバリゼーションが進めば，日本的な経営手法と韓国（台湾）のそれの間に大きな違いは見られなくなるだろう」とする意見には，韓国（66.9%），台湾（58.8%）ともに「そう思わない」とする意見が過半数を占める。

　第二に，彼らは，日本人の上司が現地の文化や言語を理解していないことに厳しい視線を向けている。

　「日本人は，韓国（台湾）でビジネスをするにあたって韓国語（中国語）を勉強してしかるべきだ」とする意見に対して，韓国（96.2%），台湾（95.4%）ともに「そう思う」とする意見が圧倒的で，「日本人は現地の文化や慣行を理解しているか」との問いに対して「ほとんど理解していない」「まったく理解していない」とする回答が，韓国（59.4%），台湾（62.5%）の双方で高い。その結果，「日本人上司は誰のために働いていると思うか」との質問に，「日本の本社のため」（韓国 37.4%，台湾 42.6%）とする回答がもっとも多くなり，「韓国（台湾）のため」（韓国 1.3%，台湾 4.0%）や「現地従業員のため」（韓国 0.6%，台湾 3.2%）とする回答はごくわずかとなる。

　ところが，第三に，日系企業から学ぼうとする積極的な姿勢をもっている。

　たとえば韓国の場合，「どの企業でも働けるとした場合，あなたはどの国の企業で働きたいと思いますか」との問いに対して，「日系企業」と回答した者は 19.1% と，「アメリカ系企業」（27.6%）や「韓国系企業」（23.4%）に及ばないものの，その選択理由として挙げられていたのが「多くの技術や知識を習得できるから」（39.7%）で，アメリカ系企業（37.6%）や韓国系企業（10.6%）でこの選択肢を選んだ者の割合より高くなっている。同様の傾向は台湾でも見られ，「日系企業で働きたい」と回答した者 35.5% の中で，「多くの技術や知識を習得できるから」と回答した者は 37.7% で，「アメリカ系企業」（28.5%）や「台湾系企業」（28.6%）を選んだ者のそれより高い。

　また，「韓国（台湾）は相当に発展したので，日本から学ぶものはまったくな

い」とする意見に賛成している者は韓国で11.0%，台湾で10.6%ときわめて少なく，日本から知識を習得しようとする貪欲な姿勢に変化は見られない。

そして第四に，ビジネスの結びつきが相互理解を促進するであろうと考える傾向が強い。

「ビジネス上の取引が増加すれば，今後，日韓(日台)関係は改善することになるだろう」とする発言に賛成している者は，韓国で78.8%，台湾で85.0%と過半数を大きく超えている。また，特に日韓関係については歴史認識問題が絶えず取りざたされてきたが，「ビジネスと過去の歴史は別物である」とする意見に同意している点では，韓国と台湾の文化的媒介者とでは大きな違いは見られない(図10・7参照)。

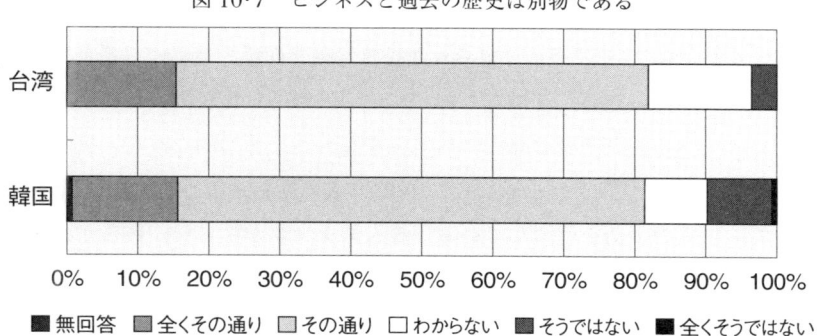

図10・7　ビジネスと過去の歴史は別物である

■無回答　■全くその通り　□その通り　□わからない　■そうではない　■全くそうではない

今後とも存在し続けるであろう，彼我の文化的な違いを意識しながらも，貪欲に日系企業のノウハウを吸収しようとする。グローバリゼーションの進展とともに英語の公用語化は避けられないかもしれないが，現地でのビジネスには現地語を身につけねばならないと考え，現地の文化・慣行を学ぶことを怠る日本人ビジネスマンに厳しい批判の目を向ける。とはいえ，ナショナリズムに凝り固まっているわけではなく，ビジネス上の交流が相互理解を促

進し，過去の歴史を乗り越える力をもつものと考える——調査結果を眺める限り，文化的媒介者は，総じてこのような心理的特徴をもっているといえそうだ。

おわりに

　紙幅も尽きた。最初の問題意識に立ち戻ってみよう。
　アジアにおけるグローバリゼーションの進展は企業の海外進出を促進した。特に1985年のプラザ合意以降，急速な円高基調に牽引されてアジア展開を果たしていった日系企業の場合，進出先ではさまざまな文化摩擦が見られ，現在でもこれからは完全に自由ではない。
　ところが，1970年代以前に見られた排日暴動と同種の運動が日系企業を悩ますには至っていない。その鍵を握っているのが，日系企業内部で生み出されていった文化的媒介者の存在である。すなわち，体系的な駐在人員の育成システムをもたず，ジグソー・パズル的に人事配置をしがちな日系企業にあって，日本の事情を理解している現地人スタッフが生まれ，彼らが日常的な文化摩擦を「馴致」することで，企業の安定的な管理・運営が可能になっているのである。
　日本的な経営手法を内面化し，みずからの血や肉としている反面，現地の慣行と日系企業のそれとの間にギャップが存在していることを意識した上で，両者の掛け橋的役割を意識的・無意識的に演じている文化的媒介者。彼らこそ，企業内文化摩擦を引き起こしつつも，これをうまくコントロールしている主体に他ならない。
　グローバリゼーションの進展とともに，韓国系企業や台湾系企業，中国系企業が日本や先進諸国へ進出するケースも増えていくだろうが，そこでも同

じように文化的媒介者が生まれることになるかどうか。そして彼らも，本社と現地法人の間の掛け橋的役割を果たすことになるのだろうか。

　今後とも多国籍企業は，社会学的想像力を掻き立てるフィールドであり続けることだろう。

参考文献

安保哲夫(編)(1994)『日本的経営・生産システムとアメリカ』ミネルヴァ書房。
Cohen, R. and P. Kennedy, 2000, *Global Sociology,* Palgrave Publishers (山之内靖監訳，『グローバル・ソシオロジー I・II』平凡社，2003 年)。
Hofstede, G. (1980) *Culture's Consequences: International Differences in Work-Related Values,* Sage Publications (萬成博・安藤文四郎訳『経営文化の国際比較』産業能率大学出版部，1984 年)。
Holmes, H. and S. Tangtongtavy (1995) *Working with the Thais: A Guide to Managing in Thailand,* White Lotus, Co., Ltd. (末廣昭訳『タイ人と働く』めこん，2000 年)。
小林英夫(2001)『戦後アジアと日本企業』岩波書店。
日経連「アジア進出企業の人材育成研究会」，1998,『アジアへの貢献: 日系企業の人づくりとその重要性』日経連教育部。
園田茂人(1997)「企業: 異文化理解の落とし穴」苅谷剛彦編『比較社会・入門』有斐閣。
園田茂人(2001)『日本企業アジアへ』有斐閣。
園田茂人(2003a)「現地日系企業における文化摩擦: その多様な姿にみるアジアと日本の『現在』」青木保他編『アジア新世紀　第 5 巻　市場: トランスナショナル化する情報と経済』岩波書店。
園田茂人(編)(2003b)『東アジアの越境ビジネスマン: その取引国イメージの形成に関する比較社会学的研究』平成 12–14 年度科研費補助金成果報告書。
呉冬梅(2004)「中国日系企業に勤めるホワイトカラー女性: 実態調査に見るその意識と行動」(未発表)。

第11章　グローバリゼーションと文化変動
—— 現代台湾の事例 ——

蕭　　新　　煌

（園田茂人訳）

はじめに

　グローバリゼーションとは多次元的なプロセスであって，経済や金融，市場，技術，コミュニケーション，政治，それに文化やアイデンティティといった領域で同時並行的に生じるものである（Waters 1995）。

　グローバリゼーションの重要な特徴として，グローバルな状況に対する人々の意識が覚醒・拡張すること，すなわち「世界は自分たちの活動の場だ」とする意識が拡がる点がある。しかし，だからといって，地域的・民族的アイデンティティや文化，伝統が均質化し，消滅の危機に瀕するとは限らない。それどころか実際には，グローバリゼーションとともに地域間の違いや多様性が促進され，地域の差異化も生じている（Featherstone, Lash and Robertson 1995）。

　グローバリゼーションの結果，地域が広く注目されるようになっているのは皮肉なことかもしれない。しかし，地域性や内発性に関わる言説がグローバルで超国家的な運動の中で生み出され，グローバリゼーションとローカル化のせめぎあい中で，文化的な「正統性」が生み出されているといった現実

もある (Robertson and Khondker 1998)。

　バーガーは，同時に生起しつつも互いに影響を与え，しかもローカルな文化と影響を及ぼしあうプロセスとして，① ビジネス文化，② 大衆文化，③ 知識人文化，④ 大衆化された宗教文化，の4つを挙げ，世界中の多くの地域が経験しつつある文化のグローバリゼーションを論じているが (Berger 1997: p. 24)，以下では，1980年代以降の台湾で，文化のグローバリゼーションとこれへの対応がどのように行われてきたかを，この4つのプロセスに注目しながら検証してみることにしたい。

1. ビジネス文化

　1960年代以降，国際貿易や海外投資が発展する中で台湾の資本主義的な外向的工業化が進み，その結果，台湾が世界市場に統合されるようになったことは，もはや疑う余地はない。台湾の多くの企業が，グローバルなビジネス・コミュニティと何らかの形で結びついており，国際ビジネス上での企業間，管理者間の結びつきは，ここ30年ほどの間に着実に強まっている。

　近代的な工業・サービス部門で働く台湾人ビジネスマンの着こなしや話し方，振る舞いなどが徐々に海外のビジネスマンに似てきているのも，その意味では不思議ではない。英語が共通の言語とされ，多くの者が英語のファーストネームを持つようになった。生活様式も次第に似たものとなりつつあり，台北や高雄などの大都市に位置するハイテク企業や金融・貿易関係で働くビジネスマンに，こうした傾向を見て取れる。

　他方で，国際的な企業に勤務する台湾人マネジャーが，行動を使い分けるようになってきたという興味深い現象も見られる。

　職場では，海外のマネジャーに似た振る舞いをするものの，家に戻ると違

う行動パターンを示す。言葉を英語から台湾語や客家語に変えるだけでなく，心のあり方もそれに応じて変化させている。彼らの多くは，職場と家庭は別物で，ビジネスがすべてでないと考えている。国際的なビジネスマンやマネジャーとしての振る舞いは職場で学習されたものであって，地域社会で暮らす際に必要とされる振る舞いに「替わるもの」というより，それに「付け加わった」ものとなっている。

　伝統産業や輸出型製造業に従事している，地元の自営業者や中小企業経営者の場合，「国際的なビジネスマン」然とした振る舞いをしなくても，ビジネスをやっていくことができる。それどころか，国際的なビジネスマンの振る舞いを知らないかもしれないが，それでも十分にビジネスはやっていける。

　「台湾の奇跡」を世界に知らしめた台湾人ビジネスマンは，世界市場での取引に必要なノウハウと，現地で生きていくのに必要な生活パターンを別物だと考えている。この，別の生活領域を生み出す2つの文化が，彼らの頭の中で矛盾することなく共存しているのだ。

　また，多国籍企業で働く多くのマネジャーたちは，ビジネスのローカル化を絶えず念頭に置き，意思決定権限を現地人マネジャーに委譲したり，彼らの登用を図ったりと努力を重ねている。実際，この数十年のうちに，アメリカや日本の経営理念や管理モデルが台湾に完全に定着したわけではないし，ましてや現地のビジネス慣行を駆逐したわけでもない。台湾に進出した多くの多国籍企業や，輸出指向型の現地系大企業の経営スタイルは多分に折衷的・混合的で，今日の台湾に，純粋にアメリカ的，ヨーロッパ的，日本的，台湾＝中国的な管理モデルは存在しないといってよい。

　また，経済のグローバリゼーションが進展しているといっても，現在の台湾では伝統的なビジネス慣行や管理方法が依然として広く見られる。多くのビジネスが「関係（個人的な結びつきやコネ，ネットワークを示す）」や「信用（個人的な信頼関係を示す）」のもとに成り立っているが，こうした個人的

な「関係」や「信用」に基づくビジネス文化は，ビジネス・ネットワークの構築にとって障害とならないばかりか，台湾的な管理スタイルや企業家精神の構築に一役買っている。

　台湾のビジネスでは，家族が依然として大きな役割を果たしており，多くの場合，所有と支配，家族の範囲が重なっている。家族内の上下関係や権威のパターン，責務の関係はビジネスにおける役割モデルと見なされており，特に意思決定や人事管理の領域には，強い家父長的組織文化が存在している。

　確かにグローバリゼーションは，台湾の家族企業の一部を変容させている。上で述べた台湾のビジネス文化も変化しており，台湾的なビジネス文化の存在をもって経営のグローバリゼーションが拒絶されている証拠と見なしてはならない。弾力性のある台湾のビジネス文化は，必ずしも外国人ビジネスマンに理解されてはいないものの，彼らのほとんどは，台湾固有の文化を，ビジネスを進める上での難問だと見なしている。

　実際，そのための方策を考えている企業は多く，台湾的な家族ビジネスモデルと，アメリカのフォード主義・テーラー主義や日本のトヨタ主義の共存は，必ずしも緊張・対立を生み出してはいない。

2. 大 衆 文 化

　台湾はまた，グローバル化された大衆文化やライフスタイルに彩られた社会でもある。

　今日の台湾において，大衆文化は人々のため，より正確にいえば消費者のために生み出された，文化的な生活パターンを意味するものとされている。国際的なビジネスは，地球規模での消費者の欲求を喚起し，マスメディアといった強力なツールによって作り出される文化製品によって，こうした欲求

が満たされている。実際，グローバル化した大衆文化はマスメディアに大きく依存しており，広告やテレビ，映画，大衆音楽といったマスコミ産業のプロデューサーによって管理されている。

多国籍化したメディア・コミュニケーション産業は，台湾の大衆文化や人々の好みを形作る上で重要な役割を果たしている。

今日，多くの大都市では，ケーブルテレビの40以上の番組を観ることができる。1998年時点で，台湾の68%強の世帯がケーブルテレビを引いていた。また，1999年までにインターネットを利用した者は300万人を超え，「上網族（インターネット族）」も誕生した。

1999年に実施された調査によると，大衆音楽やメロドラマ，TVドラマ，映画といったメディア指向の強い大衆文化は，台湾語や北京語，それに英語，韓国語，日本語のものなど多種多様で，人々の好みもさまざまであった。調査対象者の50%から63%は，国内や外国のドラマや映画を複数好んでいる。

最近では，日本や韓国の大衆文化が注目され，特に日本のテレビドラマや映画が好まれるようになっている。1994年時点で，日本のドラマや映画を好きだと回答した台湾人は36%であったのに対して，1999年にはこれが51.3%に達している（Chang 2000）。

メディア産業がグローバル化し，外国資本や国際的な言語が流入してくる中で，1990年代以降，台湾では文化のグローバリゼーションが進展している。コカ・コーラやマクドナルド，ディズニー，リーバイス，カルバン・クライン，ナイキ，CNN，ポリグラム，EMI，トヨタ，マイクロソフト，スターバックス，マルボロ。これらはみな，台湾人の嗜好やファッション，言語，考え方，夢，価値判断がグローバルに広がる原因となっている。もっとも，こうしたグローバルな，一見すると同質的なライフスタイルは，依然として都市の中間層に限定されてはいるが。

この10年ほどの間に，日本の大衆文化は台湾で徐々に支配的となってい

る。日本の歴史や政治,経済に対する知識をもたないばかりか,日本統治下に成長した世代のような日本へのノスタルジーをもっていない,「哈日族」と呼ばれる若い世代も出現するようになったが,彼らこそ,日本の大衆文化やメディアによって生み出された,社会的な産物である。

日本のメロドラマは,欧米の近代的な文化やライフスタイルを「ローカル化」し,「土着化」する過程で洗練されたものとなっていったが,それゆえ台湾人にとって,日本のドラマは親しみやすいものとなっている。つまり,日本人はアメリカン・ドリームを自分たちなりにアレンジし,これを,メディアを通じて台湾に伝えたのである（Iwabuchi 1998）。

ドラマの中の日本化された近代的な生活は,台湾の若者にとって,近代化やグローバリゼーションの範となっている。日本の大衆文化を通じてグローバルな文化に触れるという現象は,台湾のみならず,多くのアジア地域にも存在する。

このように大衆文化やライフスタイルが欧米化,日本化する一方で,台湾の伝統文化を見直そうという機運も高まっている。伝統的な台湾料理や古美術品,喫茶や茶館,伝統芸能,それにロックや現代音楽などの文化が再生・再創造されている。こうした文芸復興グループの中には,大衆からの支持や国家からの支援を受けているものもある。

1980年代以降,「政治的民主化の第三の波」を受ける中で,台湾では新しい国家的アイデンティティの構築・発展が見られるようになった。政治的環境の変化とともに,台湾の文化も大きく変わるようになり,新しい国民国家形成に向けての文化的基礎が模索されるようになったのだが,近年,政治家や研究者の間で台湾史を見直す動きが出てきているのは,その典型的な例である。

中央研究院が1993年に台湾全土で実施した調査の結果によれば,「世界の文化は似たものになるだろう」とする意見に賛成した者が57％に達し,地球

規模で文化が均質化していることへの意識を見て取ることができるものの，同時に 65% もの回答者が「台湾はその文化的特徴を守らなければならない」とし，文化的正統性が必要だと感じている。

このように，現代の台湾においては，商業主義的な消費者文化が台頭する一方で，台湾の文化的アイデンティティを見直す動きが見られ，文化のグローバリゼーションが文化的多様性と文化的正統性への希求を生み出しているのが現状である。

3. 知識人文化

海外から新しい観念や価値，思想を伝える役目を果たしているのは，知識人である。

1970 年代後半から 1980 年代前半にかけて，台湾では「逆頭脳輸出」が見られ，アメリカの大学で学位を取得した若い人々が，続々と台湾に戻ってきた。彼らはそれ以降，多くの西洋的＝グローバルな価値観を伝え，ローカル化する役目を果たし，台湾の「新知識階級」を形成するまでになった。

この「新知識階級」は，海外の職場や公的領域で習得したことを「伝播する」役目を果たしてきた。大学の授業や新聞，雑誌を通じて，新しい考えや思想を教え，重要な著作を中国語に翻訳した。その意味では，1980 年代以降，台湾で空前の翻訳ブームが生じ，多くの翻訳書が書棚を賑わせるようになったのも不思議ではない。

これ以外にも，海外＝西洋の思想や言説の制度化は進んできたが，これらもまた外来思想や価値，イデオロギーのグローバリゼーションとローカル化をもたらしている。1980 年代以降，台湾の社会運動は西洋の思想や考えを受け入れ，これを実践してきた。さまざまな新しい西洋的＝グローバルな価値

や言説は，社会運動を進める組織や活動家の受け入れるところとなり，活動指針やみずからの正統性の源泉とされてきた。

たとえば，人権や環境保護，女性問題に関わる活動家は，その新しい社会運動を大衆に支持するよう説得すべく，西洋の言説をいち早く学習してきた。台湾の知識人は，新しい思想や改革を推進する有力な社会階級であり，人権や環境保護，男女同権を意識するよう努力を払ってきたが，こうした活動家の多くは，学生時代に海外にいた「帰国組」である。

大衆からの支持を獲得する過程で大きな役割を果たしてきたのが，こうした問題に共感する，メディアで働くジャーナリストたちである。すなわち，ローカルな社会運動が西洋に起源をもつ新しい言説によってグローバル化すると同時に，こうした西洋的＝グローバルな価値を翻訳し，現地に根付かせる過程でローカル化が進むといった現象が同時に生じていたのであって，ここにも文化のグローバリゼーションとローカル化のダイナミズムを見て取ることができる。

このように，1980年代以降，西洋の新しい思想を輸入し，受容する過程で文化のグローバリゼーションが進み，台湾の文化は「創造の知識人共同体」がもつ文化に近づいていった。同時に，これが文化のローカル化を促すことになり，1990年代以降，その延長として台湾の文化的多様性が進むことになった。

4. 大衆化された宗教文化

台湾を「宗教のスーパーマーケット」と評することができないとしても，1999年時点で「世界宗教のウインドー」と表現することは可能だろう。台湾の内務省が「伝統的で」「正統な」宗教と認定しているのは11だが，あらゆ

る種類の宗派を含めると，実際には250ほど。海外からやってきた新興宗教の台頭や，土着の伝統仏教の再興は，「新興宗教」「新しい宗教現象」「新しい宗教運動」と表されている。

前者については，インドや日本，ヴェトナム，フランスといった国から輸入・移植され，中でも著名なものとして，インドのニューエイジ，和尚（オショー），クリシュナムルティ，超越的瞑想，日本の日蓮正宗，創価学会，オウム真理教，ヴェトナムのスプリーム・マスター・チンハイ，フランスのラエリアン教などがある。アメリカからやってきた宗派としてはサイエントロジーやISKCONなどがあるが，必ずしも信徒は多くないようだ。これらの海外に拠点をおく新興宗教団体は，民主化が進み，当局が宗教団体に対して絶対な支配を行いえなくなった中で，台湾にやってきた。

後者については，伝統仏教の再活性化の結果，生じることになった。1965年以降，カトリックやプロテスタントの信徒獲得が停滞する中で，台湾の仏教は「新宗教ルネッサンス」と呼ばれる，新たな発展段階に入ることになった。

伝統仏教と新興仏教の大きな違いは，その哲学的スタンスにある。すなわち，新興宗教は慈善活動を通じて信徒を増やしていったのである。新しい仏教団体は，社会福祉や医療サービス，教育，出版，環境保護などの活動に従事したが，こうした世俗的なアプローチは，従来の台湾における仏教のあり方を大きく変えることになった。

台湾の新興宗教運動には，近代が生み出したものへの異なる二つのアプローチを見て取ることができる。一つは「自己とは何か」を問う聖なる方法であり，もう一つは集団意識を発達させる世俗的な方法である。こうした異なるアプローチが信徒を増やし，台湾の宗教風景がより多様化する原因となっている。

1990年代以降，この二つのアプローチが，信徒の異なる欲求を満たす役割

を果たしてきたのであって，現時点で，両者が統合されているとは言いがたい。

おわりに

　以上見てきたように，台湾では，四つの文化領域でグローバリゼーションとローカル化が同時進行してきた。
　ビジネス文化や知識人文化の場合，外来の文化が国内の組織的対応を促している側面も見受けられるが，総じてグローバリゼーションとローカル化が摩擦・衝突をもたらしているとは言えない。グローバルな文化が台湾のローカルな文化を駆逐したわけでもなければ，ローカルな文化がグローバルな文化を拒否したわけでもない。その意味では，文化のグローバリゼーションが必ずしも対立をもたらすものではないという，従来の議論を支持しているともいえる。
　文化のグローバリゼーションに果たす国家の役割は，絶えず変化している。国家は，台湾のビジネス文化や大衆文化をグローバル化するプロモーター役を果たす一方で，知識人文化や海外の新しい宗教集団を受け入れることに対してはアンビバレントな態度を示している。
　これに対して知識人や文化産業，宗教人たちは，文化のグローバリゼーションを促し，そのローカル化を推進する役割を積極的に果たしている。本稿が見てきた四つの領域で，国家が果たす役割はむしろ周辺的で，市民社会の側から生じるローカル化への傾斜に，部分的に呼応しているにすぎない。
　このように，文化のグローバリゼーションとローカル化をめぐる現実は，台湾が開かれた多元的社会で，環境適応すべく絶えず変化していることを照射しているのである。

参考文献

Berger, Peter (1997) "Four Faces of Global Culture", *The National Internet*, No. 49, pp. 23–29.

Chang, Ying-Hwa (2000) *Taiwan Social Change Basic Survey, 2000,* Institute of Sociology, Academia Sinica.

Featherstone, Mike, Scott Lash and Roland Robertson (eds.) (1995) *Global Modernities*, London: Sage Publications.

Hsiao, H. H. Michael, et. al. (1999) "Culture and Asian Styles of Environmental Movements", in Y. S. Lee & Alvin So (eds.), *Asia's Environmental Movements*, London: M. E. Sharpe, pp. 210–229.

Hsiao, H. H. Michael and Hwa-Pi Tseng (1999) "The Formation of Environmental Consciousness in Taiwan: Intellectuals, Media, and the Public Mind", *Asian Geographer,* 18 (1–2), pp. 99–109.

Iwabuchi, Koichi (1998) "Japanese Culture in Taiwan (in Chinese)", *Contemporary,* No. 125, pp. 14–22.

Robertson, Roland and Habib Haque Khondker (1998) "Discourses of Globalization: Preliminary Considerations", *International Sociology,* Vol 13 (1), pp. 25–40.

Waters, Malcolm (1995) *Globalization,* London: Routledge.

第12章　東アジアにおけるジャパナイゼーション
―― ポピュラー文化流通の政策科学をめざして ――

石　井　健　一

はじめに

　最近，日本のポピュラー文化のもつ発信力への政策上の関心が高まっている。経済産業省は音楽やアニメ，ゲームなど日本のコンテンツ産業の海外展開を支援するため，「コンテンツ産業国際戦略研究会」を発足させた[1]。外務省も外国人の日本への関心を高めるために，従来は伝統文化中心だった日本紹介にポピュラー文化を取り入れることを試みており，北京やソウルに日本ポピュラー文化の紹介コーナーを設けている[2]。杉浦(2003)は，日本のクール度(かっこよさ)指数に注目し，今後の日本は文化力を伸ばす戦略が必要だと提言している。一方，韓国は1998年から日本の大衆文化を徐々に開放する一方で[3]，自国コンテンツの海外輸出を支援する政策を採用し，テレビ番組では輸入超過から輸出超過へと転換させることに成功した。
　ここ数年，東アジアにおける日本のポピュラー文化の浸透が注目され，研究例も増えてきた。しかし，残念ながら一部の研究は実証的なデータや事実の裏づけなしに日本のポピュラー文化を論じている。イデオロギー的主張や政治的立場が研究の中に入り混じっていて，客観的な研究とは言いがたいも

のもある．文化を対象とする研究であっても，客観的なデータや事実に基づき，政治的な立場を峻別しなければ不毛な議論になってしまう．

本論文の目的は，東アジアにおける「ジャパナイゼーション」を，実証的な研究の立場から，総合的に考察することにある．まず，(1) ポピュラー文化の流入を規定する諸要因を理論的に整理して，1990年代後半からのジャパナイゼーションを生じさせた基本的な要因が台湾国内のポピュラー文化の需給バランスであることを示す．(2) また，台湾における日本のポピュラー文化批判がどのように展開してきたのかを検討し，最近の「哈日族」批判論の背景に焦点をあてて論じる．

1. ポピュラー文化の流入・流出を規定する一般的要因

ポピュラー文化の流入については，従来から多くの理論が提出されてきた．Crane（2002）によると，(1) 中心と周辺の関係を強調する文化帝国主義とメディア帝国主義理論，(2) 文化の流れ・ネットワークのモデル，(3) 受容理論，(4) 文化政策戦略の理論などに分けられる．一つの現象に対してこのように多様な理論が提出されてきた理由は，「文化」というものが曖昧である上，きちんとしたデータがないためだと思われる．また，ナショナリズムなどイデオロギー的，政治的な立場が議論の中に混入しやすいことも混乱の一つの原因であると考えられる．

東アジアにおけるジャパナイゼーションの問題を一般化すると「ある国から別の国にポピュラー文化が流入する量はどのように規定されるのか」ということになろう．「文化の流入量」[4] は，たとえばポピュラー文化コンテンツの輸入金額や各国の文化コンテンツに占める外国文化の比率として定義できるが，現状ではこうした統計が整備されている国はほとんどない．したがっ

て，現状では測定されていない変数ではあるが，本論文では将来測定可能になることを想定して論議する。

ポピュラー文化の流入量を規定する要因として，既存の研究では以下のようなものが挙げられている。
　(1) 経済的要因(両国の市場規模，購買力，需給ギャップ)
　(2) 文化的・心理的要因(文化的類似性，先進国への憧れ，人的交流)
　(3) ポピュラー文化の製作水準
　(4) 情報化・情報技術
　(5) 政策・規制(外来文化への規制や教育などの政策的要因)

(1) 経済的要因

　市場規模が相対的に大きな国(あるいは同一の文化地域)は，規模の経済が働くため，文化産業の面で優位に立つことができる。たとえば，アメリカはGDPの規模が大きいので，一つの作品に多くの製作費をかけても投資資金の回収ができる。たとえば，巨額の費用を投下できるハリウッド映画は，世界市場で圧倒的な優位に立っている。市場規模の効果を検証した研究としては，Waterman & Rogers (1994) がある。この研究によると，各国の自国番組の比率を最も説明する変数は，GDPと広告費の規模である。

(2) 文化的要因

　文化的に類似した国の間では，文化の流入が起こりやすい。Hoskins & Mirus (1988) は，文化が異なればコンテンツのもつ訴求力が低下する「文化割引」(cultural discount) という概念を用いて，一般に自国番組が好まれる理由を説明した。このことを示す例は数多くある。たとえば，日本のテレビドラマやバラエティ番組はアジア地域では人気があるが，それ以外の地域ではほとんど人気がない。「おしん」は海外で人気があったが，人気があっ

表 12・1 既存研究で指摘されているポピュラー文化の流入を規定する要因

	要　因	メカニズム	変化のスパン	関連する研究例・事例
経済的要因	輸入国と輸出国の市場の規模	市場が相対的に大きい文化の方が，コスト面で優位になる。	長期的要因	ハリウッド映画の優勢 Waterman & Rogers (1994)
	輸入国における経済的な水準	経済水準が高くなると，ポピュラー文化への需要は高くなる。また，海外からのポピュラー文化の購買力も高くなる。	中・長期的要因	中国における最近外国番組輸入量の増加
	輸入国におけるポピュラー文化への需給ギャップ	国内の需要に対して供給が不足していれば，外国からの文化流入は増加する。	短・中期的要因	台湾・中国における最近の外国文化の流入増加
文化的要因	輸入国と輸出国の間の文化的な類似度	文化的に類似しているほど，受容されやすい。	長期的要因	Liebes & Katz (1990)「ダラス」「おしん」など
	植民地宗主国・先進国への憧れ	経済的に進んだ先進国への憧れが文化の流入を説明する。	長期的要因	川崎（1994）邱（2002）
	人的交流	人的な交流があるほど，文化の流入がおきやすい	中期的要因	Ishii (1996) の外国報道分析
製作水準	ポピュラー文化の製作水準	製作水準の差があるほど，流入が生じやすい。	中期的要因	台湾におけるマンガ産業の停滞
情報技術	情報化	多チャンネル化，インターネットの普及など海外文化を容易に受容できるようになると流入も増加する。	短期的・中期的要因	日本の衛星放送（NHK）の受容，台湾ケーブルテレビの多チャンネル化
政策的要因	輸入国の側の外国文化への規制/輸出国政府の促進政策	外国文化の規制は輸入を減少させ(代替的に海賊版が増加)，輸出の促進は自国文化の輸出を増加させる。	中期的要因	韓国の日本文化規制，文化輸出促進策

たのはほとんどがアジアである。アメリカやヨーロッパで人気だったドラマ『ダラス』は，日本では人気がなかった(岩男 2000)。インド映画は，インドからの移民が多い地域で受け入れられており，メキシコのテレビ番組が人気があるのはスペイン語文化圏である (Crane 2002)。

　川崎 (1994) は，ポピュラー文化の普及に方向性があると指摘した。川崎によると，国際的ポピュラー文化普及の社会的パターンには，(1) 一般には受け入れ側の国では発信国に比べて階級が上昇する傾向にあり，これは国の経済格差と対応していること，(2) 受け入れ側の肯定的態度(理想やあこがれ)が重要であるという。ただし，後に述べるように台湾ではアメリカ文化は相対的に高い階級で受け入れられているが，日本文化についてはそういう傾向は見られない(世帯収入についてはむしろ低い傾向すらみられる)。日本のポピュラー文化の受容にこうした特異な傾向が生じた原因については，後に論議する。

　また，直接の人的交流がポピュラー文化の流入に影響を与えている可能性もある。たとえば，新聞で報道される外国ニュースについて分析した研究では，観光旅行の人数と海外ニュースの頻度に関係がみられた (Ishii 1996)。海外旅行や在日外国人の増加など直接の人的交流が外国文化の流入を増大させている可能性がある。

(3) 製作水準

　文化も一種の商品であるので，製作水準が競争力にとって重要である。製作水準を客観的に測定することは困難であるが，一般的には市場規模が大きいほど，高いコストをかけられるので，高い製作水準を得やすいと予想される。ただし，製作水準は，市場規模だけで決まるわけではなく，自由に製作できる環境かどうかによっても左右される。香港の映画に競争力があるのは，香港では資本主義体制が維持されてきたため，自由に製作できる環境があっ

たことが一つの理由であろう。一方，台湾では後述するように戒厳令下でポピュラー文化を抑制する政策が採用されてきたため，メディア産業の発達が阻害されてきた。たとえば「漫画審査制」でマンガが検閲されたため，マンガ産業の発達が著しく抑制された(蕭 2002)。これに対して，人材も豊富で競争も激しい日本のマンガは，製作水準が高く，国際的にも競争力が高いとされる(夏目 2001)。

(4) 情報技術・情報化

情報化は直接的に外国文化の流入に影響を与える。衛星放送やインターネットの発達は，海外のコンテンツを容易に手に入れることを可能にした。また，多チャンネル化が進むと必要なコンテンツが増え，国内のコンテンツでは不足するので，足りない部分は海外から輸入されることになる。ただし，インターネットの普及は海外文化への接触可能性を高めることは事実だが，インターネットで海外文化に接触する比率はあまり高くない(通信総合研究所 (2002); Liu ほか (2002))。また，見落としてはならないのは，情報化は外国からの文化の量を増やすだけでなく，逆にそれまで軽視されていたローカルな文化を伝えるという側面がある点である。たとえば，台湾ではケーブルテレビの多チャンネル化によって，それまで文化的に疎外されていた集団が自分たちのチャンネルを持つようになった(たとえば台湾のケーブルテレビには客家や仏教徒向けのチャンネルがある)。

(5) 政策要因

文化の流入を直接的に規制することは，当然のことながら流入量に影響を与える。日本のポピュラー文化の流入を依然として規制し続けている韓国において，日本のポピュラー文化の流入が台湾や香港ほど多くないのは当然のことであろう。

政府が公式に海外からの文化の流入を規制すると，海賊版が増える。たとえば，台湾でも，日本のテレビ番組を解禁する前には，日本のテレビドラマのビデオテープがレンタルショップ等で広く出回っていた。また，日本のテレビドラマの放送を禁止している韓国では，日本のドラマからのストーリーの剽窃が頻繁に行われてきた。「東京ラブストーリー」，「ラブジェネレーション」，「星の金貨」など，有名な日本のトレンディ・ドラマを模倣したとされる番組が多くあり，韓国内でも問題となった（Lee 2001）。

(6) 要因間の因果関係

以上の要因は，互いに独立な要因ではない。たとえば，市場が大きいと製作水準が高くなるであろう。また，需給ギャップは，製作水準が低いことや抑圧的な文化政策によって引き起こされるであろう。これらの変数の間には，図 12·1 のような因果関係を想定することができる（ここでは A 国には日本，B 国には台湾が入る）。

(7) 台湾におけるジャパナイゼーションを説明可能な要因

これらの要因は，変化期間の長さによって，短期的（1 年程度でも変化する要因），中期的（2～3 年程度で変化する要因），長期的な要因（5 年程度以上）に分けられる。たとえば，市場の規模や文化の類似性が短・中期的に変わることはありえないから，これらの要因で短・中期的な変化を説明することはできない。これに対して，文化の製作水準，文化的な規制とポピュラー文化への需給ギャップといった要因は，短・中期的な変化がありえるので，短・中期的な変化を説明する要因となりうる。

このように変数を整理して，1990 年代の後半から生じた台湾におけるジャパナイゼーションをどのような要因で説明できるかを考えよう。ジャパナイゼーションはテレビや雑誌などで日本のポピュラー文化の量が増大した 1995

332　第Ⅳ部　文化：接触・対立・融合・共存

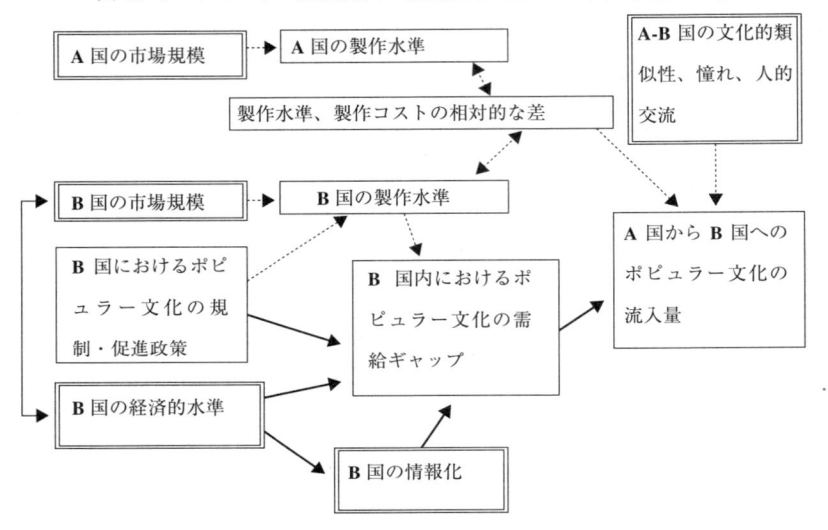

図12・1　ポピュラー文化流入の諸要因（A 国 → B 国の文化流入）

```
┌──────────────┐    ┌──────────────┐           ┌──────────────┐
│ A 国の市場規模 │──→│ A 国の製作水準 │           │A-B 国の文化的類│
└──────────────┘    └──────────────┘           │似性、憧れ、人的│
                 ┌──────────────────────┐      │交流            │
                 │製作水準、製作コストの  │      └──────────────┘
                 │相対的な差              │
                 └──────────────────────┘
  ┌──────────────┐    ┌──────────────┐
  │ B 国の市場規模 │──→│ B 国の製作水準 │         ┌──────────────┐
  └──────────────┘    └──────────────┘         │A 国から B 国への│
  ┌──────────────┐    ┌──────────────┐         │ポピュラー文化の │
  │B 国におけるポ│    │B 国内におけるポ│         │流入量          │
  │ュラー文化の規│    │ピュラー文化の需│         └──────────────┘
  │制・促進政策  │    │給ギャップ      │
  └──────────────┘    └──────────────┘
  ┌──────────────┐
  │ B 国の経済的水準│
  └──────────────┘
                      ┌──────────────┐
                      │ B 国の情報化 │
                      └──────────────┘
```

（太線は 90 年代後半から生じたジャパナイゼーションを説明する要因）

年頃から始まったとみられるので，大体 3～5 年で生じた一つの変化である。少なくとも，この期間に，台湾と日本の間の文化的な類似性に変化が生じたり，文化産業の製作水準が大幅に変化したことはない。したがって，これらの要因で，東アジアにおける最近の日本ポピュラー文化の人気の高まり——ジャパナイゼーション——を説明することは不可能である。また，台湾で植民地宗主国への憧れがあったとしても，世代交代によって憧れの強さは低下こそすれ強くなったとは想定できないから，これもジャパナイゼーションが 90 年代後半に発生したの原因とはなりえない。

　このように考えると，ジャパナイゼーションを説明できる可能性の高い要因は，図 12・1 の太線で示した要因である。つまり，(1) 台湾の経済成長により，海外のコンテンツの購買力が高まったこと，(2) 情報化，具体的には多

チャンネル・ケーブルテレビの普及によって国内のコンテンツが不足し，海外のコンテンツを必要としたこと，(3) さらに 1994 年からの地上波における日本番組の解禁によって日本番組の流入が増大したこと，である。これらの要因が，台湾国内のコンテンツ不足を引き起こし，国内では足りない部分が海外，特に文化的に類似性が強い日本からの流入で補われることになったと考えられる。

　言いかえると，台湾では経済発展と政治民主化が進み，ポピュラー文化の開放が行われたにもかかわらず，国内の文化産業の発展が不十分であったことが，1990 年代の台湾において，日本をはじめとする海外からのポピュラー文化の流入が増えた原因なのである[5]（最近の「韓流」も日本のポピュラー文化からの連続性がみられ，ほぼ同一の図式で説明できると考えられる）。

2. 台湾と韓国の文化政策の比較

　台湾と韓国は，どちらも日本の植民地支配を受けたが，両国の日本文化に対する政策は，対照的である。台湾も以前は日本の文化に対して規制をしていたが，80 年代に映画，90 年代前半にポピュラー音楽，続いてテレビ番組を解禁し，現在では日本文化に対する規制は存在しない。これに対して，韓国は日本のポピュラー文化の流入を今なお一部制限しているだけでなく（2003 年末現在），外来文化に対しても閉鎖的な傾向がある（後述）。

　韓国は日本など外来文化の流入を制限する一方，自国の文化産業を輸出産業として育成するため政策的な援助を与えている。金大中大統領は 1998 年に文化関係の予算を国家予算の 1% にする目標を定め，1999 年に「文化産業法」を制定，「文化産業基金」が創設して，その額は 1999 年には 599 億ウォン，2000 年には 2329 億ウォンになった。韓国文化コンテンツ振興院は，ア

表 12・2　台湾におけるジャパナイゼーションを説明可能な要因

	要因	1990–2000 年の変化	ジャパナイゼーションに関する影響の方向性
経済的要因	1 輸入国と輸出国の市場の規模	日本に比べて台湾の成長率が高かったため，台湾の市場規模が相対的に拡大した。	マイナス
	2 輸入国における経済的な水準	台湾の GDP は 10 年間で約 85% 成長した（同時期の日本の成長率は 14%）。台湾ドルの為替レートは，日本円に対して 36%，米ドルに対して 14% 安くなった[6]。	プラス
	3 輸入国におけるポピュラー文化への需給ギャップ	国内の一部のコンテンツ産業が未発達だったので需給ギャップは拡大した。	プラス
文化的要因	輸入国と輸出国の間の文化的な類似度	日台間の文化的類似度に変化があったとは考えられない。	中立
	植民地宗主国・先進国への憧れ	宗主国への憧れは世代交代で低下。先進国への憧れについてはデータはないため不明。	マイナス
	人的交流	観光旅行など人的交流は拡大した。	プラス
製作水準	ポピュラー文化の製作水準	台湾の一部のコンテンツ産業（マンガ）は未発達のままであった。	中立
情報技術	情報化	情報化が急速に進展し，日本のポピュラー文化が容易に入手可能になった。	プラス
政策的要因	輸入国の側の外国文化への規制／輸出国政府の促進政策	日本のテレビ番組（地上波）が解禁された。	プラス

ニメ，キャラクター，マンガ，音楽などの文化産業を育成するために 2001 年に設立された。この団体は，韓国語を外国語に翻訳するための特別の会社を作り，ほとんど全額を補助している[7]。

　韓国では，日本の大衆文化の開放は第 4 次まで進み，映画や日本語歌謡曲

については規制がなくなった(2004年1月時点)。しかし，まだ地上波でのテレビドラマ放送やアニメの映画館上映が許可されていないなど，先進国では例のない国を特定化した外国文化に対する直接的な規制を残している[8]。一方，韓国の文化コンテンツの輸出は，最近急増している[9]。たとえば，韓国・文化観光部によると，2001年の放送番組の輸出は2000年から44.3%増加して1892万ドルとなった一方，輸入は29.7%減少して2044万ドルとなった。2002年には輸出が輸入を上回った模様である。ジャンル別には東アジアで人気のドラマが64%を占め，輸出先では台湾（20.2%），中国（20.1%），日本（9.7%）と東アジア地域に70.1%が集中した(韓国・文化観光部のホームページによる)。「韓流」といわれる韓国ブームにのって，韓国のテレビ番組の輸出がアジア中心に急増したことがわかる。

台湾と比較した場合の韓国市場の閉鎖性は，メディア以外の分野でも多くみられる。たとえば，韓国では自国ブランド製品を購入する比率がきわめて高い(表12・3)。この一つの理由は，韓国では外国製品に対する規制が強いためである。たとえば，韓国の映画館では，「スクリーンクォーター制度」があり，映画産業の保護のため，無条件に一定期間，韓国映画を上映しなければいけない。自動車についても，2001年まで日本車は事実上，韓国市場から閉め出されていた。一方，台湾では地上波のテレビ放送について，外国番組の比率を30%以下にするという規制はあるが，ケーブルテレビチャンネルではこうした規制がないため，事実上無制限で外国番組が見られている。

表12・3 韓国・台湾の自国ブランドの比率

	韓国	台湾
自動車	99.3%	5.8%
携帯電話	80%	8%
映画	50%	3%

（出典）楊（2002）

こうした台湾と韓国の文化政策の相違は，何に起因するのであろうか。一つの可能性は，韓国と台湾の国民性の違いである。外国の文化に対する韓国の自文化中心的な態度，台湾の開放的な性格は，国の公式文書といえる歴史教科書(中学校向け)を比較したときにも明らかである。韓国の歴史教科書では，韓国文化の重視を以下のように強調している。

> 次に，我々はわが固有の文化の伝統を創造的に受け継いでいくことに力を入れなければならない。わが民族は長い歴史の中で固有の文化を育て，これをよく発展させてきた。
> しかし，近来われわれのまわりでは西洋文化をもてはやし，われわれの固有の文化を軽視する人々をみる。もちろん，西洋の文化を受け入れること自体を非難する理由はない。……（以下略）(『入門・韓国の歴史』398頁より引用)

一方，台湾の歴史教科書では，多様な外国文化の存在を肯定的に記述している。

> 台湾には，歴史のいかなる時代でも，さまざまな類型の文化が同時に存在していた。多元文化は台湾の歴史の一大特色である。
> 台湾が文化の上で多元であるということは，当然四方近隣とも関係が密接であるということである。それは先史時代もそうである。歴史時代である17, 18, 19世紀，そして20世紀にいたってもそうである。こうしたことから，国際性は台湾の歴史のもう一つの特色である。(『台湾を知る』4頁より引用)

このように韓国と台湾は，歴史観においても外来文化の評価が正反対というほど異なる[10]。こうした違いが歴史的にどのように形成されてきたのかを明らかにする研究が，今後なされることを期待したい[11]。

3. 台湾における日本ポピュラー文化の規制と批判

　ジャパナイゼーションに関する論議には，政治的・イデオロギー的な要素が混入しているために分かりにくい部分がある。実は，台湾において日本のポピュラー文化の問題は，以前から論議されてきた争点でもあった。そこで，以下では台湾における日本のポピュラー文化に対する論議をレビューすることにしたい。過去の論議を振り返ることは，現在のジャパナイゼーションに関する論議の位置づけを理解するのにも役立つであろう。

（1）　日本映画に対する規制

　台湾では第2次大戦が終結し植民地支配からの解放後，1950年代前半まで日本映画の上映を禁止されていた（当時，台湾では日本以外の外国映画に対する規制は存在しなかった）。台湾の映画製作能力が低かったために大陸（中国）の映画を上映していたが，製作の質が低いため人気がなく，欧米の映画が全体の80％を占めるという状態であった。そこで，政府は1954年から「外片限額制度」を導入して，各国からの輸入本数を割り当てることにした。たとえば，1960年にはアメリカが310作品，ヨーロッパが73作品，日本が34作品割り当てられている（劉 1997）。

　日本映画は1965年頃には割り当ては少なかったが，人気は高かった（ただし，公開された本数でいえば，日本映画よりもアメリカ映画の方が5-8倍多い）。その原因として劉（1997）は，日本語ができる世代が多かったことと，台湾語の映画の質が低かったことをあげている。しかし，その後，日華断交（1971年）にともない，日本映画は完全に禁止された。1980年代になってから解禁されたが，再び以前のような人気を得ることはなかった。

　1960年代の台湾における日本映画の人気は，1990年代後半からの「ジャ

パナイゼーション」に対してもいくつかの示唆を与えてくれる。その一つは，当時の日本映画の人気は，台湾語や国語（中国語）の映画が少なかったことに原因があるということである。また，1980年代以降の日本映画の不人気が示すように，日本のものならどんなコンテンツでも人気があるというわけではないということである。

（2） 台湾の地下メディアと日本のポピュラー文化

　台湾における日本のポピュラー文化の歴史を見るときに重要なのは，1980年代までの台湾政府の抑圧的な文化政策がもたらした影響である。1986年まで続いた戒厳令の下で，台湾政府は，マス・メディアについて様々な規制策をとり，大衆文化を抑圧する政策をとってきた。台湾は，憲法で言論や出版の自由を保障してきたが，実質的には様々な制限があった。たとえば，放送局は，事前に番組表を届け出る必要があり，広告については内容の事前審査，放送番組については事後的な審査を受ける必要があった。さらに，放送内容にも制限があり，自国製の番組は70％以上，全番組中ニュースが20％以上などのかなり厳しい基準があった。また，国語（北京語）優遇策もとられていた。そのため，実質的に官営の地上波チャンネルへの満足度は，きわめて低かった（表12・4）。

表12・4　国内の3台（3つの地上波チャンネル）への満足度（％）

	1992年	1993年	1994年	1995年
非常に満足	1.7	1.7	5.7	4.3
まあ満足	41.9	47.8	46.3	50.8
あまり満足していない	32.7	28.0	21.9	21.0
非常に不満	10.6	5.7	8.9	7.7
分からない・回答しない	13.1	16.6	17.1	16.1

沈清松ほか（1996）

1990年頃までの台湾では，いくつかの非合法な「地下メディア」（地下媒体）が普及していた。代表的なものが「第四台」（非合法なケーブルテレビで4つ目のテレビ局という意味）であり，度重なる取締りにもかかわらず，1994年に合法化される直前には世帯普及率は50％を超えていた。「民主電視台」は民進党などが政治的な主張を行うために作った地下テレビ局である。さらに，地下ラジオも度重なる取締りにもかかわらず，民衆の間に根強い支持があった。

台湾で地下メディアが大規模に発展した原因の一つは，抑圧的な文化政策への反動である。文化政策への不満を抑えるために，当局は故意に完全な取締りをしなかったと指摘する研究者もいる。敦（1992）は，政府が管理しているテレビ局への不満が強くなることを恐れ，ビデオ，CATVや衛星放送には，意図的にあまり強い取締りを行わなかったと指摘する。

ある意味で，台湾にとっての日本ポピュラー文化とは，抑圧された非合法なポピュラー文化を代表するものであったと言える。言いかえると，国内では需要が満たされないポピュラー文化への欲求が，非合法な日本からの流入に求められたのである。特に，漫画やAVビデオなどは，国内では規制がきびしく産業として十分に発展できなかったので，日本からの非合法な流入がそうした需要をみたす役割を果たした。つまり，皮肉なことに，ポピュラー文化に対して抑圧的な政策をとったことが，台湾内の文化産業の発展を阻害し，日本からの流入を増やすという結果になったのである。

こういう歴史的経緯が反映しているため，台湾における日本のポピュラー文化の受け手には，アメリカ文化の受け手とは異なる特徴がある。アメリカ番組の視聴者は非視聴者よりも，学歴がやや高く（ただし，統計的には有意ではない），世帯収入は統計的に有意に高い（$\chi^2 = 9.2$; df = 1; $p < 0.01$）。しかし，日本番組についてはそうした関係はみられず，収入については非視聴者よりも低い傾向がある（表12・5，表12・6）。日本とアメリカの文化に対し

340　第Ⅳ部　文化：接触・対立・融合・共存

表 12・5　アメリカ・日本番組視聴と学歴の関係

	アメリカの番組		日本の番組	
各番組の視聴日数	低学歴 (大学未満)	高学歴 (大学卒以上)	低学歴 (大学未満)	高学歴 (大学卒以上)
週3日以下	52.8%	45.9%	68.0%	66.2%
週4日以上	47.2%	54.1%	32.0%	33.8%
N χ^2検定	487 n.s.	281	487 n.s.	281

1999 年台北調査(石井 2001)

表 12・6　アメリカ・日本番組視聴と世帯収入の関係

	アメリカの番組		日本の番組	
各番組の視聴日数	低収入 (8万元未満)	高収入 (8万元以上)	低収入 (8万元未満)	高収入 (8万元以上)
週3日以下	58.6%	46.4%	65.8%	70.7%
週4日以上	41.4%	53.6%	32.2%	29.3%
N χ^2検定	292 1%水準で有意	334	292 n.s.	334

1999 年台北調査(石井 2001)

て，このような差が生じたのは，台湾ではアメリカ文化がエリートが学ぶべき高級文化として位置づけられていたのに対して，日本のポピュラー文化が非合法な「低い」文化と位置づけられてきた歴史的経緯があるためであろう（石井 1995）。

(3) テレビの外国番組の増加と学者の反応

　1971 年の日華断交後，日本番組の放送が禁止されていた台湾において，日本のテレビ番組が争点になった最初は，NHK の衛星放送であった。80 年代後半に NHK は日本国内向けに衛星放送を開始したが，この時，台湾で

は日本語のできるインテリ層を中心に，多くの人がパラボラアンテナで直接受信することが流行した。1988年には，台湾全体でのパラボラアンテナの世帯普及率は1.4%，台北市では4.1%であった。NHKの視聴者は日本語を解するインテリ層が中心であり，特にニュースの評判が高かった[12]。

ただし，NHKの番組は日本語放送であるうえ娯楽番組が少なかったため，それほど大きな影響力を与えたわけではなかった。その後，台湾で本格的に日本番組が見られるようになった契機は，日本のテレビドラマの海賊版テープを貸し出すレンタルビデオ店の普及と香港の衛星放送スターテレビが日本のトレンディ・ドラマを放送したことである。当時，衛星放送は非合法なケーブルテレビによって再送信されていたが，ケーブルテレビがあまりにも普及したため，政府は現状を追認する形で1993年に合法化し，同時期に地上波放送でも日本のテレビ番組が解禁されることになった。

谷玲玲（1996）は，当時の有力な研究者数人にインタビューをして，ケーブルテレビで外国番組の人気が高まっている原因を，次のように書いている。

（1）外国番組が人気があるのは，昔からのことである。国内番組は，質が低いために一貫して人気がなかった。

（2）国内番組の供給量が足りない。また，外国番組は大量にまとめて安く買われるために，国内番組は競争上不利になっている。

（3）外国番組の方がマーケティングに優れていて知名度も高い。

彼らが指摘しているのは，国内のテレビ番組の質が低いこと，地上波チャンネルへの不満が高いという点である。表12・4が示すように国内の地上波チャンネルへの満足度は低く，これが外国番組の多いケーブルテレビの人気の直接的な原因であったというのである。

（4）　台湾における「哈日族」登場と批判

1996年頃まで台湾で論議されていたことは，メディア，特に混乱状態に

あったケーブルテレビや地上波放送をどのように規制していくかという実践的な問題であった。当時，多くのメディア研究者がケーブルテレビの調査研究を行ったが，彼らの問題関心はそうした現実の問題解決にあったと言ってよい。当時の議論においては，ごく一部の論者を除いて日本のポピュラー文化への批判はみられなかった。

　ただし，例外は日本のコンテンツの暴力性や性表現への批判である。たとえば，楊（1986）は，日本マンガを内容分析して暴力や女性蔑視，性表現が多すぎると批判した。こうした批判は，現在でもしばしば見られるが，台湾人の一般的な道徳観からすれば，日本のアニメやマンガが暴力的であり女性蔑視的であるという批判は納得のいくものでもある。こうした批判もあり，台湾ではテレビ番組のレーティングが実施され，子供向けに適切でない番組には画面にマークで表示されている。ただし，日本アニメには悪い番組と評定されたものがあったが（『クレヨンしんちゃん』，『スラムダンクなど』），逆に子供にとって好ましい番組と評定されたものもある（『欽ちゃんの仮装大賞』，『一休さん』など）（石井 2001）。当時の日本番組批判は，あくまで個々の番組に即しての具体的な批判であったといえよう。

　しかし，1998年頃にこうした規制の問題が一段落すると，個々のメディアや個々の番組に即した論議ではなく，日本のポピュラー文化それ自体が一つの社会問題として論議されるようになった。そうした論議の契機となったのが，「哈日族」といわれる日本好きのライフスタイルを標榜する若者の登場である（哈日杏子 1998）。ジャパナイゼーションが最も顕著に現れている台湾では，日本のポピュラー文化の流入は一つの社会問題としてとらえられるようになった。その後，一部の新聞等では「哈日族」への激しい批判を見るようになる。

　　　　なぜこんなにも「哈日」なのか。台湾は日本より劣るのだろうか。た

めしに聞いてみるとよい「あなたは台湾人ではないのか」と。

哈日族は，みんな物質主義化していて，浅薄であるうえ，民族意識も低い。

(李・何（2003）から引用)

一般人だけでなく，メディア研究者も批判的な議論を展開するようになった。たとえば，1999年5月に台北で開催された「台湾とアジアにおける日本流行文化(日本流行文化在台湾與亜洲)」というシンポジウムは，台湾の保守系新聞『聯合報』紙上で「日本のマンガは文化的植民地の尖兵だ」という見出しで大きく紹介された[13]。

日本マンガ，たとえば「ドラえもん」「シティハンター」「沈黙の艦隊」「スラムダンク」などは，マンガの登場人物の形をとって他国に進出し新しい植民地の空間を創り出している。本論文は，このような観点から，ユートピア的なマンガの世界の中に，文化工業の陰謀と新しい帝国主義の幽霊がどのように存在しているのかを読み取る。西洋的なキャラクター，同質的な場面，夢のようなストーリーなど日本漫画の中に多くあるこれらの要素は，グローバルな資本主義の下で新しい「大東亜共栄圏」を徐々に作り出そうとしているのである。(徐佳馨 2002，p 88. 筆者が翻訳)

こうしたナショナリスティックな言説が研究者の間で多く登場するのは，2000年前後からである[14]。もう一つ似た例をとりあげよう。この著者は，日本のポピュラー文化の受容の背景には，植民・被植民の関係があるからだと指摘する。

若い哈日族は自らの青春的欲望を偶像劇を見ることで果たしたわけだ

が，なぜ「日本」カブレであって他の国ではないのか。人間は社会的・歴史的構造によって制約されているという前提から考えてみれば，哈日族が偶像劇（日本のトレンディドラマ）を見る能動性と自主性を強調したとしても，しかし彼らはやはり日本——台湾の植民者——被植民者の関係の中で侘びしい青春の救いを求めているのにすぎないのではないかと言える（邱 2002，括弧内は筆者）。

しかし，台湾の現実の状況をみると，これらの主張が日本のポピュラー文化の影響力を過度に誇張していることは明らかである。以下，三点にわけてこのことを論じる。

(1) その一つの証拠は，2000年頃からの韓国のポピュラー文化の流行である。「哈韓族」という言葉が定着したことからもわかるように，台湾では韓国のポピュラー文化の人気が高まっている。たとえばテレビドラマ「冬のソナタ」は台湾で大人気となり，韓国旅行もブームになった。「日本—台湾の植民者—被植民者の関係」が，日本のポピュラー文化の流行をもたらしたのなら，続いて生じた韓国ブームはどのように説明すればよいのであろうか。

(2) さらに，これらの議論で奇妙に欠如しているのは，アメリカを代表とする欧米のポピュラー文化への言及である。台湾では，少なくとも表面上は，欧米文化の影響は強くなっているようにみえる。たとえば，表12・7は，台湾

表12・7 台湾の広告にみる価値観と表現の変化

	1979–1985年	1988–1994年	χ^2値と検定結果
東洋文化的な集団主義のアピール	10.9%	2.3%	10.47**
西洋文化的な個人主義のアピール	6.9%	24.7%	20.75***
外国人のモデル	7.6%	26.1%	5.85*
外国の風景	14.5%	25.4%	2.36
ブランド名に外国語を使用	2.3%	31.6%	55.82**

（出典）胡光復（2002）　　* $p < 0.05$; ** $p < 0.01$; *** $p < 0.001$

の広告を内容分析した結果[15]である(胡, 2002)。1990年代に台湾の広告に西洋的な価値観や表現形式が急速に浸透したことが示されている。

　日本のポピュラー文化についてはシンポジウムが開かれ，多くの論文や論評が発表されているにもかかわらず，これらの多くの研究は，最近流行している韓国のポピュラー文化や，日本よりも影響力が強いはずのアメリカ文化については奇妙にも沈黙している。たとえば，李・何(2003)は，「私はかつて日本人だったのか」というタイトルをつけた論文で次のように述べている。

　　本研究が見出したのは，台湾と日本の間の不平等な権力関係が，日本を一つの魅力ある記号，つまり西洋に劣らない高さのものであり，同時に品質と流行感のシンボルとしたということである。「哈日」という名の下で，若い世代が感じているのは，日本というアジアで最も強い力をもった国に従属しているという優越感である。ジャパナイゼーションは，歴史の沈殿に由来する台湾の日本への欲望を示すとともに，現在の国際秩序における上下関係の結果なのでもある。(李・何 2003, 翻訳は筆者)

　こうした結論はアメリカに対しても成立しそうだが，論文で言及されているのは，なぜか日本のみである。

　台湾では，アメリカのポピュラー文化は日本のポピュラー文化以上に人気がある。表12・8をみると，哈日族の流行が頂点に達していたといわれる1999年においてさえ，日本番組よりもアメリカ番組の方がよく見られていることがわかる(筆者らが実施した1999年の調査データによる。調査対象は15–49歳男女)。また，日本語ができる比率は，いずれの世代についても，英語に比べてきわめて低い[16]。また，外国語のインターネット・サイトを見る比率についても，英語のサイトが70%であるのに，日本語のサイトはわずか6%にすぎない(Liuほか, 2002)。これらの各種データが示すように，台湾

表12·8 アメリカ番組と日本番組の視聴日数と年齢の関係 (%)

各番組の視聴日数	アメリカの番組 15–29歳	アメリカの番組 30–44歳	日本の番組 15–29歳	日本の番組 30–44歳
週3日以下	47.9%	51.9%	58.1%	74.1%
週4日以上	52.1%	48.1%	41.9%	25.9%
N	334	437	334	437
χ^2検定	有意差なし		0.1%水準で有意	

1999年台北調査 (石井 2001)

表12·9 英語と日本語の能力

	英語ができるか 全体	英語ができるか 15–29歳	英語ができるか 30–44歳	日本語ができるか 全体	日本語ができるか 15–29歳	日本語ができるか 30–44歳
できる	80.6%	88.8%	74.3%	36.3%	42.4%	31.6%
できない	19.4%	11.2%	25.7%	63.7%	57.6%	68.4%
N	804			802		

1999年台北調査 (石井 2001)

の若者文化が日本文化一辺倒ではなく，むしろ欧米文化により多く接触していることは明らかであろう。つまり，日本「カブレ」よりもアメリカ「カブレ」の方が量的には多いのである。

さらに，台湾における日本のポピュラー文化とアメリカのポピュラー文化の間には類似性がある。逆に言うと，植民地時代から続くような，日本の古いタイプのポピュラー文化は台湾では全く人気がない。たとえば，日本の東映のやくざ映画を中心に放送していた博新東映台は，若者向け日本専門チャンネルが大人気を博していたのとは対照的に人気がなく，放送中止となった。

哈日族に人気の日本のポピュラー文化は，いくつかの点で，植民地時代の日本文化よりも，アメリカ文化と連続性が認められる。たとえば，台北でのインタビュー調査によると，1995年頃に日本のポピュラー文化を好むように

なった若者は，もともとアメリカのポピュラー文化が好きだった者が多かった(李丁讚と陳兆勇 1998)。筆者らの調査結果でも，日本のポピュラー文化は，「日本の」ものとして意識される程度は低く，むしろブランドの好みという点からみると，日本のブランドは西洋のブランドとの共通点が多かった(石井 2001)。日本がアジアに伝えているのは，翻訳者としてアメリカの文化である，という台湾人研究者の見方は(程 1998)，ある意味で正しい可能性があると言えよう。

(3)「植民地時代の影響が現在の哈日族の背景にある」という仮説を，我々の調査データから，検証してみよう。表12・10は，筆者と渡辺が台湾で実施した二回のアンケート調査結果から，年齢別・省籍別(本省人・外省人)に日本のテレビ番組をみる頻度(週当たり日数)を示したものである[17]。もし，植民地意識の影響があり，それが日本カブレの原因なのならば，植民地体験のある高齢者ほど日本番組を多くみている傾向があるであろう。しかし，この結果は予想とは逆に若者ほど日本番組を多く見る傾向があることを示している。

また，上記の仮説が正しいなら，植民地時代を経験した本省人の方が，外

表12・10　省籍別・週あたり日本のテレビ番組をみる日数　(　)は人数

	本省人	外省人	平均値の差の検定
1996年台湾全国調査			
15–29歳	2.30 (276)	2.72 (43)	有意差なし
30–49歳	1.49 (344)	1.23 (47)	〃
50歳以上	1.77 (144)	1.11 (39)	〃
1999年台北調査			
15–29歳	2.61 (281)	2.49 (52)	有意差なし
30–49歳	1.85 (354)	1.79 (87)	〃

(石井 2001)

省人(解放後に台湾に来た大陸人)よりも日本番組を多く見ていると予想できる。しかし，結果をみると，年長者の場合は，本省人が外省人よりも日本のテレビ番組を多くみる傾向があるが，若者ではそうした差は見られない。1996年の調査では，30歳以下の若者では，逆に外省人の方が日本の番組を見る頻度がやや多いのである(ただし，統計的な差とはいえない)。

　これらの結果は，50歳以上の年長者に関しては，植民地経験が日本テレビ番組視聴に反映しているという仮説が成立することを示している。しかし，若い世代については，本省籍と外省籍の間には明確な差は見られない。植民地意識の残存が若い哈日族の原因であるならば，民族意識と最も関係が強いとされる省籍(朱1998)と日本番組の視聴に関係があるはずだが，こうした関係は見出せないのである。

(5)　「日本ポピュラー文化＝大東亜共栄圏」説の背景

　これらのデータが示すことは，植民地時代の歴史が現在の哈日族に影響を及ぼしているとしても，それは非常に小さい影響でしかないということである。「日本—台湾の植民者—被植民者の関係の中で侘びしい青春の救いを求めている」という解釈には，少なくとも社会科学的には根拠がない。しかし，こうした言説がどのような背景によって作られたのか，その点を考察することは興味深い。そこで，以下では，こういう主張の背景について検討することにしたい。

　台湾で，日本のポピュラー文化の影響が特に問題視されるのはなぜか。その理由は，台湾が日本の植民地であったという歴史を政治的に利用しようとする台湾国内の政治的対立であろう。台湾では本省人(台湾籍)と外省人(大陸籍)の政治的対立があることは知られている。台湾では，政府だけでなく，メディアも長らく外省人によって支配されていた(リ・ジンチュエン2000)。たとえば，台湾では台湾語(閩南語)を母語とする比率が73％もあるのに，

表 12·11　本省人—外省人の比較

	本省人(台湾籍)	外省人(大陸籍)
言語	台湾語	国語(北京語)
日本への態度	親日的な傾向がある	反日的な傾向がある
中国への態度	反中国的	親中国的

（朱（1998）を参考に筆者作成）

　1991年当時，地上波チャンネルで北京語（国語）による番組が83%を占めており，台湾語の比率は8%でしかなかった。

　台湾の本省人は文化的に親日の傾向があるが，よく言われる理由は外省人から政治的に抑圧を受けたため過去の日本統治時代を懐かしむようになったということである。一方，外省人は抗日戦争を戦った軍人（およびその家族）が多く反日の傾向が強いと言われる。これらの説の真偽はともかくとして，現実に省籍と親日・反日の間に関係があることは疑いない（朱1998）。

　つまり，最近台湾で繰り広げられている日本のポピュラー文化批判は，台湾内部における政治対立の次元と無関係のものではない。日本ポピュラー文化の批判を通して，自らの政治的な主張をしていると考えるべきであろう。だから，政治的な主張とは結びつかないアメリカ文化批判や「哈韓族」への批判は，ほとんど提起されないのである。

まとめと今後の課題

　台湾に海外のポピュラー文化の流入が多くなったのは，民衆の需要を充たすだけのコンテンツが国内に少なかったことが基本的な原因であることを本論文では示した。言いかえると，台湾国内のポピュラー文化への需要と供給の間に大きなギャップがあるため，海外の流入に頼らざるを得なかったので

ある。また，一部の研究では，客観的であるべき分析にイデオロギー的立場によって歪められており，日本のポピュラー文化の影響力が過度に誇張されていることも本論文では示した。

今後，この分野でなされるべき研究課題には，次のようなことがある。

(1) 文化の流入に関するモデルを完成させ，実証的なデータによって計測すること。本論文で提示したモデルは，一つの試みとして提出したものであるが，これをさらに完成させ，実証的なデータによって要因の影響力を評価していく必要があろう。

(2) 文化政策の効果を客観的に評価すること。韓国のように外来文化に対して閉鎖的にし，自国の文化輸出を促進する政策がどのような効果をもたらしたのか，経済的，社会心理的な側面について評価する必要があるであろう。日本も今後，何らかの文化政策を積極的にとるとすれば(杉浦 2003)，その前提として政策効果を測定する必要があろう。

(3) 日本における最近のアジア志向について，社会心理学的に分析すること。海外だけでなく，日本人の中の変化にも目を向ける必要があろう。表12・12は，ファッション誌『ノンノ』の目次における外国地名の出現頻度を示したものである[18]。全体的にヨーロッパとアメリカが多いが，1999-2002年には以前にはほとんど見られなかったアジアの地名が増加している点が注目される[19]。日本の若者の間でもアジア志向が高まっていることの一つのあ

表12・12 雑誌『ノンノ』の見出しにみる外国地名の頻度

	1990-1994年	1995-1998年	1999-2002年
アメリカ	24	26	15
ヨーロッパ	51	43	22
アジア	0	9	15
分析対象雑誌数	112	92	89

(出典) 筆者の分析による

らわれであるといえよう。ただし，若者のアジア志向が何を意味するのかは，社会心理学的に十分な研究がされているとはいえない。日本人のアジア志向を西洋志向の延長に過ぎないという者もいる。阿部（2001）によると，最近のアジアブームの中の「アジア」は，西洋オリエンタリズムの眼差しの下でのイメージであり，日本らしさを「カワイイ」と捉えるのも，西洋の眼差しにほかならないと言う。興味深い仮説だが，今後の検証が待たれるところである。

　本論文の最後に，台湾，日本，韓国のそれぞれがポピュラー文化に対してどのような政策をとるべきか方向性について簡単に論じてみたい。

　台湾では，90年代に始まった放送の規制緩和によって視聴者は多様で質の高いコンテンツを享受するようになった。日本のポピュラー文化を「再植民地化の尖兵」と批判する者も，かつての抑圧的な文化政策に戻ろうとは主張しないであろう。したがって，台湾がとるべき方向は，外国文化の流入を否定するのではなく自国の文化発信力を高めることであると思われる。台湾が文化的な発信力を高めれば，日本・台湾のより平等な関係を促進するのにも役立つ。「植民地意識の沈殿」などといって哈日族の若者を批判しても，文化の発信力がない状況では何も改善することはできない[20]。ただし，筆者はこの点は徐々にではあるが改善するだろうという希望をもっている。コンテンツ産業の発達にはそれなりに時間はかかるが，台湾も独自のポピュラー文化を発達させ，海外への輸出も増えていく可能性はあると思われる。

　韓国は，先進国では例をみないタイプの規制（日本という「国」を特定した大衆文化の規制）をいまだに一部残していることが，日韓交流にとって意義があるかどうかさらに再検討すべきであろう。日本のポピュラー文化がインターネット上の不正コピーとして流入したり[21]，日本のテレビドラマの模倣が頻繁に行われるような状況（Lee 2001）は正常な状態とはいえない。また，韓国は自国のコンテンツの輸出振興策を採りながら（日本に対してもテレ

352　第IV部　文化：接触・対立・融合・共存

ビ番組の輸出は少なくない），テレビドラマなど日本のポピュラー文化の禁止措置を継続しているが，こうした政策がどのような論理で正当化できるのかも明らかにすべきであろう。

　一方，日本は，多様な海外文化の流入と国内での展開を促す政策をとるべきであろう。筆者が台湾から日本に帰国した時に感じることは，台湾と比べた日本のテレビ放送のもつ画一性，つまり文化的な多様性の欠如である。これは，日本の視聴者にとって不幸なことであるし，コンテンツの国際的な文化発信力を高めるという政策的な目標にとっても好ましいこととはいえない[22]。商業放送の内容が画一的になりがちなのはある程度やむをえないが，政府は放送の多チャンネル化を推進するとともに，コンテンツにおける文化の多様性をある程度政策的に配慮すべきではないだろうか。

　謝辞

　中央大学シンポジウム（2002年12月）での発表にコメントを下さった先生方と最終稿に対してコメントを下さった静岡県立大学・小針進先生に感謝の意を表したい。

1) 朝日新聞，2003年4月22日
2) 朝日新聞，2002年7月24日
3) 2004年1月現在，日本のテレビドラマの地上波での放送やアニメの映画館上映が解禁されていない。
4) 文化の流入量には，輸出・輸入だけでなく，海賊版として不正に流入される量も含まれるものとする。ただし，こういう「文化の流入量」は現状では正確には測定されていないので，社会学的にいうと一つの「構成概念」であるといえよう。
5) この説明が正しいとすると，国内の供給が増加すれば日本からの流入は減るはずである。実際，分野によってはそういう変化が観察される。たとえば，ファッション雑誌については，1995年くらいまではnon-noが最も売れていた雑誌であった。しかし，台湾のファッション雑誌の内容が充実するにつれ，ジャパナイゼーションが頂点に達していた2000年頃には，逆に順位を下げトップは現地

誌にかわった(石井 2001)。
6) http://www.ozforex.com.au/forexguru.asp
7) http://www.kocca.or.kr/e/index.jsp
8) 2004年1月に第四次日本大衆文化の開放措置が実施された。
9) 政策効果の検証については今後の研究が待たれる。
10) しかし、これは一般論であって、台湾でもこういう歴史観に反対する人がいることは見落としてはいけない。後述する「哈日族」批判ではこの点にふれる。
11) たとえば、崔(2002)は、韓国の反日主義・民族主義が戦後の反日教育など政府の政策を通して形成されたものであることを指摘している。
12) こうした日本の衛星放送受信に関する状況は、韓国における Kim & Kim (1993) の調査結果と類似している。
13) 当時報道された記事の見出しを翻訳すると以下のようになる。「哈日は日本のアジア蔑視を助長する」「日本のマンガは文化的植民地の尖兵だ」(聯合報 1999年5月15日号)
14) なお、徐が主張する「文化帝国主義」理論は、既に多くの実証研究によって否定されている(たとえば、Lee 1991)。アメリカのグローバルなメディアが、ローカルな消費者の抵抗にあったということを指摘する研究は多い(Curran & Park 2000)。たとえば、『ダラス』は世界中で放映されたが、世界各地の視聴者の見方や理解の仕方は異なっていた。台湾の研究者も、日本のテレビドラマが日本人が理解するようには理解されていないことを指摘している。台湾では、トレンディ・ドラマのことを「アイドルドラマ」(偶像劇)と言っているが、こうした翻訳にも台湾の視聴者の見方が反映しているという(李・何 2002)。台湾の視聴者が日本のトレンディ・ドラマを見るときには、もともと日本のトレンディ・ドラマが持っていた社会的な問題への視点(たとえば、「101回目のプロポーズ」の背景にある日本男性の結婚難)は消えてしまい、アイドル中心の見方になってしまうというのである。我々の調査においても、日本のポピュラー文化を接触することと、個人の価値観の間には明確な関係は見出されなかった(石井・渡辺 2001)。つまり、外国のポピュラー文化(日本のポピュラー文化を含めて)が台湾人の価値観に影響を与えているという社会心理学的な証拠は存在しないのである。
15) 台湾で広告賞(時報広告金像)をとった広告(新聞・雑誌広告)348件を分析したもの。
16) ここでの数字は、英語、日本語の各々が「できる」と答えた比率に基づいている。ただし、「できる」と答えた比率の多くは、少しだけできるという程度のも

のである．との程度できるのかを聞いた質問では，英語では 42%，日本語では 70% が「あまり良くない」または「非常に下手だ」という程度だと答えている．
17) ただし，二回の調査方法は異なるので異なる調査間では単純な比較はできない．
18) 「アメリカ」というのは，アメリカ合衆国の地名(たとえば，アメリカ，N.Y，マイアミ，ハワイなど)が含まれる目次の個数である．「ヨーロッパ」「アジア」は，それぞれの地名が含まれる個数である．
19) ただし，年度ごとに目次のデザインが異なるので，個数を年度間で単純に比較することはできない．
20) 「アジア太平洋メディアセンター」が 1995 年に台湾のメディアの発信力を高めることを目的として設立された．しかし，その政策効果はあまりあがっていないようである．
21) たとえば，韓国のインターネット上では日本の有名なテレビドラマのほとんどが，ダウンロード可能だそうである(2002 年 4 月ソウルで行われた韓国人大学生に対する筆者らのインタビュー結果に基づく)．韓国での大学生調査でも 12% がインターネット上で日本の映画・ドラマを見たことがあると答えた(小針 2002)．
22) たとえば，インターネット利用行動の調査では，日本語以外のサイトをみる比率は平均 7% (この内 90% が英語)ときわめて低い(通信総合研究所 2001)．

参 考 文 献

〈日本語〉

阿部潔『彷徨えるナショナリズム』世界思想社，2001 年．

石井健一「台湾地区における日本の大衆文化の普及要因」『日中社会学研究』，第 3 号 (1995 年)，31 頁–46 頁．

石井健一(編著)『東アジアの日本大衆文化』蒼蒼社，2001 年．

石井健一・渡辺聡「台湾における日本ブランド」『東アジアの日本大衆文化』蒼蒼社，2001 年．

岩男寿美子『テレビドラマのメッセージ』勁草書房，2000 年．

川崎賢一『情報社会と現代日本文化』東京大学出版会，1994 年．

国史編纂委員会(一種図書研究開発委員会編；三橋広夫共訳)『入門韓国の歴史：国定韓国中学校国史教科書』明石書店，2001 年．

国立編訳館主編(蔡易達，永山英樹訳)『台湾を知る：台湾国民中学歴史教科書』雄山閣出版，2000 年．

邱淑雯「台湾における台湾における日本のトレンディードラマの受容と変容」『東アジ

アと日本社会』(小倉充夫・加納弘勝編)東京大学出版会, 2002 年, pp.109–133。
小針進『日本, 韓国における文化の相互影響の調査研究』日本貿易振興会, 2002 年。
崔吉城『「親日」と「反日」の文化人類学』明石書店, 2002 年。
杉浦勉『「文化力」伸ばす戦略を』日本経済新聞(朝刊), 2003 年 7 月 29 日号。
哈日杏子『哈日杏子のニッポン中毒』小学館, 2001 年。
夏目房之介『マンガ世界戦略』小学館, 2001 年。
リ・ジンチュエン「国家, 資本, メディア: 台湾」『メディア理論の脱西欧化』勁草書房, 2000 年。
朴順愛・土屋礼子(編著),『日本大衆文化と日韓関係』三元社, 2002 年。
通信総合研究所『インターネットの利用動向に関する実態調査報告書 2000』通信総合研究所, 2001 年。(http://media.asaka.toyo.ac.jp/wip/survey2000j.html で閲覧可)

〈中国語〉
敦誠「再思考傳播帝國主義再思考」『當代』, no. 78 (1992 年), pp. 98–121.
楊孝溁「談我國児童傳播内容之規劃」『報学』, vol. 7, no. 6 (1986 年), pp. 65–71.
沈清松ほか『台湾地区 1995 年文化満意度民意調査分析報告』二十一世紀基金會, 1996 年。
谷玲玲『外来文化與衛星外片頻道的経営策略及産品特性研究』電視文化研究委員会, 1996 年。
哈日杏子『我得了哈日症』時報出版, 1998 年。
胡光復『國際廣告産業研究』五南図書出版, 2002 年。
李天鐸『日本流行文化在台湾與亜洲』「媒介擬想 JBOOK」no.1 (2002 年), 遠流。
李天鐸・何慧雯「遥望東京彩虹橋」『日本流行文化在台湾與亜洲』李天鐸編 (2002 年), pp. 15–49.
李天鐸・何慧雯「我以前一定是個日本人?」『日本流行文化在台湾與亜洲 (II)』邱淑雯編 (2003 年), pp. 14–41.
徐佳馨「圖框中的東亜共栄世界日本漫畫中的後殖民論述」『日本流行文化在台湾與亜洲』李天鐸編 (2002 年), pp. 88–108.
楊瑪利『韓国: 佔線中』天下雑誌, 2002 年。
蕭湘文『漫畫研究』五南図書出版, 2002 年。
程予誠『傳播帝國: 新媒介帝國主義』亜太, 1998 年。
劉現成『台湾電影: 社會與國家』, 揚智文化事業股分有限公司, 1997 年。
翁秀琪「台湾的地下媒体」『解構廣電媒体』澄社, 1993 年。

李丁讚・陳兆勇「衛星電視與國族想像——以衛視中文台的日劇為觀察對象」『新聞學研究』, no. 56 (1998年), pp. 9–34.
朱全斌「由年齡族群等變項看台灣民眾的國家及文化認同」, no. 56 (1998年), pp. 35–63.

〈英語〉

Crane, D. "Culture and Globalization", in *Global Culture* (edited by Diana Crane, Nobuko Kawashima, and Ken'ichi Kawasaki), (Routledge, 2002).

Hoskins, C. & Mirus, R. "Reasons for the U.S. dominance of the international trade in television programmes", *Media, Culture and Society,* vol. 10, (1988), pp. 499–515.

Ishii, K. "Is the U.S. Over-reported in the Japanese Press?", *Gazette,* vol. 57 (1996), pp. 134–144.

Ishii, K., Herng Su, & Watanabe. S. "Japanese and U.S. Programs in Taiwan: New Patterns in Taiwanese Television", *Journal of Broadcasting and Electronic Media,* vol. 43, no. 3 (1999), pp. 416–431.

KIM, Chie-Woon & Kim, Won-Yong. "An Assessment of Influence of DBS 'Spillover' as a Factor of Conflict Between Korea and Japan", *Keio Communication Review,* no 15 (1993), pp. 69–80.

Lee, Dong-Hoo. "The Cultural Formation of Korean Trendy Drama: Transnational Program Adaptations and Cultural Identity", *Korean Journal of Journalism and Communication Studies,* Special English Edition 2001, (2001), pp. 491–509.

Lee, Paul. S.N. "The absorption and indigenization of foreign media culture", *Asian Journal of Communication,* vol. 1, no 2 (1991), pp. 52–72.

Liu, Chun-chou, Day, Wan-wen, Sun, Se-wen Sun, and Wang, Georgette. "User Behavior and the "Globalness" of Internet: From a Taiwan Users' Perspective", *JCMC,* vol. 7 no. 2 (2002).
    Retrieved from http://www.ascusc.org/jcmc/vol7/issue2/taiwan.html

Waterman, D. & Rogers, E.M. "The economics of television program production and trade in Far East Asia", *Journal of Communication,* vol. 44, no. 13 (1994), pp. 89–111.

List of Contributors (in English)
Introduction: Some Questions about Globalization
.... Yoshimoto KAWASAKI
(Part I)   Theoretical Questions on Globalization
Chapter 1:   Globalization — Some Theoretical Problems
.... Yoshinobu YAMAMOTO
Chapter 2:   Problem of Economics about Globalization
.... Mitsuhiko TSURUTA
Chapter 3:   Change of International Relations under Globalization in East Asia
.... Kenji TAKITA
(Part II)   Economic Development and Problems in East Asia
Chapter 4:   Asian Monetary Crisis and Its Influence on Economic Development .... Sei KURIBAYASHI
Chapter 5:   Globalization in East Asia and How to Cooperate with Japanese Style of Management .... Yoshiaki TAKAHASHI
Chapter 6:   Globalization and International Trade — Asian Perspective
.... Sayeeda BANO
(Translation: Byoungmoo JUNG)
Chapter 7:   Affinity and Diversity in Perception of Globalization — European Reasoning for an Active Globalization Strategy
.... Sung-Jo PARK
(Translation: Byoungmoo JUNG, Yoshiaki TAKAHASHI)
(Part III)   Regionalism in Asia
Chapter 8:   Regionalism in East Asia — Its Process, Framework and Outcome
.... Modjtaba SADRIA
(Translation: Mamiko NAKADA)
Chapter 9:   Environmental Governance in Asia-Pacific Region
.... Satoshi HOSHINO
(Part IV)   Culture: Contact, Confrontation, Fusion and Coexistence
Chapter 10:   Globalization and Increasing Function of "Mediator" — The Logic of Social Integration in Japanese Firms in Asia
.... Shigeto SONODA
Chapter 11:   Globalization and Change of Culture in Taiwan
.... Michael H. H. HSIAO
(Translation: Shigeto SONODA)
Chapter 12:   Japanization in East Asia — Toward a Policy Science on Flow of Pop-Culture .... Kenichi ISHII

執筆者一覧

序章	川崎嘉元	中央大学文学部教授、中央大学社会科学研究所所長
1章	山本吉宣	青山学院大学国際政治経済学部教授
2章	鶴田満彦	中央大学商学部教授
3章	滝田賢治	中央大学法学部教授、中央大学政策文化研究所所長
4章	栗林 世	中央大学経済学部教授
5章	高橋由明	中央大学商学部教授
6章	Bano Sayeeda（バーノ・サイーダ）	ニュージーランド、ワイカト大学、ビジネス・スクール、シニア・レクチュラー
7章	Park Sung-Jo（パク・スンジョ）	ドイツ、ベルリン自由大学東アジア研究所教授
8章	Sadria Modjtaba（サドリア・モジュタバ）	中央大学総合政策学部教授
9章	星野 智	中央大学法学部教授
10章	園田茂人	中央大学文学部教授
11章	蕭 新煌	台湾・中央研究院社会学研究所研究員、同アジア太平洋研究計画ディレクター、台湾大学社会学系教授、総統国策顧問兼務
12章	石井健一	筑波大学社会工学系助教授

（翻訳者）

高橋由明	中央大学商学部教授
鄭 炳武	中央大学商学部兼任講師
中田麻美子	1998年津田塾大学卒業、アメリカの大学院で国際関係学修士号取得、現フリーランスライター

グローバリゼーションと東アジア

中央大学学術シンポジウム研究叢書 4

2004年7月10日 初版第1刷発行

編　者	シンポジウム研究叢書編集委員会 川崎嘉元・滝田賢治・園田茂人
発行者	辰川弘敬

発行所　中央大学出版部

〒192-0393　東京都八王子市東中野742-1
電話 0426 (74) 2351　FAX 0426 (74) 2354

© 2004 川崎嘉元・滝田賢治・園田茂人　研究社印刷・黒田製本
ISBN4-8057-6151-2